本译著为国家社会科学基金项目

“英国殖民时期非洲豪萨语和斯瓦希里语本土文学嬗变研究（1900-1960）”

（16BWW085）的阶段性成果。

亚 非 译 丛

WILL AFRICA

非洲将养活中国吗？

破解中非农业合作的迷思

［美］黛博拉·布罗蒂加姆
Deborah Brautigam ／著

FEED CHINA?

孙晓萌　沈晓雷／译

社 会 科 学 文 献 出 版 社
SOCIAL SCIENCES ACADEMIC PRESS (CHINA)

光从东方来

张西平

现代性源于西方，而西方精神之根是希腊，希腊的神话、希腊的艺术、希腊的哲学、希腊的逻辑，这一切奠基了西方精神。既然西方是现代性的最早的实践者和成功者，其他民族若要走向现代性之路，自然要学习西方，回归希腊，只有“言必称希腊”才是正道，而“落后”的东方则作为西方的对立面只能被抛弃。像黑格尔所说的，东方只是人类的童年，而希腊才是人类的青春。这就是近百年来植根于我们思想中的“东方—西方”“现代—传统”二分的思维方法。

人类的精神之根在希腊还是在东方？这本来是一个历史常识，却被忘记了。这里的“东方”概念，在英文中叫作 Levant，指地中海东岸“各地”。正是在这个东方，产生了农业文明，文明之光首先从美索不达米亚即两河流域兴起，这个新兴的文明被称为“苏美尔文明”，它从公元前 5000 年至前 2000 年，绵延达 3000 年。从两河流域往西，则是古埃及文明。它兴起于公元前 4000 年，经历了两度分裂、三度统一，断断续续达 3500 年。古埃及的文字、法律都达到了很高的水平，这在《帕勒摩碑铭》和《金字塔铭文》中均有明确体现。在此之后，才是克里特—迈锡尼文明，这个文明存在于大约公元前 2000 年至前 1100 年，晚于苏美尔和古埃及文明。这便是后来所称的“爱琴海文明”“希腊文明”。关于这个历史事实，西方的思想家也是承认的，但他们认为人类文明只是到了希腊时代，才真正达到了自觉，正如黑格尔所说：“希腊的名字被欧洲的知识阶层深刻地领会着，尤其是被德国人深刻领会着……他们（希腊人）的宗教、文化的实质性开始当然自……亚洲、叙利亚和埃及；但是，他们是如此深刻地泯灭了这一来源的外来性质，如此深刻地改变、修正、变化了它，使它变得完全不同，以至于他们，如同我们一样，在其中注重、了解和钟爱的东西本质上是他们自己的了。"①

黑格尔对希腊的崇爱到了无以复加的地步，作为希腊精神之根的亚洲和非洲则被他完全抛在了一边。黑格尔的这种叙述，被马丁·贝尔纳（Martin Berna）在他的《黑色雅典娜：古典文明的亚非之根》一书中称为"雅利安模式"，贝尔纳对黑格尔所代表的将希腊自我神圣化的叙述提出了严厉批评，他说："如果我坚持推翻雅利安模式，而代之以修正的古代模式是正确的，那么，不仅有必要重新思考'西方文明'的基石究竟是什么，而且有必要认识到种族主义和'大陆沙文主义'对我们所有史学或曰历史写作哲学的渗透。古代模式没有重大的'内部'缺陷或解释力单薄的问题，它被推翻是由于外部原因。在18和19世纪的浪漫主义者和种族主义者看来，希腊不仅是欧洲的缩影，而且是欧洲纯洁的童年，认为希腊是本土欧洲人与外来殖民的非洲人和闪米特人混合的结果简直令人无法忍受。因此，古代模式必须被推翻，而代之以更能让人接受的东西。"② 一系列的研究已经证明，19世纪以来西方学术界和思想界所提出的"东方—西方""现代—传统"模式，所反复叙说的希腊是人类文明之根的理论是站不住脚的。

人类文明之根是亚洲和非洲文明，尽管在其后发展起来的希腊文明在人类文明史上也有着重要地位，但以希腊为代表的西方文明是在充分吸收了亚非文明的成果后发展起来的。亚非文明不仅在历史上是人类文明之根，在文明进展上至今仍是人类文明的重要财富。21世纪将是亚洲和非洲重新崛起的世纪，19世纪以来形成

---

① 转引自〔美〕马丁·贝尔纳《黑色雅典娜：古典文明的亚非之根》，郝田虎、程英译，吉林出版集团，2011，第266页。

② 〔美〕马丁·贝尔纳：《黑色雅典娜：古典文明的亚非之根》，郝田虎、程英译，吉林出版集团，2011，第2页。

的世界政治、经济格局将被改变，19 世纪所形成的文明观和文化观也将被重写。亚洲和非洲文明与文化的特色与价值将获得它们应有的地位。走出西方中心主义已经是历史之必然。当然，告别“西方中心主义”，并不是回到“东方中心主义”。“‘物之不齐，物之情也’。和而不同是一切事物发生发展的规律。世界万物万事总是千差万别、异彩纷呈的，如果万物万事都清一色了，事物的发展、世界的进步也就停止了。每一个国家和民族的文明都扎根于本国本民族的土壤之中，都有自己的本色、长处、优点。我们应该维护各国各民族文明多样性，加强相互交流、相互学习、相互借鉴，而不应该相互隔膜、相互排斥、相互取代，这样世界文明之园才能万紫千红、生机盎然。”① 这种文明互鉴观是我们处理文明之间关系的基本原则。

重读亚非文明的经典吧！我们疏远、冷淡这个人类文明之根的时间太长了。当亚非学院组织出版这套“亚非译丛”，希望我写篇序言时，我欣然允诺下来，这不仅仅是因为我曾在亚非学院工作过，与亚非学院的很多同事结下了深厚友谊，更为重要的是，正是我在亚非学院工作这段时间，我的学术和思想更为坚定地走向东方，开始回到亚非这个人类文明的家园。

是为序。

写于 2015 年 6 月 5 日从孟加拉国访问返回之时。

① 习近平在纪念孔子诞辰 2565 周年国际学术研讨会暨国际儒学联合会第五届会员大会上的讲话。

献给阿玛丽、卡丽、詹娜、杰里米、杰西、
丽莎、马修、马科斯、迈尔斯和奥斯卡

目 录

Contents

致　谢

中国农业部的一位官员曾告诉我说："即便对于我们来说，这个题目也很难研究下去。"对此我非常同意。饥饿与粮食安全、圈占土地、非洲偏远农村地区小农的命运、中国移民——所有这些问题都很重要，但都缺乏数据，而世界各地的电视、广播和报纸等对这些问题的报道，有的则真假难辨。过去 10 年间，在关于中国开展对非农业合作的那些与事实不符的传统观点中，又加入了一些真实与虚构的内容。要想剥去那些迷思的层层外衣，就需要进行深入的田野调查，并立足于中非关系长期而复杂的历史演进过程。我希望本书均衡而真实的论述，可以为当前和未来分析中国的崛起，以及分析这一崛起可能对非洲产生的影响提供一条准绳。

本书源于我在总部位于华盛顿的国际粮食政策研究所（International Food Policy Research Institute，IFPRI）发展战略与治理部做高级访问研究员的一年间的研究。在此我要感谢玛格丽特·麦克米伦（Margaret McMillan）、保罗·多罗士（Paul Dorosh）、刁新生、张晓波、陈志刚和樊胜根对我的帮助和支持。我还要感谢约翰·霍普金斯大学高级国际研究学院（School of Advanced International Studies，SAIS）、比尔及梅林达·盖茨基金会、卡内基基金会和史密斯·理查德森基金会对这项研究的资金支持。

我要感谢那些鼓励我对所谓中国"圈地活动"这一主题进行深入研究的人，他们是托尼·阿兰（Tony Allan）、马丁·科勒兹（Martin Keulertz）、苏维·索加莫（Suvi Sojamo）、杰伦·华纳（Jeroen Warner）、菲利普·鲍姆加特纳（Philipp Baumgartner）和卡洛斯·奥亚（Carlos Oya）。2014 年 5 月，我们在约翰·霍普金斯大学以"中国对非农业投资"为题召开了一次研讨会，与会者在会上非常友好地分享了田野调查的初步成果并交换了各自的看法。我要对参加这次研讨会的学者表示感谢，他们是莉拉·巴克利(Lila Buckley)、索朗·郭·查特拉德（Solange Guo Chatelard)、陈晓晨、朱倩文、塞尔吉奥·希沙瓦（Sérgio Chichava)、乔什·迈约(Josh Maiyo)、玛格丽特·迈尔斯（Margaret Myers)、纳玛·瓦塔拉（Nama Ouattara)、路易斯·普策尔（Louis Putzel)、亨利·图根哈特（Henry Tugendhat)、艾卡特·沃尔茨（Eckart Woertz)、徐秀丽、焦阳（音译）和周瑾艳。我还要感谢彼得·刘易斯（Peter Lewis)、大卫·兰普顿（M. David Lampton)、朴尹正（Yoon Jung Park）和罗伯特·汤普森（Robert Thompson）在会上所做的精彩点评。还有唐晓阳和珍妮特·欧姆（Janet Eom)，2015 年 3 月，他们在清华大学就本书草稿组织了一次非常有助益的研讨会。

我要感谢塞尔吉奥·希沙瓦、阿隆·德·格拉西（Aaron de Grassi)、乔治·绍奈沃德（George Schoneveld)，中国农业部、中非农业投资公司及我到访的非洲各国农业部的官员，中国与非洲的投资者，以及那些为我付出了宝贵时间的工人与村民们，感谢他们不厌其烦地回答我的许多问题。我要特别感谢西格丽德 - 玛丽安娜拉·斯滕斯克鲁·艾克曼（Sigrid-Marianella Stensrud Ekman)、张海森和唐晓阳，作为合著者、朋友和田野调查时勇敢的伙伴，他们为我提供了非常多的帮助。

许多人阅读了本书的不同章节并提出了自己的意见，他们是彼得·波特莱尔（Pieter Botellier)、安妮·布罗蒂加姆（Anne Brautigam)、理查德·布罗蒂加姆（Richard Brautigam)、卡拉·弗里曼（Carla Freeman)、索朗·郭·查特拉德、塞尔吉奥·希沙瓦、西格丽德 - 玛丽安娜拉·斯滕斯克鲁·艾克曼、林海、伊丽莎白·霍尔姆斯（Elizabeth Holmes)、李淑波（音译)、米玛·奈德科维奇（Mima Nedelcovych)、布鲁斯·帕罗特（Bruce Parrott)、海格·罗宁（Helge Rønning)、唐晓阳、罗伯特·汤普森、徐秀丽和张海森。在此对他们表示感谢。

我很幸运自己能获得如此之多的优秀研究助理的帮助。唐晓阳从 2007 年开始就与我一起工作，现在他是清华大学的教授。邦妮·布罗斯基（Bonnie Brodsky）、陈韵楠、尼柯莱特·蒙格尼兹（Nicollette Maunganidze）、伊拉里亚·马佐科（Ilaria Mazzocco）、诺亚·施洛瑟（Noah Schlosser）和栗鹓都才华横溢并能说多种语言，他们均在不同的时间为本书的研究提供了帮助。但帮助我最多的是毕菡凝和黄致中。这些研究助理帮我查找了一些极难找到的资料，给许多我不熟悉的中国企业打了电话，提高了我的翻译水平，花了大量的时间回复电子邮件，以及帮我提高了本书的质量和准确性。我要对他们的帮助表达真诚的谢意。当然，本书的错误由我全权负责。

我曾在全球发展研究中心、开普敦大学、世界银行、威斯康星大学土地中心、宾夕法尼亚大学、国际粮食政策研究所和约翰·霍普金斯大学主办的研讨会上提交过本书的部分章节。在此我要感谢与会者所提的问题和所做的评论。本书的编辑、牛津大学出版社的大卫·迈克布莱德（David McBride）鼓励我写作本书，并以他的睿智引导我将最初的想法变成现在的著作。两位匿名评审也提出了一些建设性的意见。何静莹、罗宾·华盛顿（Robin Washington）、阿尔玛·阿尔卡拉斯（Alma Alcaraz）和雪莉·雷蒙多（Shirley Raymundo）以他们的幽默和细心帮助我组织语言，凯蒂·韦弗（Katie Weaver）、珍妮特·欧姆（Jenet Eom）和莫莉·莫里森（Molly Morrison）最终熟练地将本书加以出版。

我的丈夫和最亲密的伴侣大卫·郝斯曼（David Hirschmann）是一位最具洞察力的读者、最为优雅的批评者和最有帮助的编辑。他每天都会使我在生活中对非洲保持一颗温暖的心。我的孩子们总会力所能及地让我放松下来，无论是在穆斯黑德湖边、佛蒙特州的雪中、波托马克河上，还是在朗布依埃的森林里。他们一直在不断地提醒我，除了会议、著作和田野调查之外，生活中还有很多有意义的事情。我将本书献给他们。

缩　写

ADM	阿彻丹尼尔斯米德兰公司
AfDB	非洲开发银行
ARDA	农业与农村发展局（津巴布韦）
ATDC	农业技术示范中心
CAADP	《非洲农业综合发展计划》
CAAIC	中非农业投资有限责任公司（简称“中非农业投资公司”）
CAD-Fund	中非发展基金有限公司（简称“中非发展基金”）
CALF	中国农牧副渔国际合作公司（简称“中农国际公司”）
CARI	中非研究计划
CCECC	中国土木工程集团有限公司（简称“中土集团”）
CCPIT	中国国际贸易促进会
CDB	中国国家开发银行
CEIEC	中国电子进出口总公司
CGC	中国地质工程集团公司（简称“中地集团”）
CGCOC	中地海外集团有限公司（简称“中地海外集团”，是中国石油化工集团公司与中地集团的子公司）
CGOC	中国粮油食品（集团）有限公司（简称“中国粮油”）
China Eximbank	中国进出口银行
CIC	中国投资有限责任公司（简称“中国投资”）
CIFOR	国际林业研究中心
CIWEC	中国水利电力对外公司（简称“中水电公司”）

CITIC	中信集团有限公司（简称“中信集团”）
CLETC	中国轻工业对外经济技术合作公司（简称“中轻对外公司”）
CNADC	中国农业发展集团有限公司（简称“中农发集团”）
CNHRRDC	国家杂交水稻工程技术研究中心（简称“国家杂交水稻中心”）
CNPC	中国石油天然气集团公司（简称“中国石油”）
COFCO	中粮集团有限公司（简称“中粮集团”）
Complant	中国成套设备进出口（集团）总公司（简称“中成集团”）
COVEC	中国海外工程有限责任公司（简称“中海外”）
CPC	中国共产党
CSFAC	中国农垦（集团）总公司（简称“中垦集团”）
CSIS	战略与国际问题研究中心
CSR	企业社会责任
DRC	刚果民主共和国［简称“刚果（金）”］
DWM	12 月 31 日妇女运动组织（加纳）
FAC	未来农业联合体
FAO	联合国粮农组织
FCFA	非洲法郎
FDI	外国直接投资
FETC	对外经济技术合作
FOCAC	中非合作论坛
Frelimo	莫桑比克解放阵线
FT	《金融时报》
GATT	关贸总协定
GDP	国内生产总值
GPZ	赞比西河流域开发办（莫桑比克）
GSFF	全球共同林业基金

缩写

IFAD	国际农业发展基金
IFC	国际金融公司
IFPRI	国际粮食政策研究所
IIED	国际环境与发展研究所
IISD	国际可持续发展研究所
IMF	国际货币基金组织
IPRCC	中国国际扶贫中心
IRRI	国际水稻研究所
LPHT	袁隆平农业高科技股份有限公司（简称“隆平高科”）
MOA	中国农业部
MOFA	中国外交部
MOFCOM	中国商务部
MOU	谅解备忘录
NAFCO	国家农业粮食公司（坦桑尼亚）
NDRC	中国国家发展和改革委员会（简称“国家发改委”）
OECD	经济合作与发展组织
Renamo	莫桑比克全国抵抗运动
SASAC	中国国务院国有资产监督管理委员会（简称“国资委”）
Sucobe	中成贝宁糖业股份公司（简称“苏克贝公司”）
Sucoma	中成马达加斯加糖业股份有限公司（简称“索科马公司”）
Sukala	上卡拉糖联股份有限公司（简称“上卡拉糖联”）
USAID	美国国际开发署
USTDA	美国贸易发展署
WTO	世界贸易组织
ZANU-PF	津巴布韦非洲民族联盟－爱国阵线

引　言

2012 年 8 月，非洲开发银行（African Development Bank）的首席经济学家发表了一篇谈及中国的崛起将带来何种风险与机遇的文章。他在这篇文章中写道，中国是“世界及非洲最大的‘土地掠夺者’”。[①] 2007～2008 年，在中国经济快速崛起并逐步成为投资国的过程中，世界粮食、石油及许多其他商品的价格均出现上涨。世界各地的媒体、政府和市民社会纷纷发出警告，宣称中国政府正推动在非洲开展大规模的圈地计划。长期以来对中国作为非洲海外农业投资者的关注，已经催生了成千上万的报刊文章和社评、各种耸人听闻的声明及言辞凿凿的迷思——但令人感到奇怪的是，以调查为基础的报告寥寥无几。

本书将对四个流传甚广的关于中国对非农业介入的观点做出回应，这些观点因传统的观念而形成，通过具有影响力的政策圈和大众文化而传播，并为学者、研究人员、知识分子甚至作家所欣然地借鉴、利用。本书立足于我本人的田野调查，以及其他人关于中国人在非洲农村的稻田、玉米地和甘蔗种植园里到底在做什么的研究。有鉴于此，本书试图在这个关心世界最贫困地区的粮食安全与发展问题的许多人所为之着迷的主题上，去弥合传统观念与少量证据之间的鸿沟。

首先，正如非洲开发银行的首席经济学家所宣称的那样，有种观点认为中国人实际上已经在非洲获取了面积巨大的农田。许多媒体的报道都将中国企业（或通常简化为“中国”或“中国人”）渲染为非洲圈地的主要参与者。“中国……现在已经在非洲拥有广阔的土地，其中包括即将或试图与刚果（金）、赞比亚、津巴布 1
韦、乌干达、坦桑尼亚等国签署合同，从而在这些国家获取上百万

① Mthuli Ncube, “The Expansion of Chinese Influence in Africa-Opportunities and Risks,” *Inclusive Growth* (Blog), African Development Bank, August 14, 2012, http://www.afdb.org/en/blogs/afdb-championing-inclusive-growth-across-africa/post/the-expeansion-of-chinese-influence-in-africa-iporunities-and-risks-9612/.

公顷的土地；同时已经有成千上万的中国工人被送到这些土地上工作。”国际新闻社（Inter Press Service）的一名记者写道。[①] 我们在以色列的一家新闻网站上看到：“中国农场主控制了赞比亚农业的一大半江山。”哥伦比亚广播公司（CBS）的一篇文章宣称：“中国最近购买了刚果一半的农田用来耕种。”

其次，人们普遍认为中国政府正在将获取非洲的土地作为其宏伟蓝图的一部分，且正在利用国有企业和主权财富基金来实现这一目标。[②]“该计划由北京官员精心设计。”一位英国记者在《每日电讯报》上写道。美国的顶尖杂志《大西洋月刊》上的一篇文章宣称，中国政府已经设立了一项50亿美元的基金，专门用来到非洲进行农业投资。与之相呼应，总部位于华盛顿特区的一家

---

① 本段所引用的注释自上而下分别为：Stephen Leahy，“Agriculture：Foreign Lead Global Land Rush，” Inter Press Service，May 5，2009，http：//www.ipsnews.net/2009/05/agriculture-foreigners-leas-global-land-rush/；Barry Sautman and Hairong Yan，“Chinese Farms in Zambia：From Socialist to 'Agro-Imperialist' Engagement?” *African and Asian Studies* 9，no. 3（2010）：322，citing “Between Bin Laden and Zambia：The Result of Land Privatization，” Land News，July 22，2009；Robert O'Brien，“China's Africa Play，” CBS News，January 18，2010，http：//www.cbsnews.com/news/chinas-africa-play/；Andrew Malone，“How China's Taking over Africa，and Why the West Should Be VERY Worried，” *Daily Mail*，July 18，2008，http：//www.dailymai.co.uk/news/article-1036105/How-Chinas-taking-Africa-West-VERY-worried.html；Howard W. French，“The Next Empire，” *Atlantic*，May 2010，http：//www.theatlantic.com/magazine/archive/2010/05/the-next-empire/308018/；Carl Rubinstein，“China's Eye on African Agriculture，” *Asia Times*，October 2，2009，http：//atimes.com/atimes/China_ Business/KJ02Cb01.html。1公顷等于2.47英亩。

② 本段里面的引文分别来自：“China's Engagement in African Countries：A Rockefeller Foundation Exploration，” New York，Rockefeller Foundation，2009，http：//www.issuelab.org/click/download1/chinas_ engagement _ with _ african _ countries _ key _ findings _ and _ recommendations；Henning Mankell，“A la difference de l'Afrique，l'Europe est devenue un continent de bavards，” *Le Nouvel Observateur*，May 7，2013，http：//bibliobs，nouvelobs，com/actualites/20130523.OBS0465/henning-mankell-a-la-diference-de-l-afrique-l-europe-est-devenue-un-continent-de-bavards.html；Camille Saiah，“Le plaidoyer du syndicat béNINOIS Synergie Paysanne sur les questions foncières，” 2013，http：//dumas.ccsd.cnrs.fr/dumas-00948184/document，citing an interview with Simon Bodéa，secretary general of SYMPA（Synergie Paysanne）of Benin，at the UN Conference on Sustainable Development，Rio + 20，Brazil，June 12，2012，http：//www.wat.tv/video/agrobusiness-met-sous-pression-lo5f0_ 2hlz5_ .html。

智库的一位研究人员写道："中国已经在非洲农业领域投入了巨额资金。"

再次，遍及欧洲和美国的传统观念均认为，中国已经对非洲的粮食产生了饕餮般的欲望。[①] 洛克菲勒基金会警告称，"中国对非洲所产粮食日益增长的需求"意味着"非洲国家的穷人可能会失去他们赖以生存的资源"。我们在法国的一份报纸中读到，"他们（中国人）所做的事情，是到非洲投资以养活中国人"。在贝宁，一个市民社会组织的首脑对一位在电视台工作的人说，中国人正在他的国家种植蔬菜并将这些蔬菜运回中国。

最后，许多人认为中国政府已经派遣（或准备派遣）大量中国农民到非洲定居。例如，《经济学人》杂志复述了（并未表示认同）一份报告，称有超过100万的中国农民正在非洲种植农作物。法国的一家电视台预测，"中国人对非洲农田的征服"将为数百万被剥夺了土地的中国农民找到出路。瑞典的犯罪小说作家贺宁·曼凯尔（Henning Mankell）告诉一位记者："我前几天刚读到中国已经在赞比亚租赁土地，以便将100多万农民运到非洲。"美国的一位记者则写道，中国的全国人民代表大会已经讨论了一项拟将一亿失业者派往非洲种植粮食的提案。

本书解释了为何这些故事**没有**一个最终被证明属实。通过研究相关证据，我们将发现，就各路媒体所大肆宣传的中国投资而言，只有令人吃惊的很少一部分是实际存在的。迄今为止，尚未有人在非洲大陆的任何地方找到一个满是中国农民的村子。只要对中国的

---

① 这两段里面的引文分别来自："Cornering Foreign Fields: Land Deals in Africa and Asia," *Economist*, May 21, 2009; P. Fandio, "Razzia chinoise sur terres camerounasises," ARTE, September 12, 2009, http://arte.tv/fr/razzia-chinoise-sur-terres-camerounaises/2837674, CmC=2837676.html; "Ce qui me révolte, par Henning Mankell," *Le Nouvel Observateur*, January 8, 2008, http://bibilos.novelobs.com/romans/20080108.BIBO580/ce-qui-me-revolte-par-henning-mankell.html; Jay MacDonald, "Interview with Henning Mankell," Bookpage.com, March 2010, http://bookpage.com/interviews/8567-henning-mankell#.VKAvaF4AA; Howard W. French, *China's Second Continent: How a Million Migrants Are Building a New Empire in Africa* (New York: Knopf, 2014), p. 172。

政策变迁进行详细的考察，我们就会发现虽然（中国政府）在稳步
2 增加对各类对外投资的支持，但却并没有资助中国农民对外移民，没有为到非洲大规模占地提供资金，也没有对非洲农业进行“巨额”投入。最后，据联合国商品贸易数据库显示，是中国将粮食运往了非洲。[①] 尽管这种情况可能（且应该）发生改变，但迄今为止，非洲向中国出口的最为重要的食物，为非洲所生产的芝麻与可可。

然而，那些新闻头条和媒体报道已经变成了非政府组织、大学和智库的研究者开展分析的基础性“资料”。比如在 2008 年 10 月，总部位于巴塞罗那的非政府组织谷物协会（GRAIN）发布了一份以媒体报道为基础的对“圈地”进行分析的引人注目的报告。在这份报告中，“中国”或“中国人”总共被提及 47 次，且主要是作为“通过控制其他国家的农场而外包其国内粮食生产”的一组国家中的一员被提及。[②] 尽管目前来自发达国家的企业很明显也在急切希望获取土地，但该报告完全没有提及美国或“美国人”，而英国也仅仅作为投资者被提到一次。这些报告均支撑了公共政策专家、市民社会和知识分子等的一种普遍且错误的观点，即中国人不仅是这一舞台上的一个非常积极的参与者，而且几乎是所有大国中的独行者。

这种传统观念还渗透了外交政策领域。比如在 2011 年夏天，下面这句话作为头条登上了欧洲的诸多媒体：“德国的非洲政策协调专员在星期二谴责，中国在非洲之角购买土地的行为导致毁灭性的旱灾肆虐了这一地区。”[③] 这条消息让我感到有些惊讶，因为那

---

① 关于中国与非洲粮食贸易的数据来自联合国商品贸易数据库：http：//comtrade. un. org/data/，accessed March 2，2015（对这一数据的总结可见附录表 2）。

② GRAIN，“Seized：The 2008 Land Grab for Food and Financial Security，” GRAIN Briefing，Barcelona，October 24，2008，http：//www. grain. org/article/entries/93-seized-the-2008-landgrab-for-food-and-financial-security. pdf.

③ “Germany Blames Chinese Land Buys for Africa Drought，” Agence France-Presse newswire（AFP），July 28，2011. 这条新闻最初的来源为：“Hungersnot in Afrika：Des ist auch menschengemacht，” *Frankfurter Rundschau*，July 28，2011，http：//www. fr-online. de/politik/hungersnot-in-afrika-das-ist-auch-menschengemacht-，1472596，8719210. html。

时我刚结束了非洲之角的全面田野调查回到美国国内，我们与其他两个研究团队发现除了少数几个中国人经营的蔬菜农场在为中国餐厅种植白菜和茄子之外，那里根本就没有其他中国人获取土地。在我们后来的会面中，这位政策协调专员解释说记者误解了他的话，但这番表述仍给德国政府带来了不必要的外交麻烦。

绝大多数对中国人到非洲进行农业投资的担心都来自西方国家。另一方面，不出所料的是，中国的媒体与非洲国家的政府通常都不会披露正在磋商的中国项目，或其在过去 50 年实施的项目（其中包括许多最初由中国援助的项目）所面临的实际问题。那些对农业投资进行报道的中国记者一般都不会报道紧张的劳资关系、村民对补偿和重新安置的抱怨、激烈的抗议、高于预期的成本，以及预计产量与实际产量之间令人吃惊的差距。非洲各国的政府则想 3
方设法吸引外国投资，试图商业化它们的农村地区，并通常会低估它们的现代化计划需要付出的社会成本。

谁将养活中国?

生产和控制粮食既是情感问题又是实际问题。斯坦福大学的生物学家保罗·埃尔利希（Paul Ehrlich）在其 1968 年的畅销书《人口大爆炸》中写道："养活全人类的战争已经结束。"① "虽然现在已经采取了一些应急方案，但在 20 世纪 70 年代和 80 年代将有数以亿计的人因饥饿而死亡。"尽管绿色革命有助于确保这种情况不会发生，但悲观主义者仍然在不断敲响警钟，而乐观主义者则指出全球粮食产量在持续稳定地增长。

由于历史上的粮食危机和周期性饥荒，中国与非洲长期以来就在粮食安全问题上获得了最多的全球性关注。1995 年，总部位于华盛顿特区的世界观察研究所（Worldwatch Institute）的创始人环境活动家莱斯特·布朗（Lester Brown），出版了一本名为《谁将养

---

① Paul Ehrlich, *The Population Bomb* (New York: Ballantine Books, 1968), p. xi.

活中国?》的小书。布朗指出了中国人口稠密的邻居——日本和韩国——的工业化是如何迅速地导致这两个国家严重依赖粮食进口的。不断增长的人口、日益减少的农田面积和增幅越来越小的粮食产量，将会迫使中国依赖于（粮食）进口，且需要进口的数量很快就会超过粮食出口国所能出口的粮食。布朗希望他的这本书能够在中国变成可能的“巨大的谷物进口者”并由此带来环境与社会问题之前，提早向中国领导人做出警示。如果管理不善，中国的粮食需求很快就会扰乱世界粮食市场。“中国不断上涨的粮食价格将变成世界不断上涨的粮食价格，”布朗在书中宣称，“中国的土地稀缺将会变成每个人的土地稀缺。”①

布朗的观点引起了广泛的关注，其中包括《华盛顿邮报》刊登了一篇名为《中国如何让世界挨饿》的文章。一年之后，韦斯利学院教授、农业政治经济专家罗伯特·帕尔伯格（Robert Paarlberg）在《外交》（*Foreign Affairs*）杂志上发表了一篇这本书的书评，称布朗根本就没有理由对粮食产量增长持马尔萨斯般的悲观主义论调。② 例如，巴西的热带高草草原（cerrado）地区拥有1.5亿英亩的可耕地。科学的发展能够将这些地区改造成粮仓。（正如帕尔伯格所预测的那样，对这些地区的改造实际上已经开始。）此外，如果中国确实越来越依靠世界市场，这将是一种积极的发展态势。“对中国而言，进口谷物无论在经济上还是在环境上都是明智的。”他写道。帕尔伯格认为，世界粮食体系所遭受的挑
4 战更有可能来自非洲，因为灌溉水平低下、腐败、沙漠化、贫困及基础设施匮乏已经对那里的粮食安全构成了威胁。

正如我们将在第三章看到的那样，中国是在逐步实施改革政策的过程中开始向外国投资开放其农业部门并进口农产品的。在《谁将养活中国?》一书出版还不到10年的2003年，《金融时报》写道，

---

① Lester Brown, *Who Will Feed China?* (New York: Ballantine Books, 1968), p. 32.

② Robert Paarlberg, review of *Who Will Feed China?*, by Lester Brown, *Foreign Affairs* 75, no. 3 (May/June 1996), p. 127.

外国投资者正在将目光对准中国的农田。在内陆省份山西肥沃的冲积平原上，瑞士农业综合巨头先正达公司（Syngenta）正在种植甜玉米和卷心莴笋。中国所出口的高附加值农产品，如胡椒、蘑菇和大葱等，拥有广阔的海外市场，以致澳大利亚对外投资者预测："中国能够成为亚洲的农场和厨房。"[①] 美国农业部2009年的一项研究估计，尽管中国对动物饲料（大豆、玉米）的需求在不断增长，但其人均大米和小麦的需求量却在降低。鉴于总体需求已经开始下降，"未来（这些）粮食的进口量可能仍然会比较小"。[②]

对于一个拥有13亿人口的国家而言，粮食安全具有非常复杂的地缘政治意义。比如，国外的专家曾敦促中国进口更多的谷物。2014年，总部位于华盛顿的国际粮食政策研究所（International Food Policy Research Institute，IFPRI）所长樊胜根在《中国日报》上撰文指出："粮食安全并不等于粮食自给自足。"[③]《经济学人》杂志对此持相同的观点，即中国"所一直坚持的粮食自给自足的观念"不但已经过时，而且是在浪费资源——"中国现在应该抛弃自给自足的思维并进口更多的粮食"。然而中国国家主席习近平却再三强调："我们的饭碗应该主要装中国粮。"[④] 出于历史方面的原因，其中包括美国自1950年施加的长达21年的贸易制裁，中国人很难下定决心去依靠外部供给来解决主粮问题。然而并非所有中国专家都对此犹豫不决。经济学家茅于轼在2009年的一番话反映了中国内部的这一争论，他说，如果全世界对中国禁运粮食，"一定是我们自己做了犯天下大忌的事。即使有粮食吃，中国人民的日子也好不了了"。[⑤]

中国人曾努力实现他们农业的现代化，并努力放缓其快速转变

---

① Richard Mcgregor, "Foreign Investors Eye Chinese Farming," *FT*, September 30, 2003.

② Bryan Lohmar, Fred Gale, Francis Tuan, and Jim Hansen, "China's Ongoing Agricultural Modernization," USDA, Economic Information Bulletin No. 51, April 2009, p. 34.

③ Shenggen Fan, "Toward Food Secure China," *China Daily*, January 21, 2014.

④ 比如可参见 "China to Maintain High Grain Output in 2014 - 2023," *China Daily*, April 21, 2014; "GM Food Faces Hurdle of Fears," *China Daily*, October 27, 2014。

⑤ "Feeding 1.36 Billion People: Daily Bread," *Economist*, October 26, 2013.

为以城市为主的国家的步伐。在过去 30 年，中国农业的年均增长率约为 5%，远远超过其人口的增长率。中国政府已经在灌溉、技术和机械领域进行了大量投资。2013 年，中国社会科学院农村发展研究所所长黄季焜预测，中国将会大幅增加大豆和玉米等动物饲料的进口量，并小幅增加奶制品的进口量，但中国仍将会是大米、水果和蔬菜的净出口国。①

养活非洲

随着商业化农业持续增长，对中国对非农业投资的担忧正好迎合了关于外来投资和非洲大陆诸多小型自给性农场的未来的激烈讨论。对私人和国家所支持的“圈地”运动的担心确实有迹可循。从历史上看，世界各国政府和有权势的精英均相互串通以圈占最初的公共用地并将其私有化。在殖民时代，欧洲殖民主义者则圈占了规模空前的土地。当前，在一些法制不完善的国家，那些所有权得不到保障的传统土地所有者和自给农民等，仍然还会被赶出他们自己的土地，其土地仍会被商业房地产开发者、大型商业农场和种植园取而代之。

尽管会有一些例外，但在绝大多数非洲国家，小型的自给农业仍然占据着压倒性的地位。以非洲人口最多的国家尼日利亚为例，世界银行在2014 年的报告中指出：“大多数农业……仍然仅处于自给的水平，商业化程度非常的低。”② 由于如此多的农民将重点放在生存而非市场，非洲仍然依赖于粮食进口。在富裕国家以及中国发生的那种使数十亿人口得以远离艰辛且生活风险很高的体力劳

① Jikun Huang, “China's Food Supply: Enough for Everyone,” *China Economic Quarterly*, September 2014, pp. 20 - 23.

② Gbemisola Oseni, Kevin McGee, and Andrew Dabalen, “Can Agricultural Households Farm Their Way out of Poverty?”（Policy Research Working Paper 7093, World Bank Development Research Group, Poverty and Inequality Team, Washington, DC, Nov. 2014）, http://documents.worldbank.org/curated/en/2014/11/20356662/can-agricultural-households-farm-way-out-poverty.

动，从而转为从事服务业和制造业等具有更高生产力和更加舒适的工作环境的结构性变迁，迄今还没有在非洲发生。

黄季焜研究员对非洲在全球粮食贸易中的潜在作用及中国对非农业参与的评述令人倍感鼓舞。“许多非洲国家都拥有广阔的土地适宜种植玉米、大豆和甘蔗等农作物，但它们在技术、市场基础设施和农场管理等方面受到了限制。（它们的）单位产量普遍较低，且多年来一直在农业研发和咨询服务方面严重缺乏投资。中国当前正在这些方面帮助这些国家。”①

2013 年，英国海外发展研究所（Overseas Development Institute）以一篇名为《廉价大米的终结：庆祝的理由》的简报对此做出了回应。② 亚洲的绿色革命使大米产量与供应量大幅增加，并由此导致了大米价格的下跌。然而自 2000 年以来，大米价格翻了一番，其主要原因在于随着亚洲变得越来越富有，其在化肥、燃料、农村工资等方面的成本也变得越来越高。2011 年，非洲从亚洲共进口了 1000 万吨大米，总耗资 56 亿美元。尽管这些高价大米可能会导致非洲的穷人和弱势群体生活困难，但漫漫黑夜总有尽
头。英国海外发展研究所认为，从长期来看，这应该可以被视为非 6
洲的机遇。如果更高的价格刺激非洲“去实现其毋庸置疑的大米生产潜力，坏事就能变成好事”。而且从更长期来看，非洲不但有可能养活自己，而且还可能会向中国运送大米。

进入乡村：真正的故事

中国人正在非洲农村干什么这一问题已经在我脑中萦绕了很长时间。我在 20 世纪 80 年代作为中国问题专家进入研究生院学习，我的博士论文的主题是中国对西部非洲的农业援助。我用了将近一

---

① Huang, “China’s Food Supply.”

② Steve Wiggins and Sharada Keats, “The End of Cheap Rice: A Cause for Celebration?,” Overseas Development Institute, ODI Briefing 83, London, August 2013, http://www.odi.org/sites/odi.org.uk/files/odi-assets/publications-opinion-files/8516.pdf.

年半的时间采访中国技术人员和非洲农民，以及在非洲国家的农业部查阅布满灰尘的档案。我的第一部书《中国的援助与非洲的发展》对中国几十年来在非洲农村地区的援助所产生的效果进行了分析。[1] 我见证了中国的援助逐步演变成多种形式的经济合作与投资。在我的第二本书《龙的礼物：中国在非洲的真实故事》（*The Dragon's Gift*：*The Real Story of China in Africa*）中，我分析了中国在非洲急剧增加的利益。

2011 年，我应邀前往国际粮食政策研究所出任高级研究员，我在那里开始了本书的研究。过去几年间，在众多同事的帮助下，我对从网络和案头研究等收集的所谓中国在非洲“圈地”的案例，以及所有其他我们能够发现的案例（见附录表 1）逐一进行了分析。由于我和我的同事们真正前往非洲进行了实地调研，本书所展现的图景与那些新闻头条所描绘的情况截然不同。

我们在中国，以及许多据说中国已经开始在那里圈地的非洲国家，其中包括刚果（金）、埃塞俄比亚、肯尼亚、莫桑比克、尼日利亚、塞拉利昂、坦桑尼亚、乌干达、赞比亚和津巴布韦等进行了田野调查。我们从中国商务部获取了中国农业投资的数据库，采访了很多中国政府的高级官员，以及许多在田间及总部工作的中国大型农业综合企业的员工。我们在农村地区和部委会议室与非洲的政府官员进行交谈。在每个国家，我们都会前往农村地区参观现存的农场或查明为何计划中的投资最终没有落实。我们还利用了驻扎在非洲各地的国际粮食政策研究所的同僚的研究，他们与他们在非洲各国农业部的同僚一起为一些案例提供了额外的线索。

在我开始于约翰·霍普金斯大学高级国际研究学院（School of Adranced International Studies，SAIS）担任教职并成为中国非洲研究
7 项目的主任后，我们主办了一次大型的会议，邀请世界各地的研究人员前来分享他们就中国对非农业投资问题所做的田野调查。我们

① Deborah Brautigam, *Chinese Aid and African Development*: *Exporting Green Revolution* (New York: St. Martin's Press, 1989).

还资助博士研究生前往安哥拉、尼日利亚和乌干达开展实地研究。因此，本书不仅立足于我本人的研究，也借鉴了许多同样勇敢和追求真知的学者的研究成果，他们不辞辛劳地驱车上百英里前往非洲的乡村，去寻找并采访地处偏远的中国农场的管理者，以及那些与这些投资者一起工作或受他们影响的非洲人。

本书以这些对中国农业投资（无论是实际存在的还是失败的投资）的多重研究方法为基础，力图讲述以下五个主要观点。

第一，尽管有越来越多的中国农业综合企业前往非洲投资，但迄今为止，这些投资并没有使它们获得大量的土地。在大多数情况下，那些处于磋商之中的土地面积都比报道中的小很多，而且其最终结果如何也并非那么明朗。第一章和第五章将讲述那些没有发生的投资——那些被当作事实加以传播的迷思，以及那些最终在严峻的现实面前烟消云散的雄心壮志。然而，越来越多的中国国有企业、个人和私营公司正将非洲视为一种机遇，第六章至第八章将讲述它们的故事。这些故事表明，它们所获取的土地肯定会以当前很小的面积为起点逐步增加。事实上，中国官员和学者曾再三表示，他们认为中国的海外农业投资“仍然处于起步阶段”。

第二，这些投资通常（但并非总是）显示了中国政府的积极作用。尤其在早期阶段，我们更能体会到这一点，因为中央政府的引导与推动在那时非常明显。在过去 10 年间，各省政府开始发挥越来越大的作用。有人将其视为中国针对非洲的“战略计划”。我在第四章中认为，中国政府在这些投资中的作用，更应该被视为反映了中国在贸易与对外投资领域“走向全球”的整体架构，而这在中国于 2001 年加入世界贸易组织后变得愈加明显。中国政府在其中扮演的是“发展型政府”的角色，即模仿了日本与韩国的做法：在农业综合企业及其他行业利用一系列工具和激励手段来引导、刺激和培育新生的全球性公司。然而尽管中国政府非常积极主动，但我们也不能错误地将每项来自中国内地（或香港、澳门）的投资都视为由“中国有限公司”所协调的行为。这将成为对事实的严重误读。

第三，正如本书中的案例研究所表明的那样，我们在非洲看到的**所有**实际和计划中的中国农业投资，不是致力于为当地市场生产食品（鸡蛋、家禽、大米、小麦、玉米、蔗糖、蘑菇，等等），就是像其他国家的企业那样向包括中国在内的全球市场出口传统的农
8 业产品（蔗糖、橡胶、烟草、棉花和棕榈）。尽管对中国未来粮食安全的担忧可能也是其中的一个动因，但相关证据表明其绝对不是首要的驱动因素。

第四，尽管中国的个人投资者已经前往非洲各地从事农业生产，但我们并没有发现中国正在有组织有计划地向非洲的农场输出中国定居者的证据。正如索朗·郭·查特拉德（Solange Guo Chatelard）和朱倩文就赞比亚的案例所指出的那样，许多新到来的中国投资者此前并没有耕作经验。[①] 就像在坦桑尼亚建立了蜜之王有限公司、与当地农民合作生产用于出口的蜂蜜的刘红军一样，他们都是企业家，都在寻找只需少量的钱和好点子就能做的生意。这些新的中国投资者经常在看到非洲的超市中满是进口蔬菜后，或在发现当地小麦、玉米或大米的较高价格之后，选择农业这一产业进行投资。

第五，本书重点强调了非洲人，如投资者、市民社会组织、农村居民和政府等发挥的关键性作用。在主流的叙事话语中，非洲和非洲人似乎主要是被动的旁观者，甚至是受害者。但事实上，我们将看到有许许多多的非洲投资者在急切和有意识地与中国人进行合作。我们将看到非洲国家的政府通常会心满意足地拥抱一些大的项目，因为它们已经承诺要快速实现现代化。[②] 埃塞俄比亚、莫桑比克和赞比亚等国政府已经对缓慢的社会转型失去了耐心，它们都寄希望于科技进步，且通常不太重视那些曾经通过利用部分“国有

---

① Solange Guo Chatelard and Jessica M. Chu, “Chinese Agricultural Engagement in Zambia: A Grassroots Analysis,” SAIS-CARI Policy Brief No 4/2015, Washington, DC: Johns Hopkins University, SAIS-CARI, January 2015.

② 政治学家詹姆斯·斯科特（James Scott）在其书中对此进行了详细的描述，参见 James Scott, *Seeing Like a State: How Certain Schemes to Improve the Human Condition Have Failed*（New Haven, CT: Yale University Press, 1998）。

土地”而丰衣足食的农民和牧民的呼声。然而，它们虽然有着建立现代化大型农业综合企业的愿景，却没有能力修建道路和发电厂，抑或实施人道的重新安置计划，而这些都是商业化农业在经济、社会和政治层面可行的前提。当地人，其中包括农民、工人和牧民，通常会在当地与国外非政府组织及当地政客的支持下，“阻击”外国投资者，无论他们是中国人还是其他国家的人。虽然有少数一些投资最终取得了成功，但更多的投资却因为基础设施落后、政变、选举纷争，甚至是内战而失败。

在《龙的礼物》一书中，我提到了我自己以及其他许多人在验证网上传播的一些中国农业投资的故事上所付出的努力。显而易见，当时中国企业就已经对海外农业产生了兴趣。事实上，已经有学者记录了中国在缅甸等周边国家的多项农业投资。[1] 2007 年，一家中国企业与菲律宾政府签署谅解备忘录，希望租用 100 万公顷土地用来种植玉米、水稻和高粱（但这项投资并没有被落实）。我曾在《龙的礼物》一书中记下了在塞拉利昂与王义彬的一番交谈， 9
这番交谈反映了当时前往非洲的中国人普遍持有的一种观念。作为中国与联合国粮农组织（Food and Agriculture Organization, FAO）共同发起的南南合作项目的领队，王义彬伸开双臂说：“这个国家的土地很充足，却没有人利用它们！”但他也告诉我，他并没有成功地将中国投资者吸引到塞拉利昂的农村——这主要是因为落后的基础设施。

中国崛起的故事在今后一段时间可能是最为重要的与发展有关的故事。中国在非洲的活动无疑已经激起了许多人的想象，他们为这个新兴大国将对非洲这块曾经多次遭受外部侵略的大陆产生的影响感到忧心忡忡。记者们往往会添油加醋，把谣言当作事实四处传播。将这些活动的细节恢复到其本来的面目，同时避免哗众取宠，

---

① Hem Socheth, “Foreign Investment in Agriculture in Cambodia: A Survey of Recent Trends,” International Institute for Sustainable Development, TKN Report December 2012, http://www.iisd.org/sites/default/files/pdf/foreign_investment_ag_cambodia.pdf.

这并不是一件容易的事情，但这样做确实很重要。这不仅对于非洲及其他发展中国家的人们而言是如此，对于那些试图理解这一正在挑战我们的发展理念和我们在世界中的位置的改变的欧洲人和美国人而言，也是如此。尽管本书的结论主要基于我自己的学术研究和其他许多学者以事实为基础的评估，但希望其能够对那些富有思想且对中国的崛起及其将会对非洲等贫困地区产生的影响感兴趣的人起到抛砖引玉的作用。

现在让我们开始进入第一个故事，让我们先将事实与虚构区分
10 开来。

第一章 中国与莫桑比克

——虚构与事实

时间为2006年。在非洲的一片丛林深处，鼓声震天，翩翩起舞的妇女们将中国代表团的官员们引至大帐篷内排列整齐的软椅之中。在帐篷外面，铜管乐队正在演奏莫桑比克国歌，这时，新当选的总统格布扎（Guebuza）走向麦克风，做了一个简短的致辞。然后格布扎将讲台让给了这次会议的组织者马皮托（Mapito）。“仔细听，”一个中国商人对他妹妹耳语，“这就是将来可能的样子。”①

马皮托先喝了一口水，然后宣布将乘坐直升机沿着赞比西河巡视一番。“我们将飞越人口稀少的肥沃地区。根据我们的统计，我们在未来5年将能够安置400万中国农民，他们将会耕种这些目前仍然闲置的土地。”

当天下午，在直升机的轰鸣声中，代表团默默无语地飞越了大片似乎未被开垦的荒地。深绿色的海洋中仅仅盘绕着蜿蜒曲折的银色河流及散布着一些定居点。晚饭之后，另外一些当地妇女又在篝火旁跳起了舞蹈。“我明白了，”妹妹对那位中国商人说，“所有一切都已经被准备好了。”

上面描绘的场景都是虚构的内容，且均（更加优雅地）出现在2008年出版的一本畅销书中。这本书名为《北京来客》（*The Man From Beijing*），作者是瑞典作家贺宁·曼凯尔。在丛林中的这

① 本部分所有引文都来自 Henning Mankell, *The Man From Beijing* (New York: Knopf, 2010), English translation。本书最初以“Kinesen”（意为中国人）为题在瑞典出版（Stockholm: Leopard Förlag, 2008）。

次会议从来没有发生过。只有在小说中，一位通过选举上台的政治领导人才会支持一项允许400万中国人涌入其国家的计划。曼凯尔的故事反映了西方对中国进入非洲言过其实的担忧，这种担忧非常
11 形象地体现在《经济学人》杂志2008年3月15日的那张著名的封面上——一群戴着头巾的中国男人正举着旗子骑在骆驼上穿越沙漠，而封面的标题是“新殖民主义者”。

在赞比西河谷的问题上，还有一个不那么耸人听闻的故事，该故事出现在2007年8月，当时瑞士联邦理工学院的网站刊登了一篇有关中国与莫桑比克关系日益紧密的短文。[①] 将近一年之后，位于华盛顿特区的著名的战略与国际问题研究中心（Center for Strategic and International Studies，CSIS）发表了同一作者的第二篇短文，其标题为“赞比西河谷：中国的第一个农业殖民地?”[②] 这两个网站似乎都没有对文章内容进行事实核查、编辑审读或同行评审。然而，这两篇文章的叙述十分具有感染力，因此其被非政府组织、智库、政府机构和杂志作为事实采用。这个故事将最终变成西方理解中国在非洲农村地区之意图的重要支柱。然而正如我们将看到的那样，这一支柱上有些很大的裂痕。

这两个网站描绘的故事如下：中国政府“侵略性地”寻求在赞比西河谷租赁大片土地，并试图“诱使”莫桑比克官员“允许他们进入河谷地区”；中国人，即那些“粗鲁、贪婪且四处找寻原材料的商人”，能够“打开在其他方面向西方国家关闭的大门”。作者宣称，中国在2006年已经向莫桑比克提供了23亿美元的贷款，用来在赞比西河上修建马潘达恩库阿（Mapanda Nkua）大坝。他说两国政府已经签署一项协议，允许“20000多名中国移民”

① Loro Horta，“China，Mozambique：Old Friends，New Business，” International Relations and Security Network（ISN），Zurich，Switzerland，August 13，2007，http：//www.isn.ethz.ch/Digital-Library/Articles/Detail/?lng = en&id = 53470.

② Loro Horta，“The Zambezi Vally：China's First Agricultural Colony?，” Center for Strategic and International Studies，Washington，DC，May 20，2008，http：//csis.org/publication/zambezi-valley-chinas-first-agricultural-colony.

“进入河谷经营大中型农场，以便向中国市场供应越来越多的农产品”。这些农场将成为中国“在非洲的第一批农业投资”。然而，输入中国移民的计划“在当地引起强烈的愤怒”，因为赞比西河谷的居民担心会重新回到葡萄牙殖民主义下的黑暗时代。事实上，对这一合作的报道引起了“很大的骚动”，以致莫桑比克政府被迫“出面驳斥整个故事都是假的”。

然而，作者写道，两国政府都在静悄悄地推动自己的计划。莫桑比克政府甚至已决定将普通话作为所有高中学生的必修外语。中国政府也已经承诺（据该作者所说）在此前贷款的基础上另外追加 8 亿美元（总额将超过 30 亿美元），全部用来帮助莫桑比克实现大米生产的现代化。中国向莫桑比克提供资金以开展农业研发和修建道路，“明显是为了最大限度地提高产量，并促使粮食更加迅速地运往中国”。作者认为，大米显然对中国意义重大，
因为莫桑比克人吃不了多少大米。为了进一步证实中国的意图，他 12
宣称中国已经免除了 400 种来自莫桑比克的农业产品的关税，这其中就包括大米。“有件事情似乎已经可以确定，”他强调道，“**中国正在致力于将莫桑比克变成其粮食，尤其是大米的主要供应者之一**。”①

尽管后来被证明漏洞百出，但这个故事登出在世界上最受人尊敬的智库——战略与国际问题研究中心的网站上，还是让它具有了可信性，而且鉴于当时正值世界粮食危机最严重的时候，它马上就被传播开来。所谓中国政府正想方设法地在莫桑比克获取大片土地，希望将数以万计的中国人安置在那里种植水稻并运回中国的论点，几乎在世界各地都未经质疑便被人们认可。在华盛顿特区，国际粮食政策研究所的研究人员写道，“莫桑比克人对将成千上万的中国农业工人安置在（中国）租赁的土地上进行了抵制”，而其资料来源，正是战略与国际问题研究中心所刊登的

① 着重号为笔者所加。

这篇文章。[①] 德国国际合作机构（GIZ）将这个故事纳入了已被报道的外国土地投资的名单之中，并指出其“由于政治反对”而被迫搁置。[②] 这个故事被报纸、智库、非政府组织和研究人员广泛引用，它还出现在了谷物协会、土地监控倡议（Land Matrix）、莫·依布拉欣基金会（the Mo Ibrahim Foundation）和南非标准银行（South Africa Standard Bank）的报告之中。此外，包括《大西洋月刊》在内的杂志也反复提及这一故事。2008 年 8 月，美国驻马普托大使甚至在发回华盛顿的一份秘密的外交电报中引用了这篇刊登于战略与国际问题研究中心网站上的文章的部分内容。[③]

只有一篇报道指出这个故事严重缺乏证据。总部位于伦敦的国际环境与发展研究所（International Institute for Environment and Development, IIED）在为联合国粮农组织和国际农业发展基金（International Fund for Agriculture Development, IFAD）开展一项大型研究的时候，曾对莫桑比克等国的外来圈地行为进行了田野调查，其研究结果在 2009 年得以公布。[④] 在引用战略与国际问题研究中心关于中国与莫桑比克的故事的时候，它尖锐地指出，研究员们没有能够验证其真实性。“外部普遍的看法是中国正在支持其企业到海外获取土地并将此作为其国家粮食安全战略的一部分，”国际环境与发展研究所的研究人员指出，“但这方面的证据存在很大的问题。”

---

① Joachim von Braun and Ruth Meinzen-Dick, “‘Land Grabbing’ by Foreign Investor in Developing Countries: Risks and Opportunity,” IFPRI Policy Brief 13, Washington, DC, April 2009.

② Matthias Görgen, Bettina Rudloff, Johannes Simons, Alfons Üllenberg, Susanne Väth, and Lena Wimmer, *Foreign Direct Investment (FDI) in Land in Development Countries*, (Eschborn, German: Deutsche Gesellschaft für Technische Zusammenarbeit [GTZ], December 2009). 德国技术合作公司（GTZ）现改名为德国国际合作机构（Gesellschaft für Internationale Zusammenarbeit, GIZ）。

③ Todd Amani, “Mozambique: China's Rice Basket?,” Wikileaks cable, August 30, 2008, http://www.wiikileaks.org/plusd/cables/o8MAPUTO784_A.html.

④ Lorenzo Cotula, Sonja Vermeulen, Rebeca Leonard, and James Keeley, *Land Grab or Development Opportunity? Agricultural Investment and International Land Deals in Africa*, (London/Rome: IIED/FAO/IFAD, 2009), p. 55.

在读到这些文章时，我感到既好奇又迷惑。这些文章里面的许多说法错得离谱。例如，大米在莫桑比克并非不那么重要。国际水稻研究所（International Rice Research Institute，IRRI）指出，“**水稻在莫桑比克被视为战略性农作物**，人们希望它能为莫桑比克的粮食安全做出贡献”。[①] 根据联合国粮农组织的统计数据，作为世界上最贫穷的国家之一，莫桑比克在 2007 年共花费 1.45 亿美元进口了将近 50 万吨大米。[②]

宣称莫桑比克已经将中文作为任一教育阶段的必修课也是不对的。这些故事还有另外一些错误，比如，北京早在 2006 年就已经 13
向非洲最不发达的国家（其中包括莫桑比克）提供 400 种商品的免关税待遇，但其中只有不到 10% 的商品为农业产品。这份免税名单中的商品包括针织领结、圆珠笔和皮夹克。大米在中国是被严密保护的农作物，绝对不会出现在免税名单之中。[③] 尽管中国人已经对投资兴建马潘达恩库阿大坝表现出浓厚的兴趣（只要有中国企业承担就可以），但他们还没有提供贷款。作者还明显没有注意到中国农业综合企业早在 20 多年前就已前往莫桑比克及其他非洲国家开展农业投资。

这些细节很容易就可以得到验证，在这些事实上的粗心大意也使得其他表述不那么可信。此外，作者还没有提及在莫桑比克进行的采访或开展的田野调查，也未提供能够证实如下耸人听闻的断言的原始资料：中国政府承诺的扶持莫桑比克水稻产业现代化的 8 亿美元贷款，输入数以万计的中国移民的协议，民众抗议、表示愤怒

---

① International Rice Research Institute, “Rice in Mozambique,” Los Baños, Philippines, http://irri.org/our-work/locations/mozambique, retrieved June 12, 2015. 着重号为笔者所加。

② 除非另有说明，本书所引用的联合国粮农组织的数据均来自 FAOSTAT（2015 年 1 ~ 6 月），http://faostat3.fao.org/home/E。

③ Simon Freemantle and Jeremy Stevens, “List of Products Enjoying Zero-Tariff Treatment for African Least Developed Country (LDC) Exports to China,” Standard Bank, April 7, 2010. 截至 2013 年，免税名单上共包括 7831 种商品，但大米仍然被排除在外。参见中华人民共和国海关总署《海关总署公告 2013 年第 34 号》，2013 年 6 月 28 日，http://www3.customs.gov.cn/publish/portal0/tab399/info436004.htm。

或政府否认这一计划。[①]

于是我决定前往莫桑比克。一个截然不同的故事正在那里开始成型，我们将在本书的不同章节重新回到这个故事。这是一个中国的全球商业雄心不断上涨，而非洲各国政府在机构薄弱的背景下积极关注粮食安全的故事。这个故事的参与者不仅包括中国，还包括其他许多国家，如葡萄牙和巴西。正如我们将在第三章所看到的那样，中国置身于这一故事之中的起始时间并非是 2006 年，而是几十年之前。这一历史塑造了中国当前的行动。

“我们无法确认这个故事”

2009 年 6 月，在我有生以来第一次抵达莫桑比克已随殖民时代的终结而褪色的首都后，我马上便被它迷住了。马普托的韵味，与我曾深入调查的西部非洲的一些城市，如拉各斯、弗里敦和蒙罗维亚等，完全不同。温暖的印度洋冲刷着弯曲蔓延的海滩，一步之遥就是这个城市的街街巷巷。金合欢、紫薇花和大王棕分布在宽阔的街道两旁，但满是沙子的破旧的人行道经常成为行人的陷阱。有些著名的建筑已经成为废墟，墙壁上面布满弹孔，拱形的庭院则完全被树木掩盖。

那些弹孔见证了莫桑比克充满暴力的近代历史。1962 年，一群在坦桑尼亚流亡的莫桑比克人建立了莫桑比克解放阵线党（Mozambique Liberation Front，其葡语缩写为 Frelimo）。在仅仅两年
14 后，葡萄牙殖民政府便陷入了与游击队之间的战争，而那些游击队员总是在开展攻击之后便隐入群山和丛林之中。在之后 30 年的大多数时间里，莫桑比克一直战争不断：它自身的解放战争，然后是莫桑比克解放阵线党与南非白人政府所支持的莫桑比克全国抵抗运动（Mozambican National Resistance，其葡语缩写为 Renamo）之间

① 在撰写《龙的礼物》的时候，我曾向该作者发送电邮进行确认，但他没能提供任何证据来支持这个谣言。参见我与其在 2009 年 9 月 10 日的电子邮件往来。

旷日持久的内战。葡萄牙人最终在 1975 年离开，也正是在这一年，葡萄牙自身的革命终止了其长达数十年的独裁统治。莫桑比克国内的冲突在 20 世纪 90 年代前期因南非的政治转型而结束，但在此之前，共有近 100 万莫桑比克人在冲突中丧生。

在葡萄牙殖民统治时期，莫桑比克人喜欢上了大米的味道。莫桑比克主要河流的卫星图片清楚地展示了葡萄牙人所留下的沟渠的痕迹，这些由齐巴罗（chibalo，意为强制劳工）自 20 世纪 30 年代末开始修建的排水和灌溉系统将土地分成了条块分割的长方形农田。葡萄牙人不但培育了定居农业，他们还以殴打和罚款的威胁，强迫当地农民耕种水稻并以低价出售给私人所有的碾米厂，当地自给性农业耕作由此瓦解。齐巴罗制度和强制性的稻米种植一直持续到 20 世纪 60 年代初。那时，下林波波等地的几十个葡萄牙定居者农场已经将莫桑比克的部分地区转变成了粮仓，平均每年可生产 10000 吨大米。[①]

随着莫桑比克人开始移居城市，其对大米等粮食的需求量不断增加。但当地水稻的产量非常低，每公顷的平均产量刚刚超过 1 吨，而中国的产量则高达 6 吨以上。然而，意大利援助机构合作意大利（Cooperazione Italiana）在 2005 年资助的一项关于莫桑比克水稻产业的研究指出："莫桑比克政府看到了改变这一境况并最终生产富余的大米以在当地和国际市场出售的巨大潜力。"[②] 要想成为世界大米强国，莫桑比克需要多个方面的新投资。例如，尽管莫桑比克水稻的生产成本与泰国相差无几，但其碾米的成本却比

① Otto Roesch, "Migrant Labour and Forced Rice Production in Southern Mozambique: The Colonial Peasantry of the Lower Limpopo Valley," *Journal of Southern African Studies*, 17, no. 2 (June 1991), pp. 239 – 270. See also Ana Sofia Canho, "'Friendship' Rice, Business, or 'Land-grabbing'? the Hubei-Gaza Rice Project in Xai-Xai" (Working Paper 32, Land Deal Politics Initiative, International Institute of Social Studies, The Hague, Netherlands, 2013).

② Alessandro Alasia, Francesco Goletti, Time Purcell, Paulo Mole, Celestina Jochua, Stuart Higgins, Bui Thi Kim Khanh, and Mario Souto, "Development Strategy for the Rice Sector in Mozambique," Draft Final Report, Agrifood Consulting International for Cooperazione Intaliana, Maputo, Mozambique, September 8, 2005. 着重号为笔者所加。

泰国高六倍多，这就大大降低了农场主的利润。因此，现代化碾米厂是莫桑比克扩展水稻产业的关键性因素。此外，薄弱的农业研究也对这一产业形成了极大的限制。

莫桑比克政府认为有 20 个地区在水稻生产方面拥有很高的潜力，并因此加大了寻找国际合作者的努力。① 在莫桑比克政府的邀请下，国际水稻研究所在莫桑比克设立了办公室。日本、法国、爱尔兰向莫桑比克提供资金以维护殖民时代的灌溉工程。2005 年 9 月，格布扎总统在纽约召开的联合国大会上与中国国家主席胡锦涛进行了会晤，他敦促中国人（到莫桑比克）开展农业投资。② 在如此高规格邀请的推动下，中国驻莫桑比克经济商务参赞处将莫桑比克的农业投资优惠措施翻译成中文，并将其挂在了中国商务部的网站之上。③

我在那年 6 月会见的第一批人，属于当地一个名为“环境监察”（Justiça Ambiental）的环保维权组织。我向他们询问了我所读到的那些故事。其中一位成员回想起他曾在北部城市克利马内的一个合作社听说过的一则关于中国人对赞比西河谷感兴趣的谣言，但他们不知道任何因计划引进中国农民而进行的抗议。“我们无法确认这个故事。”他们说。

我见到了世界银行及其他国际援助机构负责农业援助工作的职员，但他们当中也没有人记得曾听说中国人承诺为生产大米提供 8 亿美元，或任何与民众愤怒以及莫桑比克政府否认引进中国移民有关的事件。在国际货币基金组织驻马普托的办公室，一位跟进中国在莫桑比克投资的工作人员告诉我：“农业是莫桑比克政府的优先

---

① Republic of Mozambique, “Plano de acção para a produção de alimentos 2008 - 2011,” Maputo, June 11, 2008, http://fsg.afre.msu.edu/mozambique/caadp/MINAG_PAPA_FoodCommoditiesStrategicPlan2008.pdf.

② “Chinese, Mozambican President Vow To Further Relations,” Xinhua, September 15, 2005.

③《莫桑比克农业资源、农业政策和吸引外资的优惠政策》，中华人民共和国商务部，2006 年 3 月 28 日，http://mz.mofcom.gov.cn/aarticle/wtojiben/wtojieshao/200603/20060301771650.html，访问日期：2014 年 10 月 10 日。该网址已无法访问，但本文还可以在中国农业部的网站（http://www.agri.cn/V20/ZX/siny/201312/t20131225_3724106.htm）上找到。

领域。莫桑比克解放阵线党的一些高层官员希望找到前往赞比西河谷投资的人。他们还提供了特殊的税收优惠政策。中国人确实感兴趣，但一切都还未定。”这一说法印证了中国驻马普托经济商务参赞处2006年3月用中文在网上发布的消息：“近年我处还陆续收到一些农业合作项目要求……赞比西河流域开发办要求与中国人合作种植棉花、水稻等。”①

一群官员在（莫桑比克）农业部常务秘书丹尼尔·克莱门特（Daniel Clemente）的办公室告诉我：“我们希望中国人支持我们的农业发展。”中国进出口银行当时提供了5000万美元的信贷额度，用来进口机械和在赞比西河谷修建三个加工棉花、玉米和大米的工厂。中国政府也出资600万美元在马普托附近修建了农业技术示范中心。“这远远低于我们的预期。”一位莫桑比克官员补充说。我问他们是否曾期待过8亿美元。他们笑了起来，摇着头说没有。“我们到哪里去找这笔钱？”

我与几名学生一起查找了葡萄牙语资料，其中包括当地独立性报纸的档案。我们**没有**发现媒体关于中国承诺投资8亿美元的报道，**没有**看到关于两国政府达成协议引入中国移民的故事，也**没有**找到证据证明因抗议或愤怒而导致任何拟议中的中国农业项目被废止。在多达几十次的采访中，没有人告诉我他曾听说过这些核心的故事内容。这个故事就像海市蜃楼一样若隐若现，但其终将慢慢消退。

在莫桑比克著名的独立性周报《热带草原》（*Savanna*）的办公室，另一个版本的故事正在形成。在报社工作的人提醒我说葡萄 16
牙在1999年将澳门的主权归还给了中国，而中国则给予澳门同香港一样的自治权。我在那里了解到，澳门博彩业大亨亿万富翁何鸿燊对莫桑比克产生了兴趣。2005年，何鸿燊旗下的策略投资股份有限公司（Geocapital）与一些莫桑比克富豪在当地合资成立了一

---

① 《莫桑比克农业资源、农业政策和吸引外资的优惠政策》，中华人民共和国商务部，2006年3月28日，http://mz.mofcom.gov.cn/aarticle/wtojiben/wtojieshao/200603/20060301771650.html，访问日期：2014年10月10日。

家名为赞比西有限公司（Zamcorp）的投资公司。“赞比西有限公司为赞比西河谷设计了总额高达5亿美元的计划和项目，”一位编辑告诉我，“他们正试图引进中国投资者。”

“那中国农民呢？”我问他。他笑了笑，然后往前探着身子说：“一些与赞比西有限公司有联系的莫桑比克商人曾在私下里说，我们应该引入中国工人来改造赞比西河谷。他们都是商人。他们希望莫桑比克放宽劳工法的限制。例如，他们希望能够引进印度会计。本地会计每个月可以赚取4000~5000美元！但现在还不能这么做。”①

2010年，能够说中文和葡萄牙语的瑞典裔挪威籍学者西格丽德-玛丽安娜拉·斯滕斯克鲁·艾克曼（Sigrid-Marianella Stensrud Ekman）前往莫桑比克对这个故事进行了更深入的调查。她的调查结果与我的基本相同［我们后来共同为《非洲事务》（*African Affain*）杂志撰写了一篇文章］。② 艾克曼重点质疑了所谓“中国”曾要求在赞比西河谷租赁大量土地的观点。实际情况是，赞比亚政府所属的赞比西河流域开发办“曾努力引进中国投资，但最后失败了”。③

葡萄牙学者安娜·克莉丝汀娜·阿尔芙（Ana Cristina Alves）详细阐述了被故事的最初版本遗漏的葡萄牙人的强大身影。④ 何鸿

---

① Interview, Maputo, June 17, 2009. See also "Company Set up in Mozambique to Attract Chinese Investment," Macauhub, April 17, 2006, http://macauhub.com.mo/en/2006/04/17/865.

② Deborah Brautigam and Sigrid-Marianella Stensrud Ekman, "Rumours and Realities of Chinese Agricultural Engagement in Mozambique," *African Affairs* 111, no. 444 (July 2012).

③ Joseph Hanlon, "Land Moves up the Political Agenda," Mozambique Political Process Bulletin 48, February 22, 2011, citing Sigrid-Marianella Stensrud Ekman, "Leasing Land Overseas: A Viable Strategy for Chinese Food Security?" (MA thesis, Fudan University, Shanghai, 2010).

④ Ana Cristina Alves, "Chinese Banking Interests in Mozambique," South Africa Institute of International Affairs, China in Africa Project, Policy Briefing 37, November 2011, pp. 2–3. 本段的所有引文均来自这篇简报。同时参见“Company Set Up in Mozambique to Attract Chinese Investment," Macauhub, April 17, 2006, http://www.macauhub.com.mo/3n/2006/04/17/865; and "Geocapital Focus on the Development of the Zambezi Valley in Mozambique," *AgroNotícias*, December 10, 2005。阿尔芙指出，在策略投资股份有限公司努力为安哥拉引进投资的过程中，也有谣言称其要引进中国移民。参见2014年10月19日其与笔者的电子邮件往来。

桑旗下策略投资股份有限公司的股东包括葡萄牙的政治与商业精英，如阿尔梅达·桑托斯（Almeida Santos，前葡萄牙国会主席）和李百鸿（Jorge Ferro Ribeiro，前葡萄牙国际合作部部长）。阿尔芙认为，私人投资者希望通过建立赞比西有限公司来“凭借特权获取中国资本”，并借此推动赞比西河谷的发展。然而，赞比西投资有限公司一个项目都没能开发出来。阿尔芙表示，他们之所以没能将中国投资引入赞比西河谷，是因为他们缺乏“与中国政府的正式联系”。

显而易见，中国人确实对赞比西河谷感兴趣。然而正如中国驻马普托经济商务参赞后来告诉我的那样：“莫桑比克政府认为赞比西河谷是农业生产的绝佳之地，但它离马普托和港口太远，在运输方面存在问题。”[①] 他的说法与总部位于马普托的经济与社会研究所（Institute of Social and Economic Studies）的一位研究人员的报告不谋而合。[②] 奇查瓦（Chichava）发现，赞比西河流域开发办曾在2010年与一个中国团体接洽，当时这些中国人要求他们提供50000公顷土地的经营权。然而，这些中国投资者在进行了可行性研究之 17
后，认为由于缺乏基础设施及在用水方面存在问题，到赞比西地区进行投资成本太高。

这也说明，即便有中国企业希望在赞比西河谷获得大片土地的经营权，它们也可能会面临一些问题。事实上，奥克兰中心（Okland Institute）的一项研究表明，在2004～2009年间，莫桑比克共将100多万公顷的土地交给了外国投资者，其中主要为欧洲和南非的投资者；中国的投资者之所以引人注目，只是因为他

---

① Interview, Maputo, November 19, 2014.

② Sérgio Chichava, "Chinese Rice Farming in Xai-Xai: A Case of Mozambican Agency?," in *China and Mozambique: From Comrades to Capitalists*, ed. Chris Alden and Sérgio Chichava (Aukland Park, South Africa: Fanele, 2014), pp. 140 - 141. 我非常感谢奇查瓦博士的帮助，他在与赞比西亚省负责农业事务的官员莫马德·瓦拉（Momade Valá）进行会面时，确认了这个投资故事所发生的时间，即2006～2011年。参见2015年2月27日其与笔者的电子邮件往来。

们一直按兵不动。[①] 与中国单方面地积极谋求土地以在莫桑比克安置成千上万的中国农民相反，我发现的事实是一群活跃的莫桑比克人和葡萄牙人正想方设法搭便车，希望并期望获取由中国投资带来的红利。

与此同时，在离赞比西河谷很远的一个地方，中国的一个新的项目正在落地生根。2005 年 12 月，中国湖北省商务厅组团对赞比亚、肯尼亚和莫桑比克进行了考察。[②] 自 20 世纪 70 年代以来，湖北省作为中国主要的粮食产区，其国有农场系统已经根据中国的援助计划，向非洲派遣了多个农业专家组。[2007 年我在塞拉利昂进行田野调查的时候，在一个名为波（Bo）的小城镇碰到了专家组中几位正在此地工作的专家，当时他们正在与塞拉利昂农业部一起培育水稻。] 到达莫桑比克后，湖北代表团参观了加扎省，以及葡萄牙人在下林波波谷地赛赛市附近留下来的灌溉系统。加扎省政府向他们提供了 300 多公顷土地，以供他们将其作为示范农场并向当地农民转移技术。代表团带回了松软的黑土样本进行检测，结果显示土壤质量非常好。2006 年，湖北省与加扎省签署双边协议，要求省里主管湖北省 53 个国有农场的机关组建一个公司。

湖北农垦系统挑选了 19 个国有农场作为投资者，共同组建了联丰海外农业开发有限公司（简称“湖北联丰”）。[③] 新的农场在 2007 年 5 月正式建立，名为湖北—加扎友谊农场（Gaza-Hubei Friendship Farm）。湖北联丰还承担中国的援助项目，耗资 600 万美元在马普托附近为莫桑比克修建了农业技术示范中心。湖北省的

---

① Joseph Hanlon, “Understanding Land Investment Deals in Africa: Country Report Mozambique,” Oakland Institute, 2011, http://www.oaklandinstitute.org/sites/oaklandinstitute.org/files/OI_country_report_mozambique_0.pdf.

② 吴娟：《中国人非洲创业：莫桑比克种地，在万余公里外的非洲》，《长江日报》2007 年 6 月 15 日，http://news.sina.com.cn/o/2007-06-15/063512026411s.shtml。由笔者与毕菡凝在本书中将其译为英文。

③ 张瑜：《中国农垦海外拓荒》，《瞭望东方周刊》2008 年 6 月 12 日，http://www.lwdf.cn/oriental/business/20080612144232666.htm。由笔者与毕菡凝在本书中将其译为英文。

“这个项目和莫桑比克的国家五年计划正好相应。”莫桑比克驻华大使在 2007 年 6 月告诉《长江日报》的记者说。[1] 这个团队计划先种植水稻，然后是鲜花，或许还有具有高附加值的水果和蔬菜，并直接向欧洲出口。让人惊讶的是，尽管湖北省已经开展了上述的一系列活动，但瑞士和战略与国际问题研究中心的网站上所刊登的文章却并没有提及这个真实存在的投资项目。 18

莫桑比克：虚构与事实

本章以肇始于单一信息源的一个广为传播的故事开启了本书的阅读旅程。这个故事立足于很少有人质疑的假设：中国政府正雄心勃勃地试图实施一项宏伟的计划，即获取大量非洲土地以确保中国的粮食安全，与此同时使成千上万的中国农民迁往莫桑比克定居。非政府组织、智库和各路记者一再重复关于莫桑比克的这则谣言，却没有人去探究其来龙去脉，究其原因，在于这则故事所构建的中国人的意图，恰好契合了为西方广泛接受的故事蓝本。

本章表明，在研究人员真正前往莫桑比克并开始刨根问底时，这个故事中的关键要素便发生了根本性的变化。这也说明，在做出论断的时候，必须以证据而非假设和谣言为基础。展现在我们面前的仍然只是一个故事——这是一个关于崛起中的中国及其企业开始进入全球市场的故事。非洲与欧洲的政治精英，乃至中国澳门的亿万富翁都在这个故事中扮演着特定的角色：希望借助中国的崛起来谋求自身的利益。我们看到了莫桑比克政府如何要求中国人——以及许多其他国家的人——与他们携手合作，共同帮助莫桑比克实现其农业现代化的计划。

这是一个关于中国前往莫桑比克开展农业投资的真实的故事，而且这个故事有着一些不同寻常的跌宕起伏。例如在第三章，我们将看到中国在莫桑比克的第一笔重大的农业投资，是在 10 年前通

① 吴娟：《中国人非洲创业：莫桑比克种地，在万余公里外的非洲》。

过巴西进行的。然而在其他大多数方面，中国在莫桑比克的故事反映的是中国在整个非洲开展农业合作的历史。中国在大多数非洲国家取得独立后便开始向它们提供农业援助。这些援助有时会转变成投资。粮食安全将成为一个重要的议题，但推进这一议题的是非洲领导人，他们正期待着中国（以及日本、越南，甚至爱尔兰）帮助他们降低巨大且存在政治风险的国家大米赤字。

莫桑比克从1997年开始谋求中国的农业投资，然而他们花费了大约15年的时间，才最终成功从中国引入一个雄心可与他们的希望相匹配的私营公司。我们将在第八章介绍这家名为万宝粮油的公司，不过在此需要指出的是，该公司所前往的并不是赞比西河谷，而是远在一千多公里之外、地域广阔的林波波河口三角洲地区。然而，尽管中国与莫桑比克之间的故事并非我们想当然的那样，它仍然在外国人获取土地、商业化农业和粮食安全等方面引发了一些深刻的问题。在第二章中，我们将回过头来研究中国与非洲之间的一些不同之处，以及围绕这些问题所展开的争论。这将为本
19 书剩余的章节做好铺垫。

第二章 “端着金饭碗要饭”

——粮食安全与商业农场

2005 年 11 月 17 日，陕西农垦有限责任公司总经理杨浩民盯着来自农业部的一份传真，已经在办公室里坐了整整两个小时。[①] 他的公司会对进入喀麦隆感兴趣吗？杨浩民称自己是天生的“乐天派”。1998 年，他从纳米比亚引进 120 只种鸵鸟，并将其作为一个实验性农场的核心要素。人们曾嘲笑这些难看的鸵鸟，但他的投资最终成长为亚洲第一的鸵鸟养殖基地。养殖鸵鸟所赚取的利润使他得以在有着 2200 年历史的举世闻名的兵马俑的故乡西安修建了鸵鸟王大厦，他的办公室现在就在这座大厦里面。在中国开始强调对外投资和“走出去”之后的数年间，杨浩民曾先后前往南非、俄罗斯、乌克兰和巴西等国，但他的考察之旅尚未带来一个项目。他翻出一张地图，将目光投向了非洲西海岸的喀麦隆。

在六个星期之后的圣诞前夜，杨浩民与另外 7 名专家组成的小型代表团抵达喀麦隆的经济首都杜阿拉。喀麦隆政府热情接待了他们，承担了他们的费用，并陪同他们考察了一系列适合商业种植水稻、木薯及其他农作物的地方。杨浩民在 2006 年 1 月中旬决定进行投资。喀麦隆政府承诺无偿提供 10000 公顷土地，租期为 99 年。杨浩民后来表示，非洲凭借其“巨大的发展潜力”打动了他。[②] 喀麦隆似乎拥有各种优势：温暖的气候、丰富的水资源、充分的光照、大片的土地，以及充足的劳动力。然而，这个国家每年却要在其稀缺的外汇中花费 2.5 亿美元进口大米。杨浩民引用亚洲人的俗语说：“这就像是端着金饭碗要饭。”杨浩民后来发现，在喀麦隆 20

① 任小岗：《耕耘在喀麦隆的土地上：陕西农垦实施“走出去”战略纪实》，《价值中国》2007 年 1 月 24 日，http：//www.chinavalue.net/General/Blog/2007 - 01 - 24/4044.aspx。

② Zilin Zhang, “Now Is the Best Time to Invest in Africa,” *China Economic Herald*, June 18, 2010, http：//www.focac.org/eng/mtsy/t712495.htm. 本段的另一句引文也来自该文。

以商业化的规模种植水稻并不像他想象的那么简单。但要想弄清为何他的投资在喀麦隆毁誉参半，我们首先需要一些背景资料。

农业、粮食安全与发展

农业与粮食安全在发展中发挥着关键性的作用。从根本上来说，人们需要粮食来维持生命。一个家庭的收入越低，其用在食物上的开支就占有越大的份额。在最贫穷的国家，农村地区也经受着最为严重的贫困：最晚获得自来水、下水道设施、电和公路。从历史上看，提高农业生产率在经济发展中处于核心位置，有助于降低贫困和为工业化提供资金。然而，正如我们将在本章所看到的那样，在采取适当的步骤以实现农业现代化及确保所有人的粮食安全这两个问题上，专家们陷入了激烈的争论。

从全球来看，世界各国的农场仍然可以生产充足的粮食。技术变革和不断提高的生产率确保保罗·埃尔利希的悲观预言，即到20世纪末将出现大饥荒，没有变成现实。然而，国际粮食政策研究所不那么极端的经济学家所采用的标准模型表明，我们事实上正处于一个历史转折点：他们预测截至2050年，主要粮食的价格按实际价值计算将会增长近一倍。①

这一潜在的压力来自亚洲的城市消费者因经济快速发展而产生的需求，同时来自人口增长，尤其是非洲这一最后一个每个家庭都仍然会养育很多孩子的重要地区的人口增长。随着经济的不断发展，农民逐步从主要为自己生产口粮转变成为市场生产商品。机械化使儿童不再需要在他们父母的农场中从事手工劳动。他们到学校上学并最终迁入城市——有时是自己选择的结果，有时则是因为有权有势的人因土地较高的价值而控制了小农的土地，抑或圈占了公

---

① Mark W. Rosegrant, Jawoo Koo, Nicola Cenacchi, Claudia Richard Robertson, Myles Fisher, Cindy Cox, Karen Garrett, Nicostrato D. Perez, and Pascale Sabbagh, *Food Security in a World of Natural Resource Scarcity: The Role of Agricultural Technologies* (Washington, DC: IFPRI, 2014).

共牧场。随着贫困的家庭进入城市并逐步增加收入水平，他们的饮食也发生了改变。刚开始的时候，他们的餐桌上主要是大米、豆类或面饼。然后动物蛋白很快便从每月消费一次的奢侈品变成每天的必需品。每生产 1 公斤的鸡肉，需要消耗 2 公斤的谷物；每生产 1 公斤的猪肉，需要消耗 4 公斤的谷物；而每生产 1 公斤的牛肉，则需要消耗 7 公斤的谷物。[①] 亚洲的经济增长将给全球粮食供给带来越来越大的压力。过去在提高生产率和增加产量方面所取得的成就，还需要继续维持下去。 21

然而，粮食安全并非仅仅与产量有关。根据国际粮食政策研究所发布的全球饥饿指数，世界各地约有 8.7 亿人长期营养不良，也就是说，在每 8 个人当中，就约有一个人长期营养不良。[②] 造成这一局面的部分原因在于短期的冲击，如人们逃离冲突和旱涝灾害等；但在另外一些情况下，贫困、不平等和气候变化日益严重的影响也导致了长期的脆弱性。令人吃惊的是，据联合国饥饿特遣队（Hunger Task Force）的统计，有一半的饥饿——在非洲可能有三分之二的饥饿——发生在小农户的家中，因为他们无法生产足够的粮食来让他们的家人吃饱，而且他们还因为太穷而没钱在当地市场购买粮食。[③] 在国家层面，贫穷又导致难以在国际市场上购买粮食。

经过漫长的科学发展进程，资本主义的商业农场最终在英格兰初具雏形。但是在商业农场形成的过程中，并非只有科学在其中发挥了重要的作用，权力和贪婪也是重要的因素。由于土地的价值因

---

① Lester Brown, *Plan B 2.0: Rescuing a Planet under Stress and a Civilization in Trouble* (New York/London: W. W. Norton, 2003). 1 公斤相当于 2.2 磅。

② Klaus von Grebmer, Derek Headey, Tolulope Olofinbiyi, Doris Wiesmann, Heidi Fritschel, Sandra Yin, Yisehac Yohannes, Connell Foley, Constanze von Oppeln, Bettina Iseli, Christophe Béné, and Lawrence Haddad, 2013 *Global Hunger Index—The Challenge of Hunger: Building Resilience to Achieve Food and Nutrition Security* (Bonn/Washington, DC/Dublin: IFPRI, Concern Worldwide, Welthungerhilfe, and Institute of Development Studies, October 2013).

③ UN Millennium Project, *Halving Hunger: It Can Be Done*, Task Force on Hunger (London: Routledge, 2013), p. 17.

科学的发展而变得越来越高，地方精英在英国议会的支持下，圈占了200多万公顷此前被自耕农用来放牧、狩猎和获取粮草的公共用地。[①] 村民在被驱离他们赖以维持生计的地方后，或者变成了靠工资为生的农业劳动力，或者带上他们微薄的家当步履蹒跚地离开村庄，前往在英国工业革命兴起的工厂找寻工作。到19世纪中叶，英国的农业劳动力已经下降到仅占全体工人总量的22%。[②]

正如社会学家巴林顿·摩尔（Barrington Moore）曾一针见血地指出，前进的浪潮席卷了英国的农民。然而直到今天，学者们仍在争论英国通过圈地运动所创造的规模经济对于由此而产生的较高的生产效率而言，是否确实为必要之举。大型农场真的具有更高的效益吗？真的是现代化的必由之路吗？还是它们仅仅是贪婪所产生的结果？今日富裕国家"圈地运动"的历史表明，农业现代化几乎总是伴随着苦痛。通常而言，农村与城市的收入差距会进一步拉大，或至少暂时性地拉大，农村贫困人口的钱袋子会一直瘪下去。以美国为例，阿巴拉契亚山区、密西西比河流域的小城镇，以及亚利桑那州的印第安人保护区迄今仍然如此。中国自身的现代化也反映了这一进程。

中国：让人民吃饱饭

当我母亲还是孩子的时候，她的父母经常会说："吃光你的食物。在中国还有儿童在挨饿。"纵观中国的历史，饥荒常有出现。到处肆虐的饥荒帮助女真人的大军在1644年横扫大明王朝。因饥
22 荒而加重的苦难点燃了19世纪的太平天国和义和团运动，并最终

① Liz Alden Wily, "Enclosure Revisited: Putting the Global Land Rush in Historical Perspective," in *Handbook of Land and Water Grabs in Africa: Foreign Direct Investment and Food and Water Security*, ed. T. Allen, M. Keulertz, S. Sojamo, and J. Warner (London: Routledge, 2013), p. 17.

② Mark Overton, "Agricultural Revolution in England 1500 - 1850," BBC History, February 17, 2011, http: www. bbc. co. uk/history/empire_ seapower/agricultural_ revolution_ 01. shtml.

导致中国最后一个封建王朝在1911年土崩瓦解。中国的最后一次大饥荒发生在两代人之前，即中华人民共和国刚成立不久的时候。由于“大跃进”运动（1958～1962年）中严重的政策失误和旱涝自然灾害，据估计约有3000万人被饿死。

在此后的几十年间，中国再也没有发生过饥荒。诺贝尔经济学奖获得者阿玛蒂亚·森（Amartya Sen）曾做出著名的论断，即民主与媒体自由是防止饥荒的最简单方法。然而事实上，中国领导人完全掌控着农村经济，且更多地依赖于内部报告来调整他们的政策框架。当前，中国农村的市场里有成堆的绿油油的蔬菜。肥硕的鸡在竹笼里咕咕直叫，旁边就是盛满了干玉米的篮子。中国虽然只有世界9%的可耕地，但一直是世界上最大的水稻、小麦和猪肉生产国。

粮食安全仍然是中国领导人最为关注的问题。我们可从下面这个对比中看到这一点：美国拥有战略石油储备，数以百万桶的石油被储存在得克萨斯州和路易斯安那州海岸地区的盐穴之中；中国则拥有战略猪肉储备，该储备始于2007年，主要是为了稳定这一在中国最具政治重要性的肉类的价格。此外，中国还有着世界上规模最大的谷物储备。[①] 然而，随着时间的推移，中国粮食安全的性质也发生了转变。在毛泽东时代，由于在1950～1971年面临着美国的贸易制裁，粮食安全意味着粮食的自给自足。计划制定者设定目标，农民根据配额生产粮食，余粮则被用来出口以换取外汇。在1978年实行改革开放之后，农民被允许保留因多生产粮食而获得的利润，但目标仍然存在。

中国的农业在改革开放之初仍然比较落后。比如在1980年，中

① John Wong and Yangjie Huang, "China Food Security and Its Global Implications," *China: An International Journal* 10, no. 1 (March 2012); Simon Freemantle and Jeremy Stevens, "China's Food Security Challenge: What Role for Africa?," in *Agricultural Development and Food Security in Africa: The Impact of Chinese, Indian and Brazilian Investments*, ed. Fantu Cheru and Renu Modi (London: Zed Books, 2013), p. 175.

国有将近 70% 的农业人口，但他们只创造了 30% 的国内生产总值。[①]在当时的中国，每 100 平方公里的耕地平均仅有 77 辆拖拉机，而日本则平均有 3019 辆，瑞士也平均有 2458 辆（非洲的机械化程度更低，只有 33 辆）。如此一来，有 80% 的耕地仍依靠双手来耕作
23 和收获。

正如我们在引言中所看到的那样，莱斯特·布朗的名著《谁将养活中国?》对中国产生了强有力的影响。1996 年，中国领导人将粮食自给的标准设定为满足 95% 的国内粮食需求，这就意味着中国将确保自己能够生产国内所需的几乎全部主粮。决策者严令不得低于 1.2 亿公顷耕地的“红线”，以确保中国在必要的时候能够随时满足其自身的粮食需求。然而，中国在 2004 年成为粮食净进口国，这一局面的出现是各种因素相互作用的结果，其中包括需求量增加、加入世界贸易组织后的贸易自由化，以及明智的政策转变，即促进谷物等土地密集型产品的进口，同时增加高附加值的蔬菜、水果和加工食品等劳动密集型产品的出口。随着生活越来越富裕，中国人餐桌上的谷物越来越少，而肉类则越来越多。从当前来看，尽管营养不良和饥饿现象并未完全根除，但肥胖所产生的问题要比饥荒严重得多。有专家就此指出：“城市里到处都是小胖子，但在农村，仍然有些儿童营养不良。”[②]

据联合国粮农组织统计，截至 2012 年，中国的农业出口总额为 632 亿美元，进口总额为 1124 亿美元。有专家预测，中国的粮食进口总量将会继续攀升，直到 21 世纪 30 年代才会稳定下来。[③]就像石油、铁矿石及其他商品的贸易平衡所发生的类似转变一样，依赖外部市场的粮食也让许多中国人深感不安，从而使得改变粮食

---

① Ministry of Agriculture, *Agriculture in China* (Beijing: Ministry of Agriculture, People's Republic of China, 2013). 除非另有标注，本节关于中国农业与农村发展的数据都引自这一来源。

② Jimin Wang of the Chinese Academy of Agricultural Sciences, quoted in Lucy Hornsby, "China Scythes Grain Self-Sufficiency Policy," *FT*, February 11, 2004.

③ Kerry Brown, ed., *China and the EU in Context: Insights for Business and Investors* (London: Palgrave Macmillan, 2014), p. 262.

自给政策在政治上变得相当敏感，我们将在第四章中对此进行分析。

中国仍在稳步推进其农业现代化。中国有超过一半的农场获得了灌溉，有将近一半的农场完全实现了机械化耕作、播种与收割。决策者通过局部试行的方式检验新的政策，不断做出调整，并将那些似乎可行的政策在全国推广。在 1981 ~ 2010 年间，共有 5 亿中国人摆脱了极端贫困。尽管中国在 1980 年有 70% 的人口在农业部门工作，但是到 2011 年，农业人口下降到了 35%。如果中国取消对城乡人口流动的限制，从而让更多的人永久性地移居城市，那么这一比例甚至会更低。农业占国民收入的比例，也从 1980 年的 30%，下降为 2012 年的 10%。

这些下降通常是良性发展的标志。在过去 30 年间，中国的农业产业以年均近 5% 的速度增长，但其他产业增长的速度更快，并以此吸收了数百万已经不需要在田间劳作的工人。我们可以预见，随着中国的发展，这些变迁将会持续下去。高收入国家通常不需要很多人来从事农业生产。以美国为例，其农业仅有不到 2% 的就业
24 人口，而在 1870 年，这一比例为 70% ~ 80%。

尽管中国以世界工厂，而非世界农场而闻名，但农业仍然在其政治经济中处于核心的位置。自 2004 年以来，中国政府再三强调这一点，在每年出台的一号文件中，都要重点突出农业的现代化。许多中国人仍然深信如下格言：“农业稳则天下安，农民富则国家强。”现在，由于成功地解决了人们的温饱问题，中国领导人关注的重心日益转移到食品安全与生态维护、保护稀少的水资源、防止土壤侵蚀、清理被农业和工业化学品所污染的土地，以及向农民提供保险和信贷以降低他们的经济脆弱性等方面。不出所料的是，正如我们所熟知的富裕国家的现代化之路，“圈地”成为中国所面临的一个问题。据统计，中国每年都会发生抗议事件。有研究者认为，超过一半的抗议事件都是因农民不满贪得无厌的房地产开发商勾结地方政府官员强占他们的土地而发生。

非洲：尚未摆脱贫困

非洲在独立50年之后，仍然是一个以农业为主的大陆。尽管拥有巨大的农业潜力，但这块大陆上数以百万计农民的人均粮食产量甚至低于殖民时代末期的水平。① 自1983年我第一次前往非洲大陆开展调研以来，其人均耕种面积实际上有所下滑。此外，尽管亚洲处于贫困线以下的人口数量比非洲更多，但非洲是唯一一个贫困和不平等程度都有所上升的大陆。②

尽管都经受过帝国主义的侵略，非洲的历史与中国的历史完全不同。在第一次抢夺非洲土地的大潮中，欧洲定居者获取了南非93%的土地和现津巴布韦一半以上的土地，将非洲人赶到了贫瘠和干旱的地区。他们还在这些殖民地制定法律，禁止非洲人在白人定居者所占领的土壤更加肥沃的地区拥有土地。③ 肯尼亚的情况也与之相类似，非洲人也曾在法律上被禁止拥有330万公顷最为肥沃的“白人高地”（“White Highlands”）上的土地。④

利比里亚由一个名为美国殖民协会（American Colonization Society）的私人团体在19世纪建立，其目的主要是安置来自美国的被解放的奴隶。1926年，美国投资者哈维·费尔斯通

---

① Steve Wiggins, “Can the Smallholder Model Deliver Poverty Reduction and Food Security for a Rapidly Growing Population in Africa?,” from the Expert Meeting on How to Feed the World in 2050 Forum, FAO, Rome, 2009, p. 5, http://www.fao.org/3/a-ak542e/ak542e17.pdf; Manitra A. Rakotoarisoa, Massimo Iafrate, and Marianna Paschali, *Why Has Africa Become a Net Food Importer?* (Rome: FAO, 2011), p. 66, http://www.fao.org/docrep/015/i2497e/i2497e00.pdf.

② Hans P. Binswanger-Mkhize, “Challenges and Opportunities for African Agriculture and Food Security: High Food Prices, Climate Change, Population Growth, and HIV and AIDS,” from the Expert Meeting on How to Feed the World in 2050, FAO, Rome, 2009, p. 4, http://www.fao.org/3/a-ak542e/ak542e16.pdf.

③ Deborah Potts, “Land Alienation under Colonial and White Settler Government in Southern Africa: Historical Land ‘Grabbing’,” in Allen et al., *Handbook of Land and Water Grabs in Africa*, pp. 34-35.

④ “Kenya: Opening the Highlands,” *Time*, October 26, 1959.

（Harvey Firestone）在利比里亚获得租期为 99 年的 100 万英亩（合 40.5 万公顷）的土地种植橡胶，这相当于拿走了这个国家 10% 的耕地。美国政府迫使利比里亚从费尔斯通那里贷款 500 万美元（利息为 7%），用来修建将橡胶运到海外所需的基础设施。25
早在 1954 年，美国政府便以粮食援助的方式向利比里亚提供美国的廉价大米，并允许费尔斯通进口这些大米以养活其种植园中的工人。剩余的大米在当地出售，导致利比里亚米价下跌，从而使得当地稻农更加难以维持生计。不管有意还是无意，其最终的结果是为种植园提供了更多的工人。[①] 费尔斯通橡胶园时至今日仍然是世界上最大的橡胶种植园，即便在利比里亚内战期间（1989～2003 年），它也没有停产歇业。

然而即便在殖民时期，这些行为也极具争议性。100 年前，有些殖民管理者反对外国人投资大规模的生产。1907 年，英国肥皂大亨威廉·利弗（William Lever）——他所创建的公司后来发展成联合利华——试图在英属西非获取土地以种植棕榈，但他遭到了英国殖民部的拒绝。后来有人分析指出：“在一个农场规模较小、支离破碎且通常为村社所有的地区，人们感觉利弗的计划将会难以管理，存在政治风险，且在商业上行不通。”[②] 利弗后来在比属刚果建立了种植园，他在自己获取租期为 100 年的 10 万公顷的土地上种植了 4.7 万公顷棕榈。联合利华在刚果的种植园一直到 2009 年才到期。

在苏丹，英国的殖民官员喜欢大规模的经营，但试图将其与他们理想中的以殷实的自耕农为基础的社会结合起来。1925 年，一家

---

① Niels Hahn, “The Experience of Land Grabbing in Liberia,” in Allen et al., *Handbook of Land and Water Grabs in Africa*, p. 75; Martin Lowenkopt, *Politics in Liberia* (Stanford, CA: Hoover Institution Press, 1976).

② Kenneth F. Kiple and K. C. Ornelas, eds., *The Cambridge World History of Food* (Cambridge: Cambridge University Press, 2000). 关于利弗的故事还可参见 Lorenzo Cotula, *The Great African Land Grab? Agricultural Investments and the Global Food System* (London: Zed Books, 2013), p. 18; 以及 Fred Pearce, *The Land Grabbers: The New Fight Over Who Owns the Earth* (Boston: Boston Press, 2013)。

总部位于伦敦的财团在苏丹首都喀土穆的东南方实施了庞大的杰济拉（Gezira）项目。13 万多苏丹佃农开始种植棉花并出口给英国的纺织厂。几经扩张，杰济拉现在已经成为世界上最大的灌溉地区之一。作为青尼罗河和白尼罗河流域的一块 88 万公顷的三角形土地，其面积如此之大，以致在太空中很容易就可以看到它那褐色与绿色相间的棋盘状图案。棉花仍然是杰济拉的主要农作物。时至今日，批评者仍经常批评该项目对生产的管控过于严格，且在河道淤积与基础设施方面存在问题。然而，当一位前去访问的美国人类学家对庞大的杰济拉项目做出批评的时候，他的苏丹朋友回答说："是的，它确实存在一些问题。但杰济拉项目是我们苏丹最好的东西。"①

殖民主义给非洲的粮食供给带来了不尽相同的影响。在英国殖民地坦噶尼喀（今坦桑尼亚），殖民政策所强调的是当地农民的粮食安全；而在南罗得西亚（今津巴布韦），当地农民则因大片肥沃的土地被分配给白人定居者而遭受饥饿。在第二次世界大战期间，比利时人在卢旺达强征劳工和征用粮食，从而导致了饥荒，约有 30 万人被饿死。② 埃塞俄比亚虽然得以免于殖民统治，
26 却没能逃离饥荒。在 1888 ~ 1892 年，长期的干旱和牛群中蔓延的传染病可能导致了埃塞俄比亚有三分之一的人口死亡。独立并没有终结饥荒：尼日利亚内战（1966 ~ 1969 年）导致叛军控制的比夫拉地区饿殍遍野。据估计，约有 10 万人因 20 世纪 70 年代初萨赫勒地区的饥荒死亡。生活在撒哈拉沙漠荒凉的边缘地带和非洲之角的人，仍然经常因旱灾和战乱而忍饥挨饿。

殖民时代确立了一套固定的商品出口模式，即出口棉花、橡胶、可可、烟草和咖啡等农作物。但当前非洲大陆每通过农业出口

① 本段的引文来自 Victoria Bernal, "Colonial Moral Economy and the Discipline of Development: The Gezira Scheme and 'Modern' Sudan," *Cultural Anthropology* 12, no. 4 (1997): 447 - 479。

② Alex De Waal, *Famine Crimes: Politics and the Disaster Relief Industry in Africa* (Bloomington: Indiana University Press, 1997).

赚取 1 美元，就要在以粮食为主的农业进口上花费近 2 美元。[①] 据联合国粮农组织统计，非洲在 2011 年共耗资 300 多亿美元进口主粮。有些资源丰富的国家可以在一定程度上解释这一模式，比如出口石油和进口粮食的尼日利亚。事实上，将小麦出口到尼日利亚是美国农场主的一项重要收入来源，且构成了“世界上五个规模最大的小麦贸易流动之一”。[②] 尼日利亚的模式并不少见。非洲进口的 90% 的谷物、食用油、肥肉和奶制品均来自北美和欧洲，而中国也日渐成为罐装和加工食品的重要供给者。[③] 西部非洲消费的大米有 40% 来自以亚洲为主的进口，利比里亚的超市则从西班牙进口蔬菜。如果当前这一态势持续下去，则非洲的粮食进口到 2030 年将翻一番。[④]

为何非洲在拥有世界上最为广阔的可耕地的情况下，仍然需要进口如此多的粮食？简单的回答是因为技术：欧洲在 18 世纪经历的农业革命迄今仍尚未传播到非洲的许多农村地区。非洲 65% 的耕种和收割工作仍然完全依靠人力完成——没有任何畜力或机械。[⑤] 超过 20% 的粮食因储藏不善而烂掉或被虫子吃掉，而美国在这方面的比例仅为 2%。[⑥] 在美国中西部随处可见的高大的金属粮仓，对于非洲的大部分农村地区而言都是闻所未闻。只有很少几个

---

① Rakotoarisoa, Iafrate, and Paschali, *Why Has Africa Become a Net Food Importer?*

② Christoph Seiler, “Africa's Challenge in the 21st Century—Food Security,” Celsias, September 23, 2013, http://www.celsias.com/article/africas-challenge-21st-century-food-security/.

③ Rakotoarisoa, Iafrate, and Paschali, *Why Has Africa Become a Net Food Importer?*, p. 7.

④ World Bank, *World Development Report 2008: Agriculture for Development* (Washington, DC: World Bank, 2007). 除非另有标注，本章剩余部分关于农业的所有统计数据均来自这一报告。

⑤ Rakotoarisoa, Iafrate, and Paschali, *Why Has Africa Become a Net Food Importer?*

⑥ World Bank, “Missing Food: The Case of Postharvest Grain Losses in Sub-Saharan Africa,” Report No. 60371-AFR, Washington DC, 2011, http://siteresources.worldbank.org/INTRAD/Resources/MissingFoods10_web.pdf; Dana Gunders, “Wasted: How America Is Losing Up to 40 Percent of Its Food from Farm to Fork to Landfill,” Natural Resource Defense Council, Issue Paper 12-06-B, August 2012, http://www.nrdc.org/food/files/wasted-food-IP.pdf.

国家拥有足够的工程和技术能力，并以此为支撑来提升价值链和实现最为基本的脱粒与食品加工。以莫桑比克为例，其现存的碾米厂不但效率低下，而且生产成本高昂。妇女们仍然需要使用沉重的木制的杵和窠臼，花上好几个小时亲手捣碎晚餐所用的谷物。由此产生的结果是，当地的农业企业仍然处于欠发达的状态。自独立以来，非洲国家人均食物消费水平和饮食结构变化甚微，其中谷物和根茎仍然占卡路里摄入总量的 60% 以上。[①] 尽管非洲大陆各地的情况有所不同，如南非的农业相对较为发达，其他一些国家的农民也已经开始多元化种植鲜花和蔬菜等高附加值的出口农作物，但联合国粮农组织的数据表明，非洲出口的主要农作物似乎并未发生改变。1970 年，在非洲出口的农作物中，未加工的咖啡、棉花和可可占据了前三的位置。40 年之后，相同的原材料——可可、咖啡
27 和棉花——仍然高居榜首。

农业现代化需要投资。亚洲的绿色革命所依赖的是政府与科研之间的伙伴关系，这种关系产生并普及了高产种子、化肥及其他生产资料。世界银行在《2008 年世界发展报告》中指出，政府改善农村地区的行为导致亚洲 80% 以上的农村贫困人口脱贫。以印度尼西亚为例，扶持小农户的政策有助于降低极端贫困：从 1981 年的 47% 降到 20 世纪 90 年代中期的 14% 。由于没能对其农民加以支持，尼日利亚的贫困率反而在相同的时间段内从 58% 上升为 70% 。

在整个非洲地区，政府和私人花费在研发上的资金通常很少，资金的匮乏还意味着农业推广人员甚至无法将这些有限的研发成果传授给农民。作为 20 世纪 80 年代的一名博士研究生，我曾搭乘便车，坐在推广人员的摩托车上——我会先给摩托车加满油——前往西部非洲农民的稻田。内布拉斯加的小麦产量和中国的水稻产量可以达到实验产量的 80% ，而非洲大部分地区的玉米产量则仅相当

① Rakotoarisoa, Iafrate, and Paschali, *Why Has Africa Become a Net Food Importer?*, p. 66; FAO, Statistical Yearbook 2012 (Rome: FAO, 2013), p. 56.

于实验产量的 20% ~ 30% 。

绿色革命之父诺曼·博洛格（Norman Borlaug）曾表示，非洲应该将以下三件事情作为重中之重：首先是农村地区的公路，其次是农村地区的公路，最后还是农村地区的公路。[①] 印度的绿色革命受惠于大规模的道路建设运动。然而即便是非洲的农村地区现有的公路，它们在雨季也经常无法通行。我仍然记得在利比里亚的一陡峭且平滑的山脚下的一条没有铺设路面的公路上，与旅伴一起苦等几个小时的场景。雨水在泥泞的红色车辙中顺流而下，我们的“大富豪汽车”——一辆在后车斗装有座位的皮卡——蹒跚着滑行，最后也没有攀上山顶。2009 年，非洲只有 12% 的公路铺设了路面。在整个非洲大陆，有超过 50% 的农村人口生活在无法一年四季都道路畅通的村落，而且许多地区还没有通电。拉丁美洲农业工人的人均电力供应量，要比撒哈拉以南的非洲地区高 50 倍。[②] 在某些非洲国家，陈旧且管理不善的港口对物流而言简直就是噩梦。非洲只有 4% 的农业地区可以得到灌溉，与之相比，亚洲则是 34% 。然而尽管存在如此多的限制因素，非洲农民还是令人瞩目地扩大了生产。

非洲各国政府曾再三承诺增加对农业部门的投资，这最为明显地体现在非洲联盟于 2003 年通过的“非洲农业综合发展计划”（Comprehensive Africa Agriculture Development Program，CAADP）中。参与“非洲农业综合发展计划”的国家签署了一项协议，承诺将它们 10% 的国家总预算用于农业投资。然而，贫困的农村选民无法推动政府向他们投入更多的资源。10 年过去了，非洲大陆的平均农业 28
投入实际下降到不足 5% 。共有 30 个国家正式签署了“非洲农业综

① Ben Barber, “Interview with Shenggen Fan, Global Food Policy Leader,” *FrontLines*, USAID, July 2010, p. 2, http://pdf.usaid.gov/pdf_docs/PNADS955.pdf.

② Josef Schmidhuber, Jelle Bruinsma, and Gerold Boedeker, “Capital Requirments for Agriculture in Developing Countries to 2050,” from the Expert Meeting on How to Feed the World in 2050, FAO, Rome, 2009, http://www.fao.org/3/a-ak542e/ak542e09.pdf.

合发展计划”，但只有 13 个国家实现了超过 10% 的目标。[①]

政策框架也阻碍了进步。正如罗伯特·贝茨（Robert Bates）在他 1981 年的拓荒之作《热带非洲的市场与政府》（*Markets and States in Tropical Africa*）中指出，多年以来，非洲各国政府通过它们所掌控的市场委员会对农民征以重税，却没有进行相应投资以提高他们的生产率。当他的书在大学教室与捐助机构被争相阅读的时候，结构调整的时代如期而至。许多市场委员会被取消。农产品的进口税率被降低。然而尽管有个别成功的案例，但让价格回到正轨并没有在非洲产生中国从 1978 年开始实施的农业改革产生过的那种效果。

为什么会这样？有人指出，经济合作与发展组织（简称“经合组织”）高收入成员国的补贴导致非洲的出口产品（蔗糖、油籽、棉花）在世界市场上价格低落，或者经合组织在非洲市场倾销剩余的（和廉价的）谷物、奶制品和冰冻鸡腿，为阻碍非洲生产者的重要因素，因为这使他们无法与这些廉价进口商品竞争。还有人对本应消除饥饿的粮食援助加以谴责。经济学家内森·奴恩（Nathan Nunn）和钱楠筠（Nancy Qian）的一项研究发现，美国和欧洲的粮食援助通常抵达较晚，甚至是在粮食短缺出现两年之后才运抵灾区，而在那个时候，援助对象可能都已经不再需要粮食援助。[②] 如此一来，那些捐赠的袋装小麦和罐装奶粉便流入当地市场，并因此打击了当地农产品的价格。然而对于捐助国而言，利用剩余农产品所开展的粮食援助，明显要比农业援助更受捐赠国青睐。2003 年，美国单对埃塞俄比亚一国的粮食援助所耗费的资金，

---

① ReSAKSS, "Africa: CAADP 10% Expenditure Target," Regional Strategic Analysis and Knowledge Support System, July 2013, http://www.resakss.org/region/africa-wide/growth-options; Samuel Benin and Bingxin Yu, "Trends in Public Expenditures in Africa," ReSAKSS Issue Note no. 22, November 2013, http://www.resakss.org/sites/default/files/pdfs/IB22%20-%20ATOR%202012.pdf.

② Nathan Nunn and Nancy Qian, "The Determinants of Food Aid Provisions to Africa and the Developing World" (NBER Working Paper 16610, 2010).

就要高于其对世界各地农业发展所提供的全部对外援助额。[①]

另一方面，对外援助在非洲并没有发挥其在亚洲农业现代化中的那种作用。20 世纪 70 年代末，经合组织成员国曾将它们 18% 的官方援助用于农业领域。截至 2004 年，直接投入农业领域的资金已达 3.5%。20 世纪 70 年代末，世界银行对撒哈拉以南非洲农业领域的贷款占到其贷款总额的 32%，但是到 20 世纪末，这一比例仅为 12%。来自美国的援助的下降幅度甚至更大。20 世纪 80 年代，农业援助占美国援助总额的 25%，但到 2008 年则骤降为 1%。农业援助在过去 10 年间有所回升，但仍然远远低于早期的水平。

为何农业援助下降幅度会如此之大？从某种程度上来说，这一下降是冷战结束的后果。20 世纪 60 年代和 70 年代，西方国家由于担心共产主义和农村革命，开始将农村贫困和农业发展置于自己 29
的议事日程之中。在毛泽东去世后，中国伟大的改革家邓小平让中国走向市场经济，此后这些担心已经不复存在。然而，正如经济学家卡尔·埃舍尔（Carl Eicher）所指出的那样，捐助者还从长期支持农业研究、农业推广和高等教育，转向短期为非政府组织和社区发展提供资金。[②] 世界银行的一份内部评论曾指出，其职员抱怨道，关于战略的争论导致农业项目比其他项目更富争议性。[③] 正如我们看到的那样，自 2007～2008 年的粮食危机以来，这些关于农业与发展的争论变得更加激烈。在此有三个方面的争论尤其值得我们关注：小型农户与大型商业农场各自的作用、出口导向型农业与

---

① Garl Eicher, “Flashback: Fifty Years of Donor Aid to Agriculture,” (revised version of a paper presented at the InWEnt, IEPRI, NEPAD, CTA Conference: Successes in African Agriculture, 2003), p. ii, http://www.ifpri.org/sites/default/files/pubs/events/conferences/2003/12103/papers/paper16.pdf.

② Garl Eicher, “Flashback: Fifty Years of Donor Aid to Agriculture,” (revised version of a paper presented at the InWEnt, IEPRI, NEPAD, CTA Conference: Successes in African Agriculture, 2003), p. ii, http://www.ifpri.org/sites/default/files/pubs/events/conferences/2003/12103/papers/paper16.pdf.

③ Independent Evaluation Group, *World Bank Assistance to Agriculture in Sub-Saharan African: An IEG Review* (Washington, DC: World Bank, 2007), https://openknowledge.worldbank.org/handle/10986/6907.

当地粮食主权的关系，以及土地所有制问题。

唤醒沉睡的非洲巨人?

世界银行曾在2009年就商业化农业的前景公布了一份颇具争议性的报告，据这份名为《唤醒沉睡的非洲巨人》(*Awaking Africa's Sleeping Giant*)的报告估计，非洲大陆拥有世界上60%的可利用但目前尚未耕种的土地——约4亿公顷，以及约3300万小型农户，而且如前所示，这些农户通常无法生产足够的粮食来养活他们自己及他们的家人。非洲有69%的农场面积不足两公顷，这与亚洲的平均水平大致相当。而在美国，只有4%的农场规模如此之小。[①]

非洲各国政府似乎开始喜欢上大型机械化农场的想法，因为它们仿佛预示着现代化与发展的光辉前景。对于城市精英而言，非洲的农村地区并非浪漫之地，它们看起来荒蛮而落后：漫山遍野产量低下的自给农场；黑色的树干立在庄稼稀疏的田野之上；成群的忙于收割的妇女不时拭去额头上的汗水，她们用大砍刀砍下一株株玉米或高粱，或警惕地注视着赤足的弗拉尼牧民驱赶那些试图进入她们贫瘠的农田的牲畜。要将所有这一切都现代化吗？然而，向有潜力的投资者提供99年的租期和为其减免税收，抑或招揽一家外国企业修建、运营一家国有农场，就像安哥拉正在做的那样，似乎要容易得多。

但是，对于许多非洲人和非洲民族主义者而言，在商业化农业领域吸引大规模的外国投资极富争议。这些争议并非仅仅在于人们所普遍担心的强大的农业综合企业将把小农场主驱离他们传统的土地，《卫报》在2008年的一篇名为《新一轮的粮食殖民主义正在从穷人口中夺食》(“A New Ware of Food Colonialism Is Snatching

---

① Klaus Deininger and Derek Byerlee, “The Rise of Large Farms in Land Abundant Countries: Do They Have a Future?” (Policy Research Working Paper 5588, World Bank, Development Research Group, Agriculture and Rural Development Team, March 2011). 除非另有说明，关于大型农场的数据均来源于此。

Food from the Mouths of the Poor”）的报道就反映了这种担心。发展专家对于大型商业农场能否在贫困国家的农村地区发展，尤其对其 30
能否在粮食安全与减贫等战略中发挥作用，仍然意见不一。而且对一些政府而言，商业农场并不是问题，存在问题的是为外国人所有——甚或像在津巴布韦那样，为特定出身的当地少数群体（欧洲人）所有。

许多专家认为小农农业的现代化是非洲减贫与农村地区发展唯一可行的解决方案。世界银行的土地所有制专家克劳斯·丹宁格（Klaus Deininger）和戴瑞克·贝尔利（Derek Byerlee）基于其对大型农业的全面考察断然指出，在效率、生产率、就业和减贫方面，大型农场在世界各地的表现“不容乐观”。在管理成本高昂、产品质量或标准不在考虑范围内的情况下，灵活性、本土知识、勤劳且通常无偿劳作的家庭成员，可以为小型农业提供优势。

然而，由于非洲各国政府在很大程度上没有能力或不愿意支持数以百万的小农户去实现农场的现代化，有人认为大型商业农场可能为耕种更多的土地、快速实现非洲农业的现代化，以及扩大粮食供给提供最好的契机。当经济学家保罗·科利尔（Paul Collier）对他所谓的“浪漫的民粹主义的巨人……（西方）中产阶级和上层阶级与小农农业的风流韵事”展开广为人知的批评时，他所坚持的就是这一立场。[①] 他认为，小型农业很难成为非洲繁荣与减贫的主要路径。大企业能够负担灌溉系统和公路所需的高额投资，转移科研管理的能力，以及对出口欧盟等大型市场的粮食实施越来越严格的标准。

种植单一作物的大型农场所种植的往往是很快便会发酵因而需要尽快加工的甘蔗，或者是很快便会烂掉的棕榈。这两种作物都需要“垂直一体化”运营的规模优势，其中包括从田间到餐桌的整

---

① Paul Collier, “The Politics of Hunger: How Illusion and Greed Fan the Food Crisis,” *Foreign Affairs*（Nov./Dec. 2008）: 71. 其他人也曾对这一看法提出了尖锐的批评，其中包括斯科特的《国家的视角》（*Seeing Like a State*）。

个产业链。[①] 巴西有些甘蔗种植园的面积超过 30 万公顷。当农业工人可以保留他们自己的家庭农场或村社农场，或当种植园为它们的工人分配一些土地种植粮食时，获取一份可赚取工资的工作通常可以为农业家庭提供有用的收入来源。[②] 然而，正如以美国南北战争之前的历史为主题的电影所一再展示的那样，工资低下、工人流离失所的种植园只不过比奴隶制度稍好一点——那简直就是剥削与悲惨的原型。

种植园可以与订单农业中的小农户并存，这有时被称为外包种植。拥有加工处理能力的公司经常会把集中运营的种植园和从独立农场主那里进行订单购买结合在一起，其中前者主要用于确保为规
31 模经济提供所需的供给。东南亚有些棕榈种植园的面积超过 10 万公顷，而那些自己拥有工厂的核心种植园通常会与小型外包种植者进行合作。小农户种植了印度尼西亚三分之一的棕榈，其他许多人在这一行业从事兼职工作。与自给农业或其他经济作物相比，来自棕榈的高额收入显然有助于减少印度尼西亚令人印象深刻的贫困。[③] 世界上 80% 的橡胶实际上产自只有 2 ~ 3 公顷大的劳动密集型小农场，它们许多都与大型农场管理下的加工厂有联系。在非洲农村贫困率最低的国家毛里求斯，小农户拥有并种植了一半的甘蔗田，且将甘蔗出售给了所有权属于大型甘蔗种植园的工厂。

---

① See also Deininger and Byerlee, "The Rise of Large Farms," pp. 19 – 20, 31 – 32.

② Rebecca Smalley, " Plantations, Contract Farming and Commercial Farming Areas in Africa: A Comparative Review," Future Agricultures Consortium (FAC), (FAC Working Paper 15, April 2013), p. 4.

③ Klaus Deininger and Derek Byerlee with Jonathan Lindsay, Andrew Norton, Harris Selod, and Mercedes Stickler, *Rising Global Interest in Farmland: Can It Yield Sustainable and Equitable Benefits?* (Washington, DC: World Bank, 2011), p. 20. 本段中的其他例子引自如下资料: Yujiro Hayami, " Plantation Agriculture," in *Handbook of Agricultural Economics*, ed. P. L. Pingali and R. E. Evenson (North Holland: Elsevier, 2010); IFAD, "Rural Poverty in Mauritius," Rural Poverty Portal, http: //www. ruralpovertyportal. org/country/home/tags/mauritius; Eleni Z. Gabre-Madhin and Steven Haggblade, "Successes in African Agriculture: Result of an Expert Survey," IFPRI, September 2001, http: //ifpri. org/sites/default/files/publications/syn04_ survey. pdf。

20世纪90年代，肯尼亚的小农户提供了四分之三的出口蔬菜和三分之二的水果。另一些研究则表明，有时很难将小农户融入拥有严格标准的全球供应链之中。当小农户转而在当地市场出售农作物，而不去偿还买方所提供的信贷和投入的时候，订单农业可能就会失败。中国人将这种生产模式称为“公司加农户”模式。正如我们将看到的那样，尽管这对于投资者而言存在一定的风险，但中国政府当前正致力于将订单农业发展成中国对非农业投资前景最好的领域。

出口农业与粮食安全

有些人，尤其是投身于“粮食主权”运动的那些人，所批评的第二个问题是本地粮食安全与商业化农业出口之间可被觉察的此消彼长。[①] 例如，欧洲的一家关注环境正义的机构在2015年的报告中指出，“出口导向通常会给粮食自给带来消极的影响”。[②] 可是，国际粮食政策研究所非洲部主任乌斯曼·巴蒂亚（Ousmane Badiane）却断言：“没有任何证据表明出口农业不利于粮食安全，有足够的证据表明情况正与之相反。”[③] 在他看来，随着非洲农民提升价值链，以及越来越多地利用更加高效的技术来耕种、收割和加工农作物（无论是用于出口还是在当地消费），非洲的粮食安全将得到加强。世界银行的一份题为《成长中的非洲：释放农业综合企业的潜力》的报告指出，泰国这个繁荣的亚洲国家所出

① 关于这个问题的讨论，可参见 Philip McMichael, “The Land Grab and Corporate Food Regime Restructuring,” *Journal of Peasant Studies* 39, no. 3 - 4, (2012): 681 - 701; Kim Burnett and Sophia Murphy, “What Place for Institutional Trade in Food Sovereignty?,” *Journal of Peasant Studies* 41, no. 6 (2014): 1065 - 1084。

② Andreas Mayer, Anke Schaffartzik, Willi Haas, and Arnulfo Rojas-Sepúlveda, “Patterns of Global Biomass Trade—Implications for Food Sovereignty and Socio-environmental Conflicts,” EJOLT Report 20, no. 106 (March 2015), http://www.ejolt.org/wordpress/wp-content/uploads/2015/03/150312_EJOLT-20-Biomass-FINAL-VERSION.pdf.

③ Adam Robert Green, “Growing Africa's Land,” *This is Africa*, July 2, 2012, http://www.thisisafricaonline.com/News/Growing-Africa-s-land?ct=true.

口的农产品，要多于整个撒哈拉以南非洲农产品出口的总和。[①] 然而具有讽刺意味的是，非洲以大米为食的国家，可能是某些泰国大米的出口目的地国家。比如在 2015 年，尼日利亚预计将进
32 口 350 万吨大米。[②]

土地权益

最后一个棘手的问题与公平有关：谁有权拥有土地？在工业化世界中，土地早就脱离了其最初的功能，即人类和动物赖以维生的工具，而变成了一种“生产资料”，一种可以被用来买卖的商品。然而，对非洲的大多数农村地区而言，情况并非如此，各种不同类型的土地所有制在那里已经不甚融洽地并存了数个世纪。在殖民时代被建立起来的大型种植园和定居者农场，就是与各种类型的传统土地所有制共同存在的。

在殖民主义即将结束的时候，人们曾试图将土地所有制转变成更具资本主义性质的体制。英国的东非皇家委员会（East Africa Royal Commission，1953～1955）曾建议在肯尼亚建立土地所有权制度，以允许“充满活力和富有的非洲人获得较多的土地，糟糕的非洲人则只能保留较少的土地，以此创造有土地阶级和无土地阶级……这是一个国家发展的必由之路”。[③] 然而这种情况基本没有发生。比如塞内加尔在获得独立的时候，只有 2% 的土地拥有已登记的所有权。[④] 大多数非洲国家在独立后都继续逃避确立所有权所

① World Bank，*Growing Africa：Unlocking the Potential for Agribusiness*（Washington，DC：World Bank，January 2013）.

② Nathan Childs，“Rice Outlook：July 2014，” USDA ERS Rice Outlook No. RCS-14G，July 2014，http：//www. ers. usda. gov/publications/rcs-rice-outlook/rcs14g. aspx#. U86KbPldVlo.

③ 引文来自 Roger J. Swynnerton，*The Swynnerton Report：A Plan to Intensify the Development of African Agriculture in Kenya*（Nairobi：Government Printer，1954），cited in Wily，“Enclosure Revisited，” p. 19。着重号为笔者所加。

④ “Country Profile：Senegal，Property Rights and Resource Governance，” US Agency for International Development，http：//usaidlandtenure. net/sites/default/files/country-profiles/full-reports/USAID_ Land_ Tenure_ Senegal_ Profile. pdf，retrieved June 15，2015.

必需的麻烦和昂贵的“地籍”调查，并对必然会随之而来的争斗视而不见。它们仅仅宣布没有登记所有权的土地均为国家所有。当前，非洲只有7个国家在法律上对传统土地所有权加以保护，然而即便在这7个国家，这些保护措施的实施情况也大相径庭。[①] 纵观整个非洲大陆，数以百万计的非洲农民在法律及他们政府的眼中，都正非法占据着国有农田，都在从国有森林偷窃薪材，都在国有牧场上放牧他们的家畜。他们不确定的状态将会给杨浩民这样的投资者带来困扰。现在，让我们回到喀麦隆，“鸵鸟王”准备在那里投入大笔资金。

“默默地在非洲大陆落地生根”

杨浩民在2006年3月与13名专家一起返回喀麦隆，此时距他初次访问那里仅仅过去了三个月。陕西农垦组建中喀英考农业开发有限公司（在当地被称为Sino-Cam IKO），同意首先复垦南加埃博科（Nanga-Eboko）地区一块面积为100公顷的稻田，该稻田曾经是中国台湾的一个援建项目，靠近塞内加尔河北岸，在1971年喀麦隆与中华人民共和国政府建交后被荒废。专家组计划实验不同品种的水稻、玉米、大豆和木薯。喀麦隆政府承诺在南加埃博科地区 33
附近再安排2000公顷土地用来种植水稻，在恩乔雷（Ndjoré）地区附近再安排4000公顷土地用来种植木薯。在喀麦隆西部的桑楚（Santchou）地区还有4000公顷土地，其旧址为在经济结构调整期因无法盈利而被停业整顿的一家国有水稻企业。[②]

---

① Wily, “Enclosure Revisited,” p. 14.

② 除非另有说明，这个故事的资料来源为：GRAIN, “Unpacking a Chinese Company's Land Grab in Cameroon,” October 22, 2010, http://farmlandgrab.org/16485; Jacques Bessala Manga, “Production: Le Cameroun abandonne ses sociétés rizicoles,” *Le Jour Quotidien* (Cameroon), April 22, 2008, http://www.bonaberi.com/ar, production_le_cameroun_abandonne_ses_societes_rizicoles, 4510.html; “China-Cameroon Cooperation Posts Steady Growth,” Xinhua, January 20, 2007; Ren, “Plow the Land in Cameroon”; Jean Bruno Tagne, “Enquête sur la riziculture （转下页注）

专家组迅速搬入台湾人留下的破败的建筑。正如一位对他们钦佩无比的记者后来所描述的那样，他们将要耕作的土地完全是一片荒芜：没有人烟，没有电，没有道路；厚厚的灌木和高高的茅草已经完全掩盖了早前的灌溉系统。他们在长满荆棘的森林奋力穿越 6 公里以寻找灌溉水源，多次遇到毒蛇和野兽。在两个月的时间里，他们种植了一个菜园，找到了清除他们此前从未见过的茅草的方法，清理了近 5 公里的灌溉渠道，以及休整了机耕路。当地的喀麦隆人也加入了中国人的队伍，向他们学习开拖拉机，从早上 7 点工作到夜幕降临，据说还与他们建立了“深厚的友谊”。在没有电、遭遇疟疾侵扰和没有休息一天的情况下，专家组在当年 12 月成功地收获了第一季大米。路漫漫其修远兮，一位中国记者写道，他们正“默默地在非洲大陆落地生根”。

当地人对中国人的到来反应不一。受雇为复垦工作的村民确实很欢迎这份工作，但中国人拒绝同他们签订正式合同，或付给他们比当地农业工人的工资水平（即每天 2 ~ 3 美元）更高的工资。“我们挣得非常少。”一位名叫克曼·艾萨姆（Keman Essam）的推土机司机向记者抱怨道。46 岁的让·阿桑巴（Jean Assamba）共有 6 个孩子，他在 6 个月前辞职。“他们工作努力，从不知累，喀麦隆人根本就跟不上他们。我被迫辞职，因为我实在坚持不下去了。

（接上页注②）chinoise à Nanga-Eboko,” *Le Jour*（Cameroon），August 13，2010，http：//cameroon-info. net/stories/0，27126，@，enquete-sur-la-riziculture-chinoise-a-nanga-eboko. html；Charles Ngorgang，“Chinese in Cameroon：An Agricultural Misunderstanding,” *Vita Società Editoriale S. P. A.*，December 30，2009，http：//www. afronline. org/? p = 2908；Mireille Founda Effa，“Cameroon—Joseph Fa'a Embolo：Emprionné pour avoir défendu ses terres,” Centre Pour l'Environnement et le Développement，May 12，2012，http：//www. nkul-beti-camer. com/ekang-media-press. php? cmd = article&item = 3891&TAB = - 1&SUB = 0；Mohamadou Houmfa，“Cameroon：Jail Time for Not Ceding Land to the Chinese,” Radio Netherlands Worldwide，March 1，2012，http：//www. canmeroon-info. net/stories/0，32144，@，cameroon-jail-time-for-not-ceding-land-to-the-chinese-html；Fandio，“Razzia chinoise sur terres camerounaises,” Jean-Bruno Tagne and Simon Gouin，“Quand le Cameroun Nourrit la Chine,” Politis，October 21，2010，http：//www. politis. fr/Quand-le-Cameroun-nourrit-la-Chine，11909. html。

他们给的工资还很少。如果你抱怨的话，他们就会说我们要比中国工人在中国挣得更多。”尽管他很勉强地称赞了中国人吃苦耐劳的精神，但这无疑给他留下了痛苦的回忆：“中国人都很邪恶！”这个项目还经常会遇到小偷小摸，于是中国专家组找了一条德国牧羊犬看门。“连碰一个被扔掉的番木瓜都不行，”曾在那里工作的一名工人表示，“如果他们发现你在口袋里装了大米，你就会直接被送到警察局，罪名是偷窃。”

围绕土地的纷争也给项目带来了困难，而且喀麦隆政府根本无法应对那些被要求将土地交给中国投资者的农民的抗议活动。村民们过去一直利用这些土地狩猎、放牧，以及在森林里获取木材及其他物产。他们还在树林中间清理出小块的土地作为自给性农场。当 34
地一位名叫约瑟夫·昂勃罗·法阿（Joseph Embolo Fa'a）的人宣称他在南加埃博科地区对 1015 公顷土地拥有传统所有权。2011 年 5 月，他和另外一些人因抗议政府将他们的部分土地划拨给中国投资者的决定而遭到逮捕。法阿与当地的一位林业人员一起砍伐了三棵树，放在道路中间不让政府的调查员通过，并因此被判处了 4 个月的监禁。“我们仍然不知道我们是否会因失去土地而得到补偿。如果有补偿的话，我们能够得到多少钱？”他后来说。“这些土地对我们而言非常重要。我们的祖先被埋在这里，森林里的白蚁、虫子等，则为我们提供了食物。”

欧洲的新闻记者和电视工作者参观了这个项目。有人警告说，中国人可能在试图控制喀麦隆的整个稻米生产链。一篇名为《当喀麦隆养活中国》的法文文章的第一句话便宣称：“喀麦隆政府已经将土地转让给一家亚洲企业，该企业利用当地农民为中国种植水稻。”其他记者采访了该项目的管理人员，获悉他们签署的合同专门规定该项目出产的所有大米都要在喀麦隆加工和出售。然而，几乎没有人真正看到过这个合同。于是记者们决定相信当地活动人士的说法，因为这些人向他们展示了在村里的市场上出售的袋装大米，上面印有汉字。尽管这些袋装大米可能是从中国进口的（因此上面有汉字），但那些活动人士认为，这就是为中国市场生产大米的证据:“当他们装满一船后,这些大米就会被运往中国!”他们预言,大米将“步香蕉和棉花的后尘”。然而,喀麦隆市场上的大米的价格是中国大米价格的近两倍。① 难道会有商人前往喀麦隆种植大米,然后搭上运费将其运往中国,而不管是否会遭受巨额损失?抑或杨浩民有着长远规划,因此默默地坐在非洲,静待中国的大米价格上涨?

而且,西方与中国媒体在介绍这个中国农场的时候,通常宣称其进行了“10 万公顷的投资”。然而,喀麦隆的农场主和活动人士已经成功地迫使政府推迟将土地交给中国人。中喀英考农业开发有限公司在台湾人留下的农场工作了 4 年之后,仍然没有能够获得另外的土地。“我们只有 100 公顷的土地,”当一位来访者询问当地工人的工作条件时,中方经理生气地说,“我们也被利用了。”项目的合同仍然被放在首相的办公室里,等待着一个部际委员会的研究。“他们让我们等了好几年,而这只是为了一纸文书!”这位经理抱怨道。“刚果人民现在要明白,未来只能寄希望于农业,”他说,“他们再也不能只用锄头和铁镐进行耕作了,否则他们只能一
35 事无成。”2011 年,喀麦隆的大米进口量增加到超过 55.2 万吨;然而,正如一项研究所指出的那样,该国 90% 适合种植水稻的土地仍然没有被任何人加以耕种。②

我们在本章以喀麦隆的这一身处各种麻烦之中的中国农业投资项目作为开头和结尾。杨浩民的公司受到了喀麦隆农业部部长的热烈欢迎。这位农业部部长曾访问中国,认为中国专家可以帮助他实现农业现代化的任务。他认为当参观者在看到广袤的现代化田野中长满了如波涛般起伏的水稻时,他将载誉而归。他还认为这将增加

---

① 这些文章大多数都发表于 2010 年,当时大米在中国的销售价格约为每公斤 0.43 美元,而在喀麦隆则为每公斤 0.86 美元。FAO, *Rice Market Monitor*, 13, no. 3 (Nov. 2010), p. 30, http://www.fao.org/docrep/013/am016e/am016eoo.pdf.

② “Rice Imports Rise by 8.9% in Cameroon,” Business in Cameroon, December 11, 2013, http://www.businessincameroon.com.trade/1112-4527-rice-imports-rise-by-8-9-in-cameroon; Economist Intelligence Unit, *Cameroon: Country Report*, March 2012, EIU, p. 13.

当地的粮食供给，甚或实现粮食自给。对他而言，土地是政府的财产，如果政府愿意，可以将其交给任何人使用。然而，当地人却从骨子里愤恨将他们祖先的一些土地交给外国投资者的做法。他们担心自己得不到赔偿。他们害怕永远地失去了他们及他们的牲畜一贯获取食物的公共土地。

喀麦隆对商业化农业并不陌生。在独立之初，这个国家的南部地区建立了许多大型橡胶种植园。最近，一家名为赫雷克勒（Heracles）的美国企业因计划建立一个面积为 7.3 万公顷的棕榈农场而广受批评。[①] 我们将在第八章看到，中国的一家企业将在 2008 年控股 GMG 环球有限公司（简称“GMG 环球”），而该公司将在喀麦隆获得 10 万多公顷热带雨林的开发权。我们将在第五章再次讲述杨浩民的故事。就像大多数非洲国家一样，喀麦隆现在正处于转折关头。其就商业化农业和外来投资所做出的决定，有可能会影响其未来的繁荣，乃至其农村地区的稳定。

在下一章中，我们将看到中国是如何在转折关头利用自身农业领域中的外资利益来推动创新、转移技术和提高生产率的。当中国企业开始到非洲投资的时候，它们将带着自己的期许与愿景前往那里，而塑造这一期许和远景的，正是它们自身接受外来投资的历史和它们政府与投资者相互交往的方式。人们常说，中国的发展经验或许会为其他国家提供经验。或许对于非洲人而言，其中最有用的经验是学习中国与外国农业综合经营投资者打交道的方法。 36

① Greenpeace, “Herakles Farms in Cameroon: A Showcase in Bad Palm Oil Production,” March 5, 2013, http://www.greenpeace.org/usa/global/usa/planet3/pdfs/forests/heraklescrimefile.pdf.

··· 第三章　变革的种子

——外国农业综合企业来到中国（以及中国农业综合企业前往非洲）···

在西部非洲冬季的那几个月，哈麦丹风吹拂着冷空气横穿萨赫勒地区，短暂的雨季过后，土壤已经变得干涸。在一些日子里，太阳在幽灵般的雾气中升起和落下。暗红色的灰尘在城市与乡间四散飘落，悄悄地钻入储物柜，或覆盖在每一片叶子上面。当地人头戴毡帽，身穿毛衣，以此抵御寒冷。

1962 年哈麦丹风吹得正劲的时候，7 名中国农业专家在西部非洲国家马里的首都巴马科的机场着陆。① 他们是在年轻的马里政府的邀请下前往那里的，当时马里刚刚独立，且由一位友好的社会主义者担任总统。中国能够通过建设这个国家的第一家制糖联合企业、棉纺厂、茶厂和种植园，来帮助马里增加农业的附加值吗？当时这两个国家都很贫困：中国的人均年收入约为 117 美元，马里约为 275 美元。不过中国的工业化程度更高：制造业占中国总产值的近 30%，而马里仅为 6%。

中国专家首先前往的可能是位于巴马科东北部的尼日尔河流域办公室（Office du Niger），马里政府在那里继承了尼日尔河上的一处在法国殖民时期由强制劳工修建的大型灌溉设施。在获得独立（1960 年）之前，法国在尼日尔河三角洲（总面积约为 100 万公顷的冲积平原）为其国内棉纺织业种植了 10 万公顷的棉花。在中国
37 专家组前往那里的时候，只有不到一半的灌溉区域得到了耕种。②

---

① Jan S. Prybyla, "Communist China's Economic Relations with Africa 1960 - 1964," *Asian Survey*, 4, no. 11 (November 1964): 1135 - 1143. 本段所引用的人均收入以 2005 年的美元为基准，按照购买力平价计算而得。马里的人均收入为 1967 年的数据，这是能查到的最早的年份。资料来源：World Bank, *World Development Indicators 2014*。

② Thayer Watkins, "*The Office du Niger* and the Scheme to Irrigate the Sahara Desert," San Jose State University, http://www.sjsu.edu/faculty/Watkins/officeduniger.htm, retrieved June 11, 2015.

马里此前并没有种过甘蔗和茶叶，其农业产业也非常薄弱。

中国专家还前往了东南部的锡加索地区，他们穿越河道网，一直到达了法拉科河风景如画的瀑布。法拉科河又被称为“石头河”，这源于在其湍急的流水下铺满了大块平滑的岩石。他们认为，马里干旱的稀树草原与热带雨林间的过渡地带附近，是非常适合种植茶叶的。这些项目的资金来自中国在1961年做出的援助承诺，总额约为1600万美元。①

截至1968年，中国人已经在尼日尔河流域办公室的所在地塞古附近建立了东戈布贡（Dougabougou）甘蔗种植园和糖厂，以及一家棉纺织厂。1973年，他们在锡加索附近建立了法拉科茶叶种植园和一家加工茶叶的工厂。此后在马里政府的要求下，中国人同意援建第二个制糖项目。1974年，斯里巴拉（Siribala）糖联竣工。

在接下来的20年间，中国人通过援助项目在非洲其他国家也建立了众多类似的国有农场（见表3.1）。以坦桑尼亚为例，中国在1965年同意为建设鲁伏国有农场（Ruvu State Farm）提供资金，并承担其最初的运营成本。该农场位于达累斯萨拉姆以西50公里处，为一个大型的混合农场，该农场还饲养牲畜。6年之后，中国的专家团队又开发了姆巴拉利（Mbarali）水稻农场，该农场还饲养家禽、喂养奶牛，并拥有自己的水电站。② 桑给巴尔岛也获得了资金，中国人在那里帮忙建设了一个混合农场和一个甘蔗种植园。中国专家团队还为毛里塔尼亚、几内亚和扎伊尔［现刚果民主共和国，简称“刚果（金）”］修建了一些国有农场。大多数农场所种植的都是水稻，因为中国种植水稻的技术领先世界。还有一些为混合农场，不但种植谷物、蔬菜和果树，还养殖家禽。剩下的只种

① Prybyla, “China's Economic Relations with Africa,” p. 1137.

② Ai Ping, “From Proletarian Internationalism to Mutual Development: China's Cooperation with Tanzania, 1965 -95,” in *Agencies in Foreign Aid: Comparing China, Sweden and the United State in Tanzania*, ed. Goran Hyden and Rwekaza Mukandala (London: Macmillan Press, 1999), pp. 156 - 201; Deborah Bräutigam and Xiaoyang Tang, “An Overview of Chinese Agricultural and Rural Engagement in Tanzania,” IFPRI Discussion Paper 01214, Development Strategy and Government Division, Washington, DC, October 2012.

植甘蔗，除了我们在上文提到的马里之外，在桑给巴尔、多哥、塞拉利昂和刚果（金）也有这种甘蔗种植园。

20 世纪 70 年代和 80 年代，中国将援助项目的重点转向规模更小的示范农场，通过与当地农场主一起工作来教他们如何种植水稻和蔬菜。在援助项目之下建设的最后一个大型国有农场为乌干达的多禾（Doho）水稻农场，其在 1990 年竣工。[1] 乌干达的一家报纸指出，多禾农场 20 年后仍在为当地人提供实惠。尽管老旧的碾米厂会将大米“碾得粉碎，因此难以拿到市场上出售……但布塔雷加的孩子不像乌干达其他地方的孩子那样，将大米当成美食，要留到圣诞节等盛大节日才舍得吃”。[2]

到了 20 世纪 80 年代，所有中国的援助项目建成，先在中国专家组的指导下由当地员工运营两年的时间，然后中国专家组回国并将项目完全交给项目所在国经营。然而正如我们很快便会看
38 到的那样，这一体制将会发生转变。中国即将开始伟大的经济体制改革，中国在非洲所发挥的作用将因此受到深远的影响。中国专家组将开始重返非洲农村以管理他们此前的援助项目。但与此同时，中国也开始向国外投资开放其国内的农村地区。随着时间的推移，这些即将发生的事情将会在很大程度上塑造像杨浩民这样的人在对外合作、农业综合企业的国外投资以及农业援助等问
39 题上的看法。

表 3.1　中国在非洲的大型农业援助项目（1961 ~ 1999 年）

开始年	完成年	国家	项目名称	内容	农作物规模（公顷）
1975 年	1980 年	贝宁	马朗维尔	灌溉水稻	516
1975 年	1976 年	贝宁	戴伏（莫诺省）	灌溉水稻	150
—	1981 年	布基纳法索	班宗农场	灌溉水稻	454

① FAO AQUASTAT “Uganda,” FAO, 2014, www://fao.org/nr/water/aquastat/countries_regions/uga/index.stm.

② Carolyne Muyama, “Rice Improve Life in Doho,” *New Vision* (Uganda), February 10, 2010.

续表

开始年	完成年	国家	项目名称	内容	农作物规模（公顷）
1973年	1983年	刚果（金）/扎伊尔	金嘎布瓦	灌溉水稻	400
1973年	1976年	刚果（金）/扎伊尔	恩吉利	灌溉水稻	100
1975年	1986年	刚果（金）/扎伊尔	洛托基拉	甘蔗与糖厂	3000
1979年	1983年	加纳	阿菲发	灌溉水稻	880
1990年	1991年	加纳	诺贝旺	灌溉水稻	124
1979年	1982年	几内亚	科巴农场	甘蔗、糖厂和水稻	1800
1981年	1987年	利比里亚	卡塔韦	旱稻	323
1962年	1964年	马里	东戈布贡	甘蔗与糖厂	1654
1962年	1964年	马里	法拉科	茶叶	402
1970年	1974年	马里	斯里巴拉	甘蔗与糖厂	3520
1968年	1972年	毛里塔尼亚	姆颇利	灌溉水稻	1000
—	1980年	尼日尔	塞贝里	灌溉水稻	360
1976年	1982年	尼日利亚	伊托金	灌溉水稻	170
1972年	1977年	塞拉利昂	罗拉科农场	灌溉水稻/旱稻	316
1977年	1981年	塞拉利昂	马格巴斯	甘蔗与糖厂	1280
1978年	1985年	索马里	费诺力	灌溉水稻	440
—	1971年	索马里	巴洛温	灌溉水稻	300
1965年	1969年	坦桑尼亚（桑给巴尔）	乌彭贾	水稻、混合农业	526
1965年	—	坦桑尼亚	鲁伏	水稻、混合农业	2834
1971年	1977年	坦桑尼亚	姆巴拉利	水稻、混合农业	3530
1974年	—	坦桑尼亚（桑给巴尔）	马宏达	甘蔗与糖厂	1216
1978年	1985年	多哥	阿尼耶	甘蔗与糖厂	1200
1973年	1982年	乌干达	奇奔巴	水稻、混合农业	697
1987年	1990年	乌干达	多禾	灌溉水稻	800
总面积					27992

注：此表仅为部分名单，只包括占地100公顷以上的项目，不包括最初由台湾当局开展的项目。相关资料及更详细的数据可参见SAIS-CARI.org。

中国改革开放

1980年夏天，我在台湾集中学习了一年的汉语后，乘坐火车穿越了香港与中国内地之间当时仍在沉睡的边界。我从沿海省份广东一路慢行到北京，我还乘船穿越了长江三峡，并在路上参观了许多即将发生巨变的公社和兵团。五年计划仍然存在各种问题，但农业是始于20世纪70年代末的重大转型时期的基础，而正是在那个时候，邓小平释放了中国农村地区的市场潜能。对于外国人而言，一切都如雾里看花，但我在安徽、山东和湖北等省看到的公社与生产兵团都正在解散。个体农户以大幅增加产量做出了回应。然而中国人明白，尽管市场刺激很有必要，但单靠市场自由化并不能实现中国农业的现代化。通过投资、贸易、援助和贷款等方式开展国际合作将会至关重要。尽管在政治层面存在一定的阻力，但此类改革将会在中国被稳步推进。20世纪70年代末，中国主要通过日本开始试验性地引进外国贷款，而当中国在1980年加入世界银行之后，外国贷款的规模也随之不断扩大。中国在黑龙江省设立了一个试验基地，以尝试从全球获取资金、技术与援助。

北大荒

黑龙江省位于中国东北角，在历史上曾是满洲的一部分。长期以来，中国人将黑龙江称为“北大荒”。在1949年，只有很少的人生活在三江冲积平原的那些肥沃的黑土地之上。当时，那里只有3%的土地得到了耕种。[①] 在那一望无际的荒凉的湿地里，到处都会响起丹顶鹤的啼鸣。长满白桦和云杉的森林，则是东北虎的

---

① Xingtu Liu et al., "Regional Development, Environmental Change, and Improved Resource Management in the Sanjiang Plain," in *Land Resources of the People's Republic of China*, ed. Kenneth Ruddle and Wu Chuangjun (Tokyo: United Nations University Press, 1983).

天下。

中国人决定将他们眼中的荒地变成良田。在第二次世界大战期间，王震将军为了打破日本人的封锁，带领359旅在陕西省的一块不毛之地建立了著名的南泥湾农场，实现了自力更生。[①] 王震的农场不但养活了毛泽东的军队，而且建立了军民共同战胜环境与地理困难，从而实现粮食自给的模式。在1949年中华人民共和国成立 40
后，王震又在新疆维吾尔自治区开展了类似的开垦荒地的行动，并在毛泽东时代担任了农垦部部长。

在陕西与新疆经验的鼓舞下，10多万勤奋的转业军人前往北大荒开垦那里的荒地，他们建立军垦农场，自己种植自己的粮食，完全不给当地农民增加负担。中国的杂志曾报道了他们当中的一些人，称他们在“革命与艰苦奋斗的精神”的鼓舞下，克服万难建立了这些农场。[②] 在20世纪50年代末中苏关系恶化之前，苏联专家曾在黑龙江帮助建立了友谊农场。友谊农场的面积超过12万公顷，迄今仍然是中国最大的国有农场。最早前往那里的定居者用手或苏联效率很低的机械开渠挖沟，将广袤的沼泽地变成了肥沃的农场，在此过程中，他们很多人的孩子都出生在了“野外的窝棚”里。当中苏关系在1960年破裂后，那些农场开始采用军事化的观念。“我们时刻准备着抗击侵略，”一位名叫赵玉富（音译）的农业专家回忆道，“我们在新兵训练营接受训练。我们学习如何使用刺刀。我们还经常拉练。”

在20世纪60年代的“上山下乡”运动中，城里的一些年轻人被送到了军垦农场，他们当中的许多人再也没有返回城市。30年后，北大荒共有约200万公顷的土地被开垦出来并实现了机械化

---

① Xiuli Xu, Gubo Qi, and Xiaoyun Li, “Business Borderlands' China's Overseas State Agribusiness,” *IDS Bulletin 45*, no. 4 (July 2014).

② Chenlie Liu, “Modernizing the Great Northern Wilderness,” *China Reconstructs* (February 1985): 50 - 53. 本段所引用的赵玉富的话来自 Keith Schneider, “Scarcity of Water and Land Shifts Geography of Food Production and Irrigation Networks to China's Northeast,” *Circle of Blue: Water News*, November 9, 2012, http://www.circleofblue.org/waternews/2012/world/scarcity-of-waer-and-land-shifts-geography-of-food-production-to-chinas-northeast/。

生产。中国的其他省份也有着类似的经历。中国在 20 世纪 50 年代末仅有 107 个国有农场，但到 1977 年，国有农场的总数已经超过了 2000 个。后来，当中国开始成为非常重要的对外投资者的时候，这些农垦或国有农场系统成为“排头兵”。

在改革开放初期，日本成为中国最为重要的合作伙伴之一。随着中国开始在 1979 年进行改革开放，日本大财阀日棉商社（Nichimen）负责食品业务的部门前往中国寻找农业综合经营的机会。① 日棉对中国的东北地区并不陌生。在第一次世界大战之后的繁荣年代，该公司曾在东北出售日本棉服，并在当地购买大豆运回日本。日本在第二次世界大战中的战败和中国共产党接管中国政权结束了日棉在中国东北地区的经营活动，但邓小平的改革开放政策重新开启了这种关系。在短短 1 年的时间里，日棉便签署成立合资公司的初步协议，在黑龙江三江平原的湿地上帮助中国新开垦面积为 2 万公顷的洪河农场。

最初的计划是日棉提供日本先进的农业与工程机械，当时美国著名的杂交玉米种子公司——迪卡农业研究公司（DeKalb AgResearch）提供养殖高品质家禽和猪的技术。② 后来迪卡没有履
41 行协议，但日棉坚持了下来。日棉从日本为黑龙江省筹集了 1300 万美元的贷款，用来购买高性能的机械以开发湿地。洪河农场种植的是玉米和大豆。在 4 年的时间里，洪河农场通过日棉向日本出口

① Japan Foreign Trade Council, *The 21st Century as an Age of Advancement with the Rest of Asia*: *New Roles for Japanese Trading Firms* (Tokyo: Japan Foreign Trade Council, 2000), http://www.jftc.or.jp/shosha/publish/asia_shosha.e.pdf.

② “Business News,” Associated Press, Tokyo, October 15, 1979. 本段所引用的其他资料还包括：Club of Bologna, “Proceedings of the 15th Members’ Meeting,” Bologna, Italy, November 12 - 13, 2004, http://www.clubofbologna.org/ew/documents/num - 1.pdf; “Chinese, Japanese Official Discuss Cooperation,” Xinhua, September 5, 1983; “China’s State Farms to Use More Foreign Investment,” Xinhua, August 8, 1984; Xiuyun Yang, “The Sanjiang Plain,” *China Today* 39, no. 4: 68 - 72; and World Bank and People’s Republic of China, “Loan Agreement: Heilongjiang Land Reclamation Project,” Loan No. 2261 - CHA, May 20, 1983, http://www.worldbank.org/projects/P003412/heilongjiang-land-reclamation-project?lang=en。

大豆，然后用出售大豆的钱偿还贷款，这是一种典型的补偿贸易。在20世纪80年代期间，日棉至少还筹措了两次补偿贸易贷款，每次都是通过向日本出口大豆进行偿还。世界银行也在1983年参与了黑龙江开垦土地的进程，提供了8000万美元的贷款用于开发另外20万公顷的处女地。

在国外资金和技术的支持下，黑龙江肥沃的黑土地变成了中国的粮仓。到2009年，黑龙江省已经拥有近1000万公顷的耕地，共生产了440万吨的大豆、小麦和其他粮食。[①] 中国人民解放军通过开垦荒地所创建的军垦农场，将成为以商业化为导向的北大荒集团的组成部分。而且正如我们将在第八章所看到的那样，黑龙江军垦农场与北大荒精神后来将出现在莫桑比克这个人们绝对意想不到的地方。

引进外资

1980年，在毛主席时代无法想象的外国投资进入了中国。截至20世纪80年代中期，水果与蔬菜市场已经开放。1984年，中国农业部梳理资产并宣布邀请外国人，以及香港、澳门等地的华人前往中国内地与303家国有农场、奶牛场、橡胶种植园和农业加工企业成立合资公司。[②] 蔬菜种植、糖、咖啡、调料和鲜花等，也都逐步向外资开放。

随着中国从由国家指导的计划经济转向发展型国家的以市场为指导的经济，与之相关的机构与行为体也发生了深刻的变化。在国家计划体制下，农业部在各省设立了农业厅，在各地设立了农业局，但农垦归另外一个部委管辖。1980年，有些省和自治区被获准转变政府职能，实行政企分开，由此诞生了一系列农业综合企

---

① USDA Economic Research Service, “China Agricultural and Economic Data,” USDA, July 11, 2012, http://www.ers.usda.gov/data-products/china-agricultural-and-economic-data/national-and-provincial-data.aspx#P3562ed2e41af429e9997a7283ec81a3_3_oHit0.

② “China's State Farms to Use More Foreign Investment,” Xinhua, August 8, 1984.

业，这些企业将独立管理和经营国有农业资产。[①] 例如，农垦部在1980年建立中国农垦（集团）总公司（简称“中垦集团”），主管北京养猪场和家禽养殖场的北京市畜牧局则成立了北京华都集团有限
42 责任公司。随着时间的推移，这些企业与其他一些类似的企业均从上级主管部门中分离出来，变成了中国开创性的农业综合企业。正如我们将在第四章和第六章看到的那样，它们也将成为第一批前往非洲寻求商机的企业，有些甚至早在1982年便走进了非洲。中垦集团前副总经理韩相山后来曾就此指出：“我们在几十年前处于中国垦荒运动的第一线，现在我们正在非洲国家施展我们的本领。”[②]

中国对赚取硬通货的渴望也使其像多年之前一样，再次成为海外项目劳动力的提供者。早在19世纪，中国的契约劳工在世界各地修建铁路、开采金矿，以及在种植园工作。20世纪70年代末，在中国政府的同意下，这类劳工再次漂洋出海。比如《纽约时报》曾在1987年报道，在美国南部和西部的一些州严重缺乏农业工人的时候，曼哈顿的一家由美籍华人企业家K. K. Soo创办的企业曾与中垦集团一起，共同安排中国的农业工人获取临时工作签证，前往美国农场打工。[③]

另外一项决策也将对中国与外部世界的交往及其在外国投资问题上的立场产生深远的影响。1986年，中国向世界贸易组织的前身关贸总协定正式递交恢复合法席位的申请。在15年的艰难谈判进程中，中国农业生产率及中国农业与全球市场的关系受到了越来越多的关注。许多人担心中国农民将会因贸易自由化和更加激烈的竞争而蒙受损失，并由此带来政治上的动荡。[④] 中国政府决定从长远的角度看问题：中国农民需要竞争的手段。中国在亚洲最近的邻

① Dennis Woodward, “A New Direction for China's State Farms,” *Pacific Affairs* 55, no. 2 (Summer 1982): 231 - 251.

② “Fruitful Agricultural Cooperation,” China Internet Information Center, December 10, 2003, http://www.china.org.cn/english/features/China-Africa/82040.htm.

③ Fox Butterfield, “Company Ready to Bring Peasants from China to U.S. for Farm Work,” *New York Times*, September 25, 1987, p. A1.

④ “China to Encourage Foreign Investment in Agriculture,” AFP, May 31, 1998.

居，其中包括日本和泰国，能够带来新的技术，并向中国农民展示允许来自国外的竞争可以加速实现现代化。

建立在鸡饲料之上的帝国

总部位于曼谷的正大集团（CP Group）可能是迄今在中国最为成功的国外投资者，不过它的故事始于近一个世纪之前的 20 世纪 20 年代。[①] 最后一个封建王朝清朝在 1911 年垮台后，中国陷入了混乱之中。许多中国人因此逃到海外。1921 年，广东省的一对年轻兄弟带着一些中国的蔬菜种子来到泰国。他们在曼谷拥挤的唐人街上建立了家族企业正大庄菜籽行，经营种子和农药。多年之后，他们决定由弟弟经营泰国的公司，而哥哥谢易初则将他们的生 43
意扩展到整个东南亚。随着公司规模的扩大，谢易初将总部搬到了中国的沿海城市汕头——汕头是在 19 世纪的鸦片战争中被迫向英国开放的口岸之一。

谢易初的小儿子谢国民于 1938 年出生在泰国。在民族主义情绪日益高涨的泰国政府关闭了曼谷的中文学校后，谢易初将谢国民送回了汕头。谢国民流利的汉语在后来帮了他很大的忙。当中国共产党在 1949 年将汕头总部国有化之后，谢易初再次将公司搬到泰国，并冠了泰国的姓 Chearavanont。年轻的谢国民在 29 岁时成为家族企业的领导人，事后证明他绝对是一位卓有远见的领导人。到 20 世纪 70 年代初，这家小种子店已经成长为规模巨大、垂直一体化的正大集团。订单农户为其饲料加工厂种植玉米；正大的孵化场向其他农户提供雏鸡，且正大在东南亚各地都有自己养殖家禽、猪

---

① 除非另行标注，关于正大集团的所有信息均来自以下资料：Peter Janssen, "Grown from Small Seeds," *Asian Business* 30, no. 2 (Feb. 1994); Rajeswary Ampalavanar-Brown, "Overseas Chinese Investment in China—Patterns of Growth, Diversification and Finance: The Case of Charoen Pokphand," *China Quarterly*, 155 (Sept. 1998): 627; and Carl Goldstein, "Not Just Chicken Feed," *Far Eastern Economic Review*, October 21, 1993, p. 70。

和虾的农场。正大集团的核心业务仍然是高品质的饲料，其价值链中的其他业务都围绕着增加饲料的需求运转。

随着中国在1979年打开国门，谢国民前往北京。他与邓小平共进晚餐，并提出了互利共赢的愿景。正大集团在中国建立了第一家外资企业，它迄今仍然拥有0001号的外资注册证书。两年之后的1981年，正大集团与美国的大陆谷物公司（Continental Grain）合资，紧邻当时仍处英国治下的香港，在刚被设为经济特区的深圳耗资400万美元，建立了现代化的饲料加工厂。

这一看似冒险的投资决定最终获得了完美的回报。当时中国的饲料质量较差，价格较低。正大集团引进了高品质的饲料，雇用了销售团队，赞助成立了饲料示范点，并与地方政府机构合作成立了委员会。他们很快便开始在中国的80多个城市销售鸡饲料和专门培育的雏鸡。在10年的时间里，正大集团的经营范围就已经扩展到了中国的23个省，而其业务则包括饲料加工厂、养鸡场、养猪场、肉类加工厂，以及鱼虾养殖场。当肯德基在1987年成为第一家进入中国市场的美国快餐企业时，正大集团成为它的供货者。5年之后，正大集团在中国的鸡饲料市场中占据了33%的份额，在中国的鸡肉销售中占据了42%的份额，以及在中国家禽类出口中占据了30%的份额。在正大集团来到中国大陆之前，人们购买鸡肉的方式同我在台湾上学时当地的方式差不多。在准备第一次晚宴
44 的时候，我决定做著名的绍兴醉鸡。我在市场上选了一支活鸡。在被摊主从后背抓住时，它瞪眼看着我并使劲地拍打着翅膀。我听到了斧头砍东西的声音，鸡头被剁了下来，然后整只鸡被放进一个有橡胶刷子的桶里滚动脱毛。几分钟之后，摊主将仍带着体温的鸡肉放进了我的篮子。我在骑自行车回家的路上，胃里感觉有些不舒服。大陆的顾客仍然可以采用这种老式的方法购买鸡肉，但忙碌的家庭已经习惯了便捷的袋装鸡肉，而且从食品安全的角度考虑，他们更喜欢正大集团严格的卫生标准。2011年，《福布斯》杂志将谢国民——他当时已经是泰国首富——评为亚洲年度商业人物。正大集团也已经成为中国最大的“外来地主”，它正在中国20多万公

顷的土地上生产家禽饲料、畜牧饲料，以及其他农产品。[①]

中国：急需投资

在中国改革开放之后的岁月里，农业领域的外国直接投资基本没有超过外国直接投资总额的2%，但这并非无足轻重。以1979～1998年为例，外国人共向中国农业部门投入了超过90亿美元。[②]正大集团之所以能够在中国的农业综合经营领域取得成功，是因为其战略符合中国领导的期望。“仅仅作为华人还不够，”谢国民指出，“你必须提供他们希望或需要的东西。”

中国人需要实现农业现代化并引进高新技术。他们认为先进的外国企业不但可以提供高新技术，还可以发挥示范作用，并成为中方管理人员的培训基地。以鸡饲料的主要原料玉米为例，就像在当前非洲的大部分地区一样，中国当时的玉米产量也很低，而且其生长期长达4个月。而正大集团与美国迪卡公司共同开发并拥有专利权的杂交种子，不但产量很高，而且生长期很短，90天便可以成熟。中国领导人还希望尽可能地出口创汇，而正大集团可以为之提供海外销售渠道，以及一个兼具规模、质量和信誉的华人品牌。它的产品既进入了欧洲和日本的超市，也被摆上了亚洲各地华人小商店的货架。

与此同时，正大集团的农业综合经营方式符合中国的现实。正大集团的一名高层管理人员曾在1994年告诉《亚洲商业周刊》（*Asian Business*）：“中国政府最初不相信一家泰国的公司能够教给他们什么东西，因此他们前往美国考察饲料加工与家禽养殖业。但

---

① Gwen Robinson and Jake Maxwell Watts, “Meet Dhanin Chearavanont, the Man Who Swooped in on Ping An,” *BeyondBRICs* (blog), *FT*, December 6, 2012, http://blogs.ft.com/beyond-brics/2012/12/06/meet-dhanin-chearavanont-the-man-who-swooped-in-on-ping-an/#axzz2n5m3JTIR. Land figure confirmed by Gwen Robinson, e-mail to author, January 8, 2014.

② Yingqi Wei and Xiaming Liu, *Foreign Direct Investment in China: Determinants and Impact* (Northhampton, MA: Edward Elgar, 2001), p. 28.

是在美国，所有操作都实现了自动化，只需要雇用很少的人。于是他们又来到了泰国，因为我们仍然使用大量的劳动力。”正大集团的另外一名高管也补充说：“我们能够拿到西方的技术，对其加以
45 改造以适应发展中国家的环境。”

最后，正如历史学家拉杰斯瓦芮·阿姆帕拉瓦娜－布朗（Rajeswary Ampalavanar-Brown）在研究泰国的大型联合企业时所指出的那样，正大集团因与中国政府建立了“稳定且持久的关系”而拥有关键性优势。在正大集团在中国快速扩张的最初十几年间，其合资对象大多为中国大陆的合作伙伴：省粮食局及市政府或县政府。正大集团在深圳的下属公司告诉《远东经济评论》（*Far Eastern Economic Review*）的记者，他们将15%的利润交给了主管深圳特区的国有企业深圳发展公司，以让它“充当我们的教父”。与中国相关机构的紧密关系（以及向它们提供的经济收益）为正大集团提供了巨大的便利，有助于其绕开官僚主义的阻碍，更便利地获取内部的信息和渠道。它们允许正大集团利用政府的分销渠道，从而降低了正大集团的风险并为其提供了重要的市场信息。

随着时间的推移，日本企业日棉又在中国建立了其他一些合资公司，其中包括与美国农业商业巨头阿彻丹尼尔斯米德兰公司（Archer Daniels Midland，ADM）和中国最大的农产品贸易商中粮集团有限公司合资创办的公司。[①] 日棉还在黑龙江省与两个国有农场合资，建立了一家加工精白米的企业。[②] 当时，日棉利用其分销知识为黑龙江省特有的粳米打开了日本、俄罗斯、新加坡和法国等出口市场。

由于订单农业可以提升中国农民的技术和能力，其成为中国商

---

① "Nichimen to Form Joint Trading Venture in China," *Asian Economic News*, November 16, 1998, http://www.thefreelibrary.com/Nichimen+to+form+joint+trading+Venture+in+China.-a053247573.

② Jinbao Su, "A Study on the Processing and Sale of Rice in the Context of Xinhua State Farm: An Agribusiness Model for Heilongjiang Province," *Journal of Agricultural Development Studies*, 16, no. 1, (1990).

业化农业领域的首选外国投资模式。比如在 20 世纪 80 年代末，当麦当劳决定在中国开设第一家餐厅的时候，中国出产的土豆被认为形状太短和太圆，不适合制作麦当劳著名的长条形炸薯条。来自美国爱达荷州的辛普劳公司（Simplot）在北京北部地区与一家国有企业建立合资公司，实验个头更长的美国土豆品种。该公司采取订单农业的模式，在 2000 公顷的土地上与 5000 名个体种植户签订合同，集中为他们提供农用物资和市场，以降低风险和增加产量。《中国日报》在 10 年后赞许称，辛普劳公司的创新“将有助于中国农民应对（中国）加入世贸组织所带来的挑战”。[①]

与当前非洲各国政府相类似，中国各个省份的地方政府也争相在农业领域吸引外资。[②] 谷物与大豆生产大省辽宁省宣布，如果联合投资项目是在湿地或丘陵开发农场，则可享受 5 ~ 10 年的低税率。新疆在 1997 年成为第一个向外商独资公司提供 50 年土地租赁期的省份。江苏和广东等沿海省份则设立以出口为导向的农业特区，进驻企业可获得税收减免，以及以优惠利率享受高达 70 年的
可转让土地权利。 46

沿海省份山东因胶东半岛深入黄海，在吸引日本投资方面——既包括直接生产投资，也包括订单农业投资——尤为成功。[③] 截至 2001 年，山东省向日本出口了很多香菇和大葱，以致日本农民吁请政府对他们加以保护。山东省为吸引投资做了很多工作。例如，在邀请朝日啤酒（Asahi Breweries）建立有机奶牛场的时候（该奶牛场还将为有机甜玉米和草莓种植提供肥料），山东省为其提供了

① “US Giant to Expand Potato Production in China,” *China Daily*, February 4, 2002.

② 本段引自“Coastal Areas Boost Export-oriented Agriculture,” Xinhua, October 27, 1992; Lou Hui, “Analysis of the Use of Overseas Funds,” Xinhua, September 25, 1994; “China-Investment-Agriculture: Foreign Investment Welcomed in Agriculture in Liaoning,” Xinhua, March 6, 1995; Jeremy Gordon, “Hungry for Investment,” *China Business Review*, 24, no. 5, (Sep. /Oct. 1997): 26 - 27。

③ “Case Study: Chinese Frozen Vegetable Exports,” in *Meeting Standards, Winning Markets Regional Trade Standards Compliance Report East Asia 2013*, UNIDO and IDE-JETRO (Vienna: November 2013), http://www.ide.go.jp/Japanese/Publish/Download/Collabo/pdf/2013UNIDO_IDE11, pdf.

免收3年租金的526公顷土地，修建了一条通往农场的公路，并专门安装了电线。在上述一切发生的同时，中国本土的投资者也正在进军非洲，他们也期待类似的鼓励措施。但除了在特别长的土地租期内享受租金减免外，他们基本没有获得其他优惠。

援助、投资和贸易：在中国做生意

外国投资者采取援助、贸易和投资相结合的方式在中国取得了成功。比如在1983年，总部位于加利福尼亚的跨国食品生产商德尔蒙食品公司（Del Monte）计划帮助上海在位于长江三角洲的崇明岛上建立一个面积为3公顷的实验农场，种植德尔蒙食品公司培育的荷兰豆、甜玉米、芦笋和西红柿。[①] 乐事薯条的生产商百事公司与中国农业部合作，共同运营了8个土豆示范农场，以向中国农民展示，更加科学的农作物管理系统会提高产量和增加收入。[②]

除此之外，外国政府还参与建立示范中心，以增加其本国企业的商业机会。例如，以色列在山东省建立了展示水果、蔬菜和花卉等的商业化种植与加工的示范农场，以及在北京郊区建立了一个奶牛示范农场。[③] “以色列奶牛是世界上奶产量最高的奶牛，每头每年可产10吨牛奶，”以色列驻华大使馆的一位官员告诉记者，“我们将把我们的设备和技术带给这个奶牛场。投资者可以前来学习并购买这些设备与技术。”[④]

由于自身拥有先进的农业技术，荷兰也积极地推动本国园艺企

---

① AP, “Del Monte Pact,” *New York Times*, January 13, 1983.

② “PepsiCo: Sustainable Agriculture,” PepsiCo, http://www.pepsico.com/Purpose/Environmental-Sustainability/Agriculture, June 16, 2015, retrieved June 12, 2015; “PepsiCo to Partner with China's Ministry of Agriculture to Promote Sustainable Farming,” PepsiCo press release, September 19, 2011, http://www.pepsico.com/PressRelease/PepsiCo-to-Partner-with-Chinas-Ministry-of-Agricuture-to-Promote-Sustainable-Fa09192011.html.

③ Tina Helsell, “Turning Farmers into Entrepreneurs,” CBR, 24, no.5 (Sept./Oct. 1997): 22-27.

④ “Foreign Investment Boosts China's Agricultural Growth,” Xinhua, January 5, 1998.

业与其在中国建立的培训示范中心建立联系。[①] 从他父亲和祖父那里学会花卉生意的一位荷兰专家对这种合作进行了解释："我从1997年开始前往中国参与中国与荷兰联合开展的一个项目，我的任务是帮助这里的球茎和花卉生产商，同时还要帮助荷兰生产商在 47
中国寻找商机。这对双方而言是一种双赢的局面。"[②] 荷兰在福建省支持建立了中荷园艺培训示范中心。该中心占地100公顷，拥有温室、教室、会议厅和培训设备，这与中国后来在非洲建立的农业技术示范中心非常相似。荷兰企业提供种子、幼苗和园艺设备，并在课堂上展示它们的技术（以及为它们的技术创造需求）。[③] 正如我们将在第四章所看到的那样，这种援助、培训与投资相结合的方式，将成为一些中国对非农业投资的典型做法。

从"引进来"到"走出去"

到中国2001年加入世贸组织的时候，其农业部门已经发生了天翻地覆的变化。麦当劳在中国各大城市出售的炸薯条，所使用的是中国农民种植的土豆。中国家禽养殖场开始向肯德基出售鸡肉并与正大集团展开了竞争。日本家庭主妇所购买的传统的日本蔬菜，由中国生产并被空运到日本。更加令人震惊的是，中国的大豆产业完全被外国企业所主宰。64家各类外国企业控制了60%的大豆压榨业务。而4家巨型跨国贸易商，即阿彻丹尼尔斯米德兰公司、邦吉公司（Bunge）、嘉吉公司（Cargill）和路易达孚公司（Louis Dreyfus），也就是所谓的"ABCD"公司向中国出口的大豆数量，

---

① "Sino Europe Agricultural Cooperation Centre Opens in Zhangzhou, Fujian," Xiamen, April 14, 2011, http://whatsonxiamen.com/news18514.html. 荷兰在北京协助建立了一个养猪中心，在福建建立了欧中现代农业技术研发中心，在河南建立了中荷河南奶业培训示范中心，在天津建立了农业高新技术示范中心，以及在上海郊区建立了中荷园艺培训示范中心。

② "Flower Port a Gardener's Paradise," *China Daily*, December 25, 2006.

③ "Introduction of SIDHOC," Sinno-Dutch Horticultural Training and Demonstration Center, http://www.didhoc.com/en/archives/index_en.php/id-intro.html, retrieved June 11, 2015.

占中国大豆进口总量的80%。[①] 对放开市场将会摧毁中国农业的担忧被证明完全是杞人忧天。一方面根据自身的条件放开市场，另一方面充分借鉴世界上处于领先地位的农业综合经营知识与经验的源泉，中国正在逐步成为一个全球性的农业大国。

当中国投资者走出国门的时候，这些经验将会对其产生重要影响。中垦集团和北大荒集团立足于新中国刚成立时在边疆建立的农场，致力于开垦此前未耕种的土地以进行大规模机械化耕作。中国成套设备进出口（集团）总公司（简称“中成集团”）拥有在对外援助中开发大型种植园、建立工厂，以及从事其他交钥匙工程的经验，它将负责管理非洲的制糖厂。中国的国有政策性银行将借鉴此前它们在与日棉合作时获得的经验，将补偿贸易作为在风险较大的地方收回贷款的标准模式。中国政府将在2006年试验性地帮助其新的农业综合企业在海外建立示范农场，使援助与投资相结合，
48 以期在未来开展经营和进行更具持续性的技术转移。中国的一些企业家也希望发挥正大集团那样的示范作用，比如李莉，她在1993年前往赞比亚，当时她的丈夫被中垦集团派到那里建立一个复合型农场。他们所生产的鸡蛋曾一度占赞比亚鸡蛋总销售量的至少10%。然而正如我们将在第六章所看到的那样，中垦集团无法超越其他商业农场主——通常为在赞比亚已经定居很长时间的欧洲农场主，或无法在赞比亚投资者中发挥示范作用。他们没能像正大集团在中国所做的那样，发展出掌控价值链的意愿或能力。

其他一些前往非洲的中国农业综合经营投资者也将按照正大集团的模式，以期与当地政府或政府官员建立合资企业。他们希望这样做可以帮助他们处理好各种利益纷争，但他们的非洲“教父”通常无法替他们扫清投资所面临的风险。当非洲政府承诺出让土地

① J. Li and D. Liu, “The Impact of Foreign Capital Merger and Acquisition on China's Agricultural Enterprises Development and the Countermeasures,” *Journal of Agricultural Economic Problems*, 11 (2006): 67 - 69, as summarized in Licai Lv, Simei Wen, and QiquanXiong, “Determinants and Performance Index of Foreign Direct Investment in China's Agriculture,” *China Agricultural Economic Review* 2, no. 1 (2010): 45.

的时候，中国企业认为它们会像在中国那样毫不费力地获得土地，但它们没想到的是还要与利益相关方磋商，甚或需要进行补偿。它们还希望当地政府提供公路和电力。但是在那些尚不存在发展型政府的国家，或面对农民有能力对抗将会碾压他们的“进步浪潮”的局面（就像在喀麦隆所发生的那样），它们此前与政府打交道的截然不同的经验对它们一点帮助都没有。

非洲变革的种子

当中国从计划经济转向市场经济的时候，世界各地包括非洲也在发生变化。在独立后的 10 多年间，许多非洲国家都建立了国有农场。非洲各国的经销管理局将经济作物出售到国外，在理论上将部分收入重新投入农作物种植，并以税收的方式将农业盈余用作他图。

随着非洲各国因 20 世纪 70 年代两次石油危机的冲击而迅速转向市场经济，所有这一切都发生了改变。非洲各国政府发现它们因商品价格暴跌和所借国外贷款利率飙升而债台高筑。在世界银行和国际货币基金组织的压力下，它们试图拍卖国有农场和解散经销管理局。它们在 20 世纪 80 年代和 90 年代实行紧缩计划，这意味着农业推广服务或农村道路维修只能获得很少的财政支持。正如我们在第二章看到的那样，捐助者们也未能提供缺失的资金。这正是在
1978 年进行的经济改革使中国在对非交往中更加注重财政可持续 49
性后，中国人发现自己所处的背景。现在，让我们回头来看这些变化在马里和莫桑比克所产生的影响。

前往马里的使者

1982 年年底，中国总理赵紫阳前往非洲，访问了 11 个非洲国家，向它们解释中国国内的改革将会如何影响其对非洲的援助及双方的经济合作。中国希望在开展对非交往中实现互惠互利，而不再

是简单地提供援助。中国企业欢迎建立合资公司。非洲国家可将它们所欠中国的债务转换成合资公司的股权。中国专家组可接受邀请有偿管理此前由中国人建立，但在所在国的管理下效益下滑的农场和工厂。如果非洲国家没有外汇去购买它们的中国造机械和厂房所需的零部件，它们可以通过补偿贸易，通过向中国出口产品来偿还，就像日棉对黑龙江省的大豆所做的那样。

就像中国的农村家庭一样，在海外开展援助项目的中国国有企业也被赋予了“责任制”：允许它们在上交预定的额度后，保留价值 100 万美元的任何币种的收入。① 中国大使馆开始帮助企业寻找机遇。中国专家组就这样在第一次前往马里的 20 多年后，重返那里的两个甘蔗种植园，以及纺织厂和茶叶种植园。

马里人独立运行这些项目已经有 10 多年的时间，但他们发现很难有效地管理它们和从中国进口的机械所需的零部件。1984 年，他们邀请中国人返回马里。中国轻工业对外经济技术合作公司（简称“中轻对外公司”）的专家被任命为两家糖联的总经理和各部门的领导，他们的工资从企业利润中支取。根据中国的一份资料，这两家糖联的产量增加了近 100%。② 国际货币基金组织当时正在迫使马里对亏损的国有企业进行私有化。尽管产量有所上升，但这两家共有 2100 名员工的糖联仍在亏损。它们需要新的甘蔗品种和更高的生产率。而且当时马里还欠中国钱，尽管中国人并没有催它们进行偿还。

双方共用了 4 年的时间来磋商糖联的私有化问题，最终决定采取债权转股权的方式加以解决。1996 年，这两家制糖厂被合并成

---

① Robert D. Dennis, “The Countertrade Factor in China's Modernization Plan,” *Columbia Journal of World Business* 17, no. 1 (1982): 67 – 75.

② Department of Foreign Aid, “China's Economic and Trade Relations with African Countries,” in *Almanac of China's Foreign Economic Relations and Trade 1988* (Beijing: Ministry of Foreign Economic Relations and Trade, 1988): 73 – 74; 同时参见 Guo Jianquan, “Friendship and Cooperation to Create ‘Win-Win’ — Mali Sugar Briefing,” China Light Industry Group, December 12, 2010。本段还引自魏红《我国对外援助方式改革的经验与问题》，《国际经济合作》1999 年第 5 期。

一家合资企业，名为上卡拉糖联股份有限公司（Sukala，简称“上卡拉糖联”）。中轻对外公司拥有 60% 的股份，马里政府提供土地， 50
拥有 40% 的股份。中国政府向中轻对外公司提供了额外的贷款，用以更新工厂的设备。正如我们将在第七章看到的那样，当上卡拉糖联决定大幅增加甘蔗种植面积和建造一个新的制糖厂，以与美国的一家企业展开竞争的时候，该公司上了媒体的头条。

中国人还派遣中国海外工程有限责任公司（简称“中海外”）前去运营塞古的纺织厂，正是该公司最初修建了这家纺织厂。①20 世纪 90 年代末，世界银行在马里开展了一系列农村发展项目，其中一个项目旨在提高马里农业部门的商业机遇。“不能再指望捐助者为土地开发提供大笔资金，因为它们已经使土地变得有利可图，”世界银行指出，“现在所需的是私人投资。”国外投资者将获得 30 年的可续租期。第二个项目为扩大尼日尔河流域办公室在离塞古纺织厂约 80 公里的几个村子的灌溉面积。中海外重返马里经营纺织厂的部分原因，是为了将纺织厂作为其扩大建筑业务的基

---

① 中海外的故事引自 World Bank，“Implementation Completion and ResultsReport（IDA - 3390，3393a）on an Adaptable Program Loan in the Amount Of SDR86.7 Million（US $ 115.1 million equivalent）to the Republic of Mali for a National Rural Infrastructure Project in Support of the First Phase of the National Rural Infrastructure Program，” Report no. ICR0000798，World Bank，June 30，2008，http：//www-wds.worldbank.org/external/default/WDSContentServer/WDSP/IB/2008/08/05/000333037_20080805234027/Rendered/PDF/ICR7980ICR0P041closed0August0402008.pdf；Djibril Aw and Geert Diemer，*Making a Large Irrigation Scheme Work：A Case Study from Mali*（Washington，DC：World Bank，2005），p.84，http：//siteresources.worldbank.org/INTARD/Resources/making_a_large_scale_irrigation_system_work_DID.pdf；Moussa Djiré，Amadou Kéita，and Alfousseyni Diawara，*Current Dynamics of Large-Scale Agricultural Investments and Inclusive Business Models in Mali—Trends and Case Studies*，*Final Report*（IIED/FAO：Bamako，May 2012），p.20，http：//www.fao.org/fileadmin/templates/tci/pdf/InternationalInvestment/IIED/Mali_-_Final_report_-_June_2012.pdf；张崇防、韦巍：《沙漠里建起“鱼米之乡”》，新华社，2006 年 6 月 27 日，http：//news.xinhuanet.com/banyt/2007-06/27/content_6296695.htm；Isaie Dougnon and Lamissa B. Coulibaly，“Institutional Architecture and Pro-Poor Growth in the Office du Niger，” Discussion Paper Series，no.13，Institutions for Pro-Poor Growth（IPPG），School of Environmentand Development，University of Manchester，August 2007，http：//www.ippg.org.uk/papers/dp13.pdf。

地。他们赢得了世界银行灌溉项目的建筑合同，着手开发数千公顷的灌溉用地。

在修建灌溉工程的时候，马里为吸引外国投资而继续开展“魅力攻势”，不但进行广告宣传，而且设立了一个新的投资促进机构。1998 年，中海外决定邀请来自江苏省的农业专家，共同开展商业化水稻种植。中海外共投资 300 多万美元，在姆贝瓦尼附近获得了 1000 公顷土地的 30 年租赁权。中海外开始着手拔除灌木、平整土地、修建水渠。但其在 200 公顷的第一期土地上机械化种植的两季水稻，收益并不理想。马里灌溉地区土壤的底部缺乏硬层，农业机械无法像在中国那样派上用场。或许最令人沮丧的是小偷偷走了大部分水稻。

中海外决定将稻田出租给 300 多个当地农户，自己只保留 10 公顷作为示范田。承租者多为负担得起租金的当地的政府官员和有钱人，他们每公顷单季（6 个月）支付租金 6 万马里法郎（约 120 美元）。新华社的一名记者曾在 2007 年前往那里参观，他说站在一棵高大的猴面包树下，看到“绿油油的稻田一望无际”。三三两两的马里农民正在田间弯腰劳作，还有人正在从碧绿清澈的渠水中捕捉非洲鲫鱼。一群群白鹭不时被惊起飞到空中，犹如一团带有翅膀
51 的白云。中海外变成了“地主”，每年能够进账几十万美元。

法拉科的情况又如何呢？中国人也回到了那里，但那是一个完全不同的故事。[①] 中国技术人员在对马里技术人员进行了几年的培训后，于 1976 年离开马里。茶树仍在成排的芒果树的掩映下，生产平滑的墨绿色茶叶，但正如马里报纸所指出的那样，马里方面的管理“差强人意”。20 世纪 90 年代初，位于中国著名的珠茶故乡浙江省的石门农场派遣专家组返回马里。专家组成员王国华后来回忆说，他们开着一辆很旧的黄色面包车离开了巴马科。泥土路上扬

---

① 法拉科的故事引自如下资料：“Usine thé de Farako：Trop vetuste pourresister à la concurrence，” *L'Essor*（Mali），April 8，2009；《金华茶叶专家马里茶道使者》，非洲之窗（博客），2007 年 8 月 26 日，http：//www.africawindows.com/html/feizhouzixun/renzaifeizhou/20070826/11276.shtml。

起的灰尘都钻进了汽车里面。但到了 25 公里外的茶厂，景观大变。他们感觉自己仿佛进入了电影中的场景，绿树成行、翠绿成片，风景十分优美。然而一到中国专家大院，他们又沮丧了起来。那是几间破旧的红泥巴房，四周是篱笆墙，院子里种着芒果树和油棕树。小松鼠在树上奔跑，蜜蜂在墙上做窝，四英尺（合约 1.2 米）长的蛇在院子里爬行，到晚上蝙蝠便会漫天飞舞。

这些专家被一篇博客文章称为“马里茶道使者”，他们看到的景象使他们想起了改革开放前的中国。这个国有茶厂当时负债累累。工人采的都是粗糙的大叶子，仓库里的干茶叶堆积如山。中国人教授马里人如何更科学地施肥，如何深耕以壮大根系，以及如何采摘嫩芽。“茶叶要新鲜卖，”王国华说，“为了让茶叶卖得好，我们还现炒现卖呢。”

中国专家组在 1993 年同意签署为期 10 年的租赁管理合同，但他们不愿意对该项目进行投资。当他们在 2004 年离开的时候，茶叶种植园及里面的机械都已经用了 40 年。有些茶树已经死亡；种植园的面积已经缩小到 12 公顷。茶厂仍然还没有架上电线，只能依靠老旧的发电机提供电力。茶厂的工会秘书长杰瑞米·多哥（Jérémie Togo）在 1975 年就在那里上班，他告诉来访的记者：“我经历了这个工厂不同的岁月。你知道，当中国人建这个工厂的时候，他们的目标不是推动茶叶种植，而是让我们马里人养成喝茶的习惯。”

历史表明，马里人事实上早在殖民时代便已经喜欢上了中国的茶叶。欧洲人在 18 世纪将马里人喜欢的口感较重的绿色珠茶从中国带到北部非洲。图阿雷格人和阿拉伯游牧民族将这些茶叶往南带到马里的北部地区，然后扩展到整个萨赫勒地区。（中国人走后，）当地的一家企业租下了茶厂。现在茶厂正竭力与进口茶叶展开竞争；其每公斤茶叶的成本为中国茶叶成本的近三倍。新任经理苏雷曼·考内（Souleymane Koné）担心重建茶厂将至少需要 430 万美 52
元的资金。“我们正在与一些捐助者进行协商。”他信心满满地对一名记者说。但他说的捐助者或许不是中国人。

中国进入莫桑比克

莫桑比克直到1975年才获得独立。独立后，其马克思主义政府几乎马上便开始将葡萄牙人的种植园及其周围的自给农业区合并为大型的国有农场。到20世纪80年代初，莫桑比克已经建立了69个国有农场，总面积约为131400公顷。[①] 在此期间，中国通过援助项目共派遣至少120名农业专家帮助莫桑比克开发国有农场。[②]

20世纪90年代初，随着莫桑比克内战临近尾声，莫桑比克解放阵线党领导的政府开始迅速向自由市场经济转型。国有农场被私有化，莫桑比克解放阵线党开始积极吸引国外投资。1997年，中国总理李鹏访问非洲七国，其中包括莫桑比克。新华社报道称，两国政府将推动在农业领域建立合资企业。[③] 几个月后，莫桑比克领导人在马普托会见中国大使邵关福，以推动中国对农业的投资。中国专家组对混合农业、对虾养殖和甘蔗种植进行了初步研究。1999年年初，重庆市的一个代表团考察了莫桑比克主要的水稻产区。莫桑比克农业与林业部部长告诉他们，虽然莫桑比克的大米主要依靠

---

① John W. Bruce, "Options for State Farm Divestiture and the Creation of Secure Tenure," report to USAID/Mozambique, Land Tenure Center, December 28, 1989, http://pdf.usaid.gov/pdf_docs/PNABI037.pdf.

② 这些农场包括马普托北部的莫安巴国有农场和尼亚萨省的马塔马国有农场。商务部：《莫桑比克农业资源、农业政策和吸引外资的优惠政策》，2006年3月28日，http://mz.mofcom.gov.cn/aarticle/wtojiben/wtojieshao/200603/20060301771650.html，访问日期：2014年7月10日（网页现在已经无法访问）。同时参见 Wolfgang Bartke, *The Economic Aid of the PR China to Developing and Socialist Countries*, 2nd ed.（Munich: K. G. Saur, 1989）, p. 92。中国人还向马普托市绿色区下属的农场捐献了农业机械，并派出了26人的农技组。

③ 本段内容引自 "China: Li Peng Pledges More Cooperation with Mozambique," Xinhua, May 8, 1997; "China: Xinhua 'Roundup' on Sino-Mozambican Economic Ties," Xinhua, March 29, 1998; "Mozambique Wishes to Cooperate with China in Agriculture," Xinhua, March 26, 1999; "Chinese Projects Suitable for Mozambique," Xinhua, April 1, 1999。着重号为笔者所加。

进口，但其拥有大量的土地。他敦促说：“中国应在帮助莫桑比克提高稻米产量中发挥自己的作用。”

尽管莫方一再催促，中国企业仍然没有采取大的行动。1990～2000 年，莫桑比克只获得了一项来自中国的农业投资——马普托附近 20 公顷的中鞍蔬菜农场，且运营情况不佳。中国驻莫桑比克经济商务参赞处在 2002 年的报告中指出，这家小农场“处于瘫痪状态”。[①] 不过两年之后，中国的一家大型农业综合企业——中国粮油食品（集团）有限公司（简称“中国粮油”）最终前往了莫桑比克。尽管中国粮油与莫桑比克商人扎伊德·阿里（Zaide Aly）之间的合资后来突然中断，但这段历史显示了莫桑比克人在劝说中国农业综合企业前往他们国家投资的过程中所发挥的关键性作用。

扎伊德·阿里居住在莫桑比克北部的贝拉市，担任当地商会的主席。幸运的是，当我在 2014 年 11 月第二次前往莫桑比克的时候，他正好在马普托。我们在卡多索酒店共进午餐，在那里可以将马普托湾优美的风景尽收眼底。扎伊德·阿里的曾祖父在殖民时代从印度来到当时仍为葡萄牙殖民地的莫桑比克，他的家族已经在这 53
个国家繁衍了好几代人。莫桑比克独立前阿里曾在葡萄牙的军队里当兵，他最终进入商界，开了一个小餐馆和一家旅馆，并有着远大的目标。2003 年，他决定租下离贝拉市约 100 公里的一处占地约 1.5 万公顷的农场。这个农场最初为葡萄牙人的种植园，后来英国的朗荷公司（Lonrho）与莫桑比克政府成立合资公司，共同经营这个农场。该农场引以为豪的是其拥有一所学校、一家医院、各种办事机构，以及可供 150 个工人居住的房屋。

---

① 鞍山粮油进出口公司承包了这个农场。Sérgio Chichava, “China in Mozambique's Agriculture Sector: Implications and Challenges,” Instituteof Social and Economic Studies (IESE), Maputo, November 2010, p. 5, http://www.iese.ac.mz/lib/noticias/2010/China%20in%20Mozambique_09.2010_SC.pdf. 关于一开始不顺利的情况，参见《合作简介（中、莫双边经贸、技术合作）》，中国驻莫桑比克大使馆经济商务参赞处，2008 年 8 月 1 日，http://mz.mofcom.gov.cn/aarticle/zxhz/200203/20020300004293.html。

阿里了解一些农业方面的事情。“我在独立后的第一份工作是经营我父亲的那个占地47公顷的农场。”他告诉我说。但他对大豆不太了解，于是他前往了另外一个葡语国家巴西。正是在那里，他邂逅了正在考察巴西大豆行业的中国粮油的一个代表团。

阿里带着巴西的一位大豆专家回到了莫桑比克，但他一直对在巴西见到的中国人念念不忘。“我确认了他们的身份。”他说。然后他决定前往北京拜访他们。阿里建议中国粮油到莫桑比克与他合作：种植与加工大豆和玉米，并运营一家现代化的家禽养殖场。中国粮油派了一个专家组前去莫桑比克考察，在看到那里的潜力后，他们决定进行投资。“我们计划做一番大事业。”阿里告诉我。他们同意出资600万美元，派遣12个专家，提供20辆拖拉机和所有生产鸡蛋和家禽所需的设备。阿里将成为小股东。这似乎已经为另一个正大集团搭好了舞台。

然而到2006年，这个项目已经被废弃。南非学者菲利普·阿散兹（Philippe Asanzi）指出，这个合资项目之所以失败，一方面是因为土壤，另一方面是因为他们希望从中国引进的技术人员当中有些无法获得工作许可证。[①] 中国驻马普托经济参赞则补充说，问题的关键在于莫桑比克无法对大豆种植进行系统的支持，没有研究机构或私人企业会帮助他们测试不同的品种，也没有人在使用化肥和控制病虫害方面向他们提供建议。[②] 阿里认为最主要的问题是水。“农场需要灌溉系统。”他解释说。2005年，种子被播下后，降雨却姗姗来迟。那场大旱对这一地区140多万人造成了影响。中国粮油开始在北京游说，希望获取贷款以在附近的赞古河上修建一座大坝。“如果我们修建了大坝的话，这个项目就成功了，”阿里回忆说，“那里的土壤非常适合种植大豆。在第

---

① Philippe Asanzi, “Chinese Agricultural Investments in Africa—Interests and Challenges,” *China Monitor*, 69, (2012): 4 -9.

② 见笔者2014年11月14日在马普托对中国经济参赞的采访。

一年，我们每公顷收获了 5 吨大豆，这几乎是巴西大豆产量的两倍。”

对这个横跨半个地球的项目而言更为不幸的是，当时中国的巨型国有企业正在经历新一轮的调整，希望借此成为名副其实的国家冠军企业。2007 年，[①] 中国粮油被中粮集团有限公司（简称“中粮集团”）所取代，成为中国最大的商品交易商的子公司。[②] “中粮 54
集团决定关闭我们的公司，”扎伊德说，“他们认为莫桑比克太危险了。”几年后，中粮集团董事长宁高宁对在非洲的这一经历进行了反思，建议中国投资者不要到非洲购买土地，而是应该购买非洲农民的农产品。[③]

当我告诉他宁高宁的看法后，阿里就此摇起了头。“为获得贷款我用旅馆作为抵押，”他告诉我说，“我差点血本无归。我们都有所损失。”但当我们吃完午餐在卡多索酒店的草坪上散步的时候，他总结说这一经历价值千金：“中国人非常棒，我从他们那里学到了很多东西。”

本章从历史的角度、用对比的方式对中国当前在非洲的活动进行了考察。我们可以看到，中国人对前往非洲投资农业的兴趣并不像人们通常所认为的那么引人注目，他们在摸索中稳步推进。我们还可以看到，经济更为发达的国家的政府及它们的企业是如何在中国将援助与生意结合在一起，建立示范中心以展示它们的技术的。因为即将加入世界贸易组织，中国更加急切地需要实现农业现代化，中国政府也因此而支持外国企业的介入。在接下来的章节里，我们将看到随着中国日益加大进入非洲市场的力度，这些模式将被不断效仿。当中国政府的规划者和顾问，以及中国企业在探索如何

① 原文为 2006 年，但实际为 2007 年。——译者注

② “COFCO Group, China's Largest Food Processer (Company Profile),” ChinaAg, November 11, 2012, http://chinaag.org/2012/11/11/cofco-group-chinas-largest-food-processer-company-profile/.

③ 《中粮宁高宁：海外收购阻碍少　惟非洲政治变化大》，凤凰网，2013 年 1 月 14 日，http://finance.ifeng.com/hk/sckx/20130114/7554506.shtml。

与非洲开展经济合作的时候，这些国内的经验将对他们的预期产生决定性的影响。

如何将这些预期转变成相关政策？我们将在第四章对这一问题进行详细的考察，并对中国计划将上百万农民派往非洲这种流传很广的谣言，以及中国政府计划到海外圈地以保证中国粮食供应这类
55 故事，进行深入的分析。

第四章　农业"走出去"

——激励、机构与政策

2006～2009 年，中国记者曝出了一些引起国际媒体激烈反应的报道。其中一些报道表明，北京将把中国农民送往非洲定居并经营农场。另外一些报道则暗示，中国正在考虑到非洲获取大量土地以种植其自己需要的粮食。

我们首先来看与中国农民有关的报道。[①] 2006 年年底，有传言称河北省已经有上万名农民定居在非洲各地的"保定村"。2007 年，中国进出口银行行长李若谷在重庆新成立支行的时候发表了讲话。李若谷指出，重庆将有几百万农民工离开土地，如果重庆政府成批地组织一些农民工到非洲开设农场，中国进出口银行将在资金和技术等方面给予支持。李若谷的讲话还有其他版本，称李若谷还加上了这么一句话：如果重庆政府能够说服农民工"到国外去当地主"，重庆的劳务输出将会真正"腾飞"。非洲博客和报纸的反应充满担忧，到处都是"中国将向非洲倾销失业的农民工"之类的报道。最后在 2009 年，有报道称，据说中国的全国人民代表大会曾讨论过一项将 100 万农民送往非洲种地的提案。正如我在引言中所指出的那样，这个报道后来变成了——至少有一名美国记者这么认为——讨论是否要将"1 亿"中国人送往非洲。

① 关于保定村的详情，参见 Brautigam, *The Dragon's Gift*, pp. 267 – 270 and 367；同时参见 Susan Ramsay, "China Sees the Continent as an Ideal Source of Raw Materials and Oil—With Farmland Aplenty for Displaced Peasants," *South China Morning Post*, November 25, 2007。关于重庆的故事，引自中国进出口银行《重庆农户可去非洲开农场》，《重庆日报》2007 年 9 月 18 日。关于"海外地主"的引用来自 Ramsay, "China Sees the Continent"。我们没能找到这方面的中文资料。博客引自"China to Dump Its Unemployed Rural Laborers onAfrica," *African Agriculture* (blog), September 26, 2007, http://www.africanagricultureblog.com/search/label/China（网页已无法访问）。关于全国人大的讨论可参见"China: Latest Africa Foray: Altruism or Hegemony?" Inter Press Service, June 9, 2015, http://www.ipsnews.net/2009/11/china-latest-africaforay-altruism-or-hegemony/。

2008年春，一个与上述报道大同小异的有关圈地的报道开始
56 浮出水面。在短短2个月的时间里，全球大米的价格飙升近75%，每公斤玉米的价格翻了一番。海地贫民窟的居民因恐惧和愤怒而持续骚乱了一周，他们的政府因此下台。在开罗，领取补贴面包的队伍有好几个街区长，排队的人甚至大打出手。随着粮食价格暴涨，中国的记者们又曝出另外一则报道，该报道被《金融时报》在5月8日以《粮食驱使中国紧盯海外土地》为题加以引用。该报道宣称，中国农业部已经起草了一项通过到海外获取大型农场增加中国粮食安全性的提案。[①] 这篇文章指出，尽管中国已经出台促进在境外银行业、制造业和石油产业投资的相关政策，但迄今在农业领域还没有此类政策。因此，中国在海外所占有的土地“仅限于一些小型项目”。这篇文章警告指出，如果中国企业在它们的海外农业投资中利用中国劳动力，则将产生“严重的问题”。如此一来，《金融时报》巧妙地将圈地问题与有关中国移民的争论联系在了一起。

这些报道的准确性如何？无论在中国国内还是在国际社会，它们都广泛传播且引起了激烈争论。它们成为如下观点的基础：中国正在非洲大规模获取土地并种植粮食，再将这些粮食运回中国，中国还正在派遣中国农民前往非洲做这件事。然而直到2005年，都没有任何证据表明正在发生诸如此类的事情。要想理解在这一关键时刻到底发生了什么，我们首先需要考察中国在这一领域的政策是如何开始，以及如何演进的。本章将主要根据中文媒体的讨论和相关文献来探查这些报道，并将重点探讨塑造了中国对外农业投资的激励措施、机构和政策。请原谅我将对此加以详尽的分析与介绍。

从援助到生意

首先，我们已经看到在这个时候，中国的农业综合企业已经有

---

① Jamil Anderlini, “China Eyes Overseas Land in Food Push,” *FT*, May 8, 2008.

了几十年的海外经验。中国企业早在1979年就被允许前往国外投资。[①] 中国总理赵紫阳在1982年访问非洲时表示，中国希望在非洲大陆建立合资企业。然而，海外投资项目需要通过严格的审批系统。具有讽刺意味的是，尽管中国现在拥有巨额的外汇储备，但决策者仍然担心中国没有足够的外汇来冒险进行大规模的对外投资。严格管控对外投资也反映了对市场的不信任，以及因中国企业缺乏经验而采取的现实主义态度。这些管控将会非常缓慢地被逐步放松。

尽管存在这些困难，中国企业还是进行了一些投资。事实上，中国对非洲的第一笔投资并不是流向矿业或石油产业，而是进入了农业，以及制造业和远洋渔业。正如我们在马里所看到的那样（第三章），大多数早期前往非洲的企业最初所承担的都是中国的援助项 57
目。当我在20世纪80年代中期作为博士研究生小心翼翼地穿行在西部非洲稻田的田垄上时，我遇到了一些中国农业综合企业的投资者。[②] 一家名为中国农业公司（China Agricon）的企业抵达塞拉利昂从事咨询服务，将中国专家出租给其他农业综合投资者。中成集团经营了塞拉利昂的马格巴斯（Magbass）糖联。在中国于苏丹从事第一笔石油投资（1995年）和于赞比亚从事第一笔矿业投资（1997年）之前，中垦集团已经在6个以上的非洲国家租赁了至少7个农场。在第六章和第七章，我们将会讨论其中一些具有开创性的企业。

然而，中国海外农业综合投资的步伐仍然十分缓慢。到2008年，中国已经完全融入全球农业贸易，成为“世界第四大农产品进口国和第五大农产品出口国”。[③] 然而尽管中国自1978年以来在自身

---

① 本段资料引自 Duncan Freeman, “China's Outward Investment: Institutions, Constraints and Challenges,” *Brussels Institute of Contemporary China Studies*, *Asia Paper* 7, no. 4（2013）: 22, http://www.vub.ac.be/biccs/site/assets/files/apapers/Asia% 20Paper% 207,% 204% 20 -% 20Duncan% 20Freeman.pdf; Wenbin Huang and AndreasWilkes, “Analysis of China's Overseas Investment Policies,”（Bogor, Indonesia: CIFORWorking Paper 79, 2011）。

② Deborah Brautigam, “Doing Well by Doing Good,” *CBR* 10, no. 5（1983）: 57 - 58.

③ 本句及下一句的数据引自《为什么要提高统筹利用国际国内两个市场、两种资源能力?》，新华社，2008年12月24日，http://news.xinhuanet.com/newscenter/2008 - 12/24/content_ 10551287.htm。

的农业领域已经获得了300多亿美元的外国投资，但当年累计境外农业投资只有9亿多美元。

开始“走出去”

“走出去”一词在世纪之交、中国即将加入世界贸易组织的时候开始得到广泛应用。中国的上层决策机构为国务院。中国政府的三个部委、两家政策性银行，以及我们在第三章中见到的国有农垦系统和国有农业综合企业（它们在整体上被称为“中垦集团”），处于中国发展型政府支持的农业“走出去”框架的核心。

商务部

商务部位于北京市中心，坐落在天安门广场东部，其新的办公大楼为典型的宝塔形屋顶，在长安街附近的几个街区异常醒目。商务部主管中国驻外大使馆下属的经济商务参赞处。如果中国企业希望在对外经济活动中获得支持，可以前往商务部对外投资和经济合
58 作司寻求帮助。在中国发展型政府的传统中，该司的职责是利用财政部分配的资金，为企业提供激励措施，也就是为鼓励它们前往国外投资提供“胡萝卜”。

农业部

农业部也位于北京市中心，但所处的街道没那么出名，办公大楼也要老旧一些。尽管我们在本书所关注的重点为种植业，但农业部还主管林业、畜牧业和渔业活动。农业部所主管的主要是国内事务：提高产量、确保粮食安全、帮助实现结构转型和升级。然而，农业部也有两个部门为“走出去”提供支持：国际合作司和对外经济合作中心。它们的职责与商务部对外投资和经济合作司类似，主要为规划、审核和帮助实施（农业）对外合作项目。它们还与政府的其他部门携手，共同制定“走出去”的战略规划。

外交部

外交部的外交官们在中国对外经济合作中也发挥着重要的作用。在与经济有关的重大外交活动中，外交部通常会提供建议，帮助协议的磋商，并与政府其他部门相互协调配合。外交部国际经济司的主要职责为向“走出去”战略提供支持。外交部和商务部在经济外交领域密切合作，比如它们联合以国别为基础制定了指导对外投资的目录。

国家开发银行

国家开发银行那弧形外墙闪闪发光的办公大楼占据了北京
金融街附近最为优越的地理位置。国家开发银行位于中国发展
型政府的核心，其在 1994 年作为政府所有的政策性银行建立，
主要职责为通过战略性地利用财政手段来打破中国自身发展的
瓶颈。尽管国家开发银行的业务主要对内，但其在中国“走出
去”的过程中正发挥着越来越重要的作用。国家开发银行主要
提供商业贷款，其贷款并不是直接的补贴。国家开发银行已经
与中国的一些旗舰型企业建立了战略伙伴关系，它还为文化产 59
业（如电影和电视产业）、石油勘探和电信业等提供信贷额度，
以支持这些产业“走出去”。2007 年，国家开发银行建立中非
发展基金，该投资基金初始规模为 10 亿美元，并有望达到 50
亿美元。

中国进出口银行

中国进出口银行也在 1994 年作为政策性银行成立，为中国官方出口信贷银行。中国进出口银行三分之二的贷款组合为出口卖方信贷。这些贷款既可支持中国企业出口，也可支持它们到国外投资。中国进出口银行主要在收支平衡的基础上运营，也就是既不盈利，也不需要经常性补贴。它可以利用从商业贷款中获取的利润来补贴其政策性贷款，其中包括补贴给予贷方政府的优惠出口买方信

贷。它还会接收财政部的转移支付来补贴其援外优惠贷款（约占贷款组合的3%）。与国家开发银行一样，中国进出口银行也获得了中国政府的暗中担保，因此拥有和中央政府一样的信用等级。中国进出口银行在南非和摩洛哥设有办事处，而且其位于巴黎的地区性分行也支持其在非洲的业务。

农垦系统

我们在第三章介绍北大荒的时候看到了中国农垦企业（开荒与国有农场）的先驱。随着中国改革的进行，农垦企业被分离出主管部委和被商业化，成为自负盈亏的企业。在这些农垦企业当中，有些最终破产，有些则被合并为巨型农业综合企业。比如在2004年，中垦集团和其他几家国有企业一起成为中国农业发展集团有限公司（简称“中农发集团”）的成员企业。[①]

省级农垦企业的主管部门为所在地的省政府，而非由北京直接管辖。它们大部分成为股份制企业，如黑龙江生产建设兵团（现活跃在安哥拉）和黑龙江北大荒农垦集团总公司（现活跃在莫桑
60 比克，我们将在第八章中对此加以介绍）。有些省份将国有农场的功能并入了它们的地方农业部门，另外一些则将它们的农垦系统变成了决策和规划机构。

到20世纪90年代中期，为中国的全球化提供支持的机构已经就位，然而，国务院直到1999年才出台了第一份鼓励中国企业开展对外投资的指导性文件（见表4.1）。所有这些都表明，对于中国企业和中国政府而言，理清如何开展对外投资是一件相对较新——但并非全新——的事情。

---

① 1982年，农垦部被并入农业部。2004年10月，原中国水产（集团）总公司在与中国牧工商（集团）总公司重组后，通过吸收中国乡镇企业总公司和中垦（集团）总公司等为会员企业，组建成立中农发集团有限公司。中农发集团有限公司处于国务院国有资产监督管理委员会的管理之下。“Profile of the Corporation,” CNADC website, http://www.cnadc.com.cn/English/ProfileCorporation/, retrieved June 6, 2015.

"走出去"框架下的海外农业（2000～2008年）

中国的决策者从一开始就认为，"走出去"自然应该包括海外农业投资。这并不是什么秘密的计划，比如在2001年1月，中共中央及国务院宣布官方要在农业领域"正确"实施"走出去"战略，鼓励中国企业到境外建立农产品加工厂，加大开发国外土地资源的力度。[①] 这一指导意见来自高层，其中包括中国前国家主席胡锦涛，他在2003年曾呼吁中国企业"到境外开发土地、林业以及渔业等的资源"。

此外，中国在早期就开始关注非洲。2002年9月，外交部与商务部联合举办非洲农业合作研讨会。[②] 来自21个部委及60多家中国企业的代表参加了会议。主管对外援助工作的（前）商务部副部长魏建国发表了讲话。魏建国解释说，非洲国家已经把实现粮食自给自足作为首要战略任务，它们对与中国进行合作有很强烈的意愿。魏建国表示，中国已经为非洲农业提供了许多援助，但未来外援将发挥很小的作用："新世纪开展中非农业合作，要以企业为主体，市场为导向。我们将鼓励中国企业投资非洲农业。"

正如这段引文所表明的那样，中国投资至少在公开层面被标榜为帮助非洲国家实现粮食安全的一种手段。有些中国官员还认为"走出去"将帮助中国实现粮食安全，但在这方面并没有明确的说法。例如在2004年5月24日，新华社注意到政府正试图通过"鼓励

---

① 中共中央、国务院：《关于做好2001年农业和农村工作的意见》，《人民日报》2011年1月11日，http://www.people.com.cn/GB/jinji/31/179/20010213/394050.html（着重号为笔者所加）。本段引用的胡锦涛的话来自"Speech at the Central Rural Work Conference," January 8, 2003, http://www.reformdata.org/index.php?m=wap&a=show&catid=359&typeid=0&id=6347&remains=true（着重号为笔者所加）。

② "Africa: Top Option for China's Agricultural Investment," Xinhua, September 28, 2002, http://www.chinagate.cn/english/2925.htm. 本段的引文均来自此资料，着重号为笔者所加。

企业到国外租地种粮”来帮助解决中国的粮食问题。[①] 新华社援引了北京大学著名经济学者林毅夫（后来成为世界银行的首席经济学家）
61 的话。林毅夫表示，中国缺乏农田和水资源，这就使海外农业投资成为明显可取的选择。然而仅仅在此四天之前，农业部国际合作司司长牛顿曾对《中国日报》强调指出，中国将会养活自己的人民。

2004 年 6 月，商务部第一次举办以“走出去”战略为主题的国际论坛。商务部的一位官员告诉与会的客人（其中包括欧盟与非洲的代表），中国将尝试采取“多种形式”在国外建立农业基地。[②] 最终在 2006 年，商务部、农业部和财政部组建了一个由 14 个部委参加的部际工作小组，旨在“加快”实施农业“走出去”战略。该小组的工作主要包括：实现中国自身农业综合企业与商品交易者的现代化，提升中国农业出口的价值链，以及为农业海外投资提供新的激励措施。

因此，在 2008 年全球粮食危机初现端倪的时候，中国政府正在逐步改进其农业“走出去”的激励机制。我将在下文详细介绍这一激励机制，这其中包括对外投资产业导向目录、商务部的专项资金、外交部所主导的经济外交，以及与中国政策性银行签署战略合作协议。我们还将会看到，中国企业认为这些政策还不够，因而希望推动出台**更多**的政策。

对外投资产业导向目录

数十年来，中国一直在发布引导外国投资者在中国投资的产业指导目录。2004 年 7 月，商务部和外交部发布了三个对外投资产

① 这两个观点可参考“China Can Feed Its Own People: Official,” *China Daily*, May 20, 2004, http://english.peopledaily.com.cn/200405/20/eng20040520_143870.html; “China to Lease Overseas Farmland to Solve Food Problem,” Xinhua, May 24, 2004, http://english.peopledaily.com.cn/200405/24/eng20040524_144221.html。

② “Enhance International Cooperation and Promote Common Development,” MOFCOM website, June 3, 2004, http://english.mofcom.gov.cn/aarticle/translatorsgarden/famousspeech/200803/20080305440291.html. 关于粮食安全报告，参见焦建《中国粮食安全报告》，《财经》2013 年 12 月 9 日，http://finance.sina.com.cn/china/20131209/090817572042.shtml。

业指导目录中的第一个目录。[①] 这三个目录仍然都只有中文版，所有目录均涵盖五大产业门类（包括农业）和几十个国家。对于每一个国家而言，目录都突出了该国渴望获取投资的具体领域，以及中国对其特别感兴趣的领域。有些目录非常具体，如泰国的薯类种植或孟加拉国的黄麻种植，但大多数目录都相当笼统。那些经核准可对外投资的企业，优先享受中国政府在资金、外汇、税收、海关、出入境等方面的优惠政策。

我们就此可以看出中国在非洲的农业领域具有哪些目标。2004年，非洲所扮演的角色非常不起眼，在目录中的67个国家中，只有13个非洲国家。2005年的目录新增加了10个非洲国家，2007年的第三个目录又增加了10个非洲国家。即便把这三个目录中的
33个非洲国家合在一起，将农业或农作物种植作为建议投资导向 62
的国家也才只有12个。有些国家只有一种具体的农作物，如烟草（津巴布韦）、剑麻（坦桑尼亚）或棉花（埃及）。有几个国家提到的是某些种类的农作物，如果蔬（加蓬）、水果和坚果（尼日利亚）。在6个非洲国家——喀麦隆、埃塞俄比亚、赞比亚、几内亚、刚果（金）和贝宁，目录所规定的是宽泛的“农作物种植”。虽然菲律宾的产业导向包括水稻，老挝和柬埔寨包括“谷物”，但在这三个目录中，非洲没有一个国家包含有水稻或谷物的类别。我们不得不就此总结指出，至少到2007年，对非洲农业进行投资虽然已经被提上日程，但进展比较缓慢，而且中国政府并不鼓励中国企业前往非洲种植粮食以养活中国人。

专项资金

2005年12月，商务部与财政部设立第一笔对外经济技术合作

① 商务部、外交部：《对外投资国别产业导向目录（一）》，2004年7月8日，http：//www. china. com. cn/chinese/PI-c/626171. htm；《对外投资国别产业导向目录（二）》，2005年5月12日，http：//www. gddoftec. gov. cn/dept_ detail. asp? deptid = 1049&channalid = 1297&contentid = 10644；《对外投资国别产业导向目录（三）》，2007年1月31日，http：//www. fdi. gov. cn/1800000121_ 23_ 60729_ 0_ 7. html。

专项资金，为“走出去”提供一般性支持。[①] 自此之后，中国（到境外）投资农业及其他一系列重点支持产业的企业，将能够申请贷款贴息和前期费用直接补助，且单笔金额不低于300万元人民币（约合46万美元）。[②] 尽管商务部没有专门针对农业领域的资金，但从一开始，农业就登上了对外经济技术合作专项资金所涵盖的名单。各省政府也设立了支持企业“走出去”的专项资金，而且据说有的省份所提供的补助资金，要比商务部在国家层面提供的还多不少。

经济外交：中非合作论坛与对外援助项目

进入21世纪之后，中国外交部成为经济外交的积极参与者，尤其是与拥有许多小国的地区（加勒比地区、南太平洋地区和非洲）建立了“合作论坛”。中非合作论坛在2000年建立。[③] 这些论坛希望借建立经济联系、提供贷款、举办投资洽谈会，以及通过对外援助承诺来加强政治关系，来打造规模经济。

比如，为了实现中非合作从对外援助向经贸往来转变的目标，中非合作论坛委托著名管理顾问史永翔与40名专家共同为2006年中非合作论坛北京峰会设计了非洲投资路线图。该路线图建议北京借
63 鉴荷兰和以色列等国在中国所开创的道路：利用对外援助资金建立拥有先进研究实验室和学生公寓的农业技术示范中心。北京将为承建企业运营示范中心、开设课程、培训当地企业提供3年的对外援

① 财政部：《对外经济技术合作专项资金管理办法》，财企〔2005〕255号，北京，2005年12月9日，http://qys.mof.gov.cn/czzxzyzf/201112/t20111206_613354.html。本段其他资料引自 Guoqiang Cheng，“Foreign Agricultural Resource Utilization: Current Status and Problems,” *China Economic Times*, January 21, 2014；商务部对外投资和经济合作司：《关于做好2012年对外经济技术合作专项资金申报工作的通知》，财企〔2012〕141号，北京，2012年7月12日；以及2015年3月5日对中国农业部一名参赞的采访。

② 英文为3000万人民币（约合460万美元），但经查阅原文，应为300万元人民币（约合46万美元）。——译者注

③ 关于中非合作论坛的详情，可参见 Ian Taylor, *The Forum on China-Africa Cooperation (FOCAC)* (Oxford: Routledge, 2011)。

助资金，并在3年之后把示范中心转交给所在国。2006年中非合作论坛北京峰会正式公布了这一举措。中国政府还鼓励企业以这些中心为平台吸引其他投资，并设法盈利和实现自负盈亏。如此一来，不仅将有助于缓解此前困扰中国农业援助项目的可持续性问题，而且正如史永翔所告诉记者的那样，将“为中国农业企业创造许多机会”。[①]

截至目前，中国已经在非洲建立了20多个农业技术示范中心（见附录表3）。非洲各国政府可以将那些闪闪发光的新建筑作为它们渴望促进农业发展的证明。而且正如我们已经看到的那样，这些中心对中国的一些农业综合企业确实具有吸引力，比如湖北联丰就承建了莫桑比克的农业技术示范中心。杨浩民所在的陕西农垦也将在喀麦隆承建农业技术示范中心。

农业部与国家开发银行：战略合作协议

最终我们看到，2006年，农业部与国家开发银行签署了一份为期5年的协议，携手帮助中国农业实现现代化。[②] 国家开发银行此前已经与包括自然资源、造船和海外基建等众多产业签署了战略协议，但这是它第一次与农业部签署此类协议。协议规定，能够获得先进技术、提升贸易物流或开发“海外土地与水资源”的项目将优先获得贷款。截至2010年年底，国家开发银行共根据协议发放贷款约25亿美元，虽大部分贷款流向了中国国内的农业项目，但“走出去”项目也获得了约4.2亿美元贷款。

“步履艰难”

尽管出台了这些措施，中国企业仍然不愿意到国外进行农业投

① “Energy Partnership with Africa Based on Equality,” *China Daily*, June 22, 2006.

② “China Agri Ministry, Development Bank Support Agri Projects,” *SinoCast China Business Daily News*, November 22, 2006. 截至2010年年底，该项资金的结余为194.7亿美元，其中为“走出去”项目准备的有4.2亿美元。《农业部与国家开发银行签署规划合作备忘录》，商务部，2011年2月28日，http://www.moa.gov.cn/zwllm/zwdt/201102/t20110218_1821730.htm。

资，即便著名的企业家大省浙江的企业也是如此。“我们一直在做鼓励企业‘走出去’的工作，”浙江省的一位官员在2008年告诉记者，“但是到目前为止，浙江省‘走出去’的企业并不多。企业
64 也有比较强烈的意愿，但是还有很多问题。”[①] 农业部委托的一项调查发现，广西壮族自治区有20多家农业企业到国外投资，但平均投资额仅为200万元人民币（约合30万美元）。广东省的一家企业试图在国外建立橡胶种植园，但由于缺乏资金，其项目进展缓慢，难以按照预定时间生产。

2006年，中垦集团海外开发部负责人夏泽胜认为，在非洲进行农业投资风险大：有些在非洲投资的企业“步履艰难”。[②]（我们将在第六章看到他所指的是什么。）夏泽胜利用具有煽动性的语言推动中国政府更加关注非洲综合经营的潜力。至少44个非洲国家不得不动用稀缺的外汇进口粮食，他说。它们普遍为实现粮食自给提供了优惠政策。这为中国企业提供了机遇。夏泽胜建议中国政府为中非农业合作设立专项基金。中国应打造一支由各部委和大型企业组成的“国家队”，以在非洲实施“走出去”战略。

为了对上述问题做出回应，2007年，商务部、农业部、中国各农业生产大省及它们农业企业的代表齐聚一堂。[③] 湖北联丰介绍了在莫桑比克建立湖北—加扎友谊农场的工作经验。来自陕西的“鸵鸟王”介绍了其企业在喀麦隆所做的努力。这两家企业都解释说，它们在获得商务部支持之前投入了大笔资

---

① 本段所引用的人民币数额按照2009年的汇率被换算成了美元。滕晓萌：《海外买租地种粮政策建议方案上报国务院》，新浪网，2008年5月8日，http://finance.sina.com.cn/roll/20080508/01074842380.shtml。本段内容还引自《农业“走出去”：现状、问题与对策》，《国际经济合作》2009年3月20日，http://ccn.mofcom.gov.cn/spbg/show.phd?id=9007&ids=RMB；对外经济合作中心：《制约我国农业“走出去”的不利因素及未来发展战略》，农业部，2009年6月26日，http://www.fecc.agri.cn/dwtz/200803/t20080325_2063805.htm。

② 夏泽胜：《全面推进中非农业合作正逢其时》，《国际商报》2006年11月20日。

③ 滕晓萌：《海外买租地种粮政策建议方案上报国务院》；《农业“走出去”：现状、问题与对策》。

金，但现在均遇到了一些困难。私营企业抱怨说它们基本申请不到商务部的专项资金。此次会议之后，农业部开始探讨为农业企业“走出去”提供新的激励措施。与此同时，国务院下属最为重要的规划部门中国国家发展和改革委员会与14个部委和司局联合成立工作组，出台了《国家粮食安全中长期规划纲要（2008～2020）》。[①] 商务部和中国国际贸易促进会也已经计划在2008年4月举办一次对外投资的大型研讨会。它们决定在农业方面增加几个分会场。现在，我们来到了北京的那个多风的春日，也就是产生那条令人不安的新闻《粮食驱使中国紧盯海外土地》的日子。[②]

2008年4月和5月

2008年4月22日，600多人齐聚北京，共同出席第二届中 65
国企业跨国投资研讨会的开幕式。[③] 来自西伯利亚的冷空气不期而至，在猛烈阵风的吹打下，零零细雨洒落在北京的大街小巷。官员和投资者们在这恶劣的天气中，快步迈进会议室。上午的主题大会概述了总体性政策与机遇，下午一系列同时举行的分会的专题则各有不同。外国政府官员纷纷上台发言：“投资魁北克：你聪明的选择”“前往欧洲离岸操作的大门——英属马恩岛的优势”“加入成功团队：为何杜塞尔多夫在德国拥有增长最快的中国商业社区”。

有两个分会场强调了农业领域的投资政策和机遇。来自农业部的一位官员在第一个农业分会场发言。他表示，中国政府正在探讨

---

① “China to Make Unremitting Efforts to Ensure Grain Security: Report,” *China Daily*, October 19, 2008.

② Anderlini, “China Eyes Overseas Land In Food Push.”

③ “The 2nd Chinese Enterprises Outbound Investment Conference: Program (draft),” China Council for the Promotion of International Trade, April 11, 2008, http://english.ccpit.org/Contents/Channel_2094/2007/0704/90064/content_90064.htm, retrieved May 5, 2014.

新的激励政策，以鼓励中国企业扩大海外农业投资。茶歇之后，来自巴西、缅甸、埃及、哈萨克斯坦和加拿大的官员分别介绍了他们国家农业领域中的机遇。

第二天，新疆新天集团纪委书记张洗尘登台发言。20 世纪 90 年代末，新天集团在古巴建立了最大的农业合资企业，种植了 5000 公顷灌溉水稻并在当地销售。1998 年，新天集团在墨西哥的坎佩切州购买了 1255 公顷土地，种植水稻、西瓜和芸豆。在墨西哥投资的最初几年简直就是灾难，但新天集团坚持了下来，并终于在 2005 年获得了丰厚的利润。张洗尘告诉听众，国家应该为企业“租地种粮”甚至“买地种粮”提供更多支持。[①] 他表示，如果这些企业能够将粮食卖回中国，将有助于加强中国的粮食安全。

来自《北京晨报》的刘映花似乎是唯一报道这方面会议内容的记者。她在报道中指出：“农业部相关人士近日表示，国内企业赴海外开发战略性、短缺性农业资源，将弥补国内资源与需求的矛盾。”但这篇报道的中文标题稍有不同：《农业部建议企业海外“租地种粮”》。[②] 这个标题与 2004 年关于中国正在“鼓励企业到国外租地种粮”的报道基本没有区别。然而它们所处的时间点截然不同。正如我们在本章一开始所看到的那样，高粮价已经在许多国家引起恐慌，而且人们已经开始对发生在穷国的圈地行为表示担心。

国外媒体抓住了这条报道。5 月 4 日，美联社写道：“中国为了支撑其飞速发展的经济，已经因四处采矿和伐木而让世界千疮百
66 孔。现在它又转向农作物来供养其人民和工业。中国企业正在国外大规模抢购土地和签署农业种植合同。”[③] 4 天之后的 5 月 8 日，中国的另一家报纸重复了《北京晨报》的报道，但补充指出农业部

① 刘映花：《农业部建议企业海外“租地种粮”》，新华网，2008 年 4 月 29 日，http://news.xinhuanet.com/overseas/2008-04/29/content_8070829.htm。

② 刘映花：《农业部建议企业海外“租地种粮”》。

③ Denis D. Gray, “China Farms the World to Feed A Ravenous Economy,” AP, May 4, 2008.

正试图澄清其立场，农业部官员告诉记者，农业部还没有出台鼓励企业到国外通过买地、租地生产粮食的措施。[①]《金融时报》的文章在当天晚些时候见报，其中的一段文字产生了重大的影响。

> 根据北京正在考虑的一项规划，中国企业将被鼓励到国外，尤其是非洲和南美洲买地，以帮助确保（中国的）粮食安全。农业部起草的一份提案将会把支持中国农业企业到国外获取土地变成中国政府的一项政策。[②]

由于拥有数百万的读者群体，《金融时报》的这篇文章引起了广泛关注。中国政府也对此做出了回应。曾被农业部委派参加4月的会议且会讲英语的谢国力与记者进行了会面。《澳大利亚人报》记者罗文凯（Rowan Callick）引用谢国力的话说：“中国正在鼓励企业加强国际合作。但我们不会提供财政援助，我们还没有到研究或建议将具体国家作为投资目标的阶段。”[③]

中国农业部的一位官员也在英国《卫报》上做出断然否认：“到国外种粮根本不现实，尤其到非洲和南美洲种粮更是如此。非洲现在还有那么多人在挨饿，你怎么能将粮食运回中国呢？再说，这么做成本和风险都太高。中国政府的政策是鼓励所有企业，其中包括农业企业‘走出去’，就像鼓励矿业和石油企业‘走出去’一样。”这位官员进一步指出：“目前就我所知，中国政府并没有任何支持这类投资的详细计划。”然后他暗示在一段时间之后可能出台这类计划：“现在还太早，我们需要等一等，看投资如何才能成熟。”[④]

让我们稍微停一下。如果简单回顾近15年来“走出去”政策

---

① 滕晓萌：《海外买租地种粮政策建议方案上报国务院》。

② Anderlini, “China Eyes Overseas Land in Food Push.”

③ Rowan Callick, “Chinese Firms Eye Aussie Farmland,” *Australian*, May 12, 2008.

④ “Chinese Debate Pros and Cons of Overseas Farming Investments,” *Guardian*, May11, 2008.

的变迁（见表4.1），我们可以看到中国企业到国外种地的想法与过去相比并没有发生根本性的转变。农业并非在全球粮食危机之后才受到重视，一直以来，其就处于支持中国企业“走出去”的总体框架之中。学习如何对不同的部门（如农业综合企业）加以支持是一个渐进的过程，且经过了大量的实验。但正如我们所看到的那样，中国农业综合企业和相关分析人士正在急切地推动针对性政策，以鼓励中国企业到国外投资农业。他们希望中国的发展型政府
67 更多地介入进来。

表4.1　农业“走出去”：重要政策编年表

时间	政策
1979年	中国企业首次获准到国外投资
1989年	中垦集团进行第一笔海外农业投资（澳大利亚）
1994年	国家开发银行和中国进出口银行建立
1996年	国务院新闻办公室发布《中国的粮食问题》白皮书
1999年	国务院发布《关于鼓励企业开展境外带料加工装配业务的意见》
2000年11月	在北京举办中非合作论坛
2001年	第十个五年计划（2001~2005年）启动“走出去”战略
2002年	商务部与外交部联合举办非洲农业合作研讨会
2004年	中国媒体报道北京“鼓励企业到国外租地种粮”
2004年	《对外投资国别产业导向目录（一）》
2005年	《对外投资国别产业导向目录（二）》
2005年12月	《对外经济技术合作专项资金管理办法》（财企［2005］255号）
2006年	第十一个五年计划（2006~2010年）
2006年	农业部、商务部和财政部发布《关于加快实施农业“走出去”战略的若干意见》
2006年	农业部、商务部发布中非农业合作三年规划
2006年	农业部与国家开发银行签署战略协议共同推进农业现代化
2006年	组建部际工作协调领导小组以推进农业“走出去”战略
2007年	中央一号文件提出加速实施农业“走出去”战略

续表

时间	政策
2007 年	《对外投资国别产业导向目录（三）》
2007 年 1 月	2007 年农业部制定《农业“走出去”发展规划》
2007 年 3 月	国家开发银行设立专项资金
2007 年 9 月	中国进出口银行行长李若谷在重庆发表讲话
2008 年 4 月	举办第二届中国企业跨国投资研讨会
2008 年 11 月	国务院印发《国家粮食安全中长期规划纲要（2008～2020）》
2008 年 12 月	农业部与中国进出口银行创建对外农业合作贷款项目
2010 年	中央一号文件提出加强国际农业科技和农业资源开发合作
2010 年	中非农业投资有限责任公司成立，注册资金为 10 亿人民币（约 1.16 亿美元）
2010 年	农业部部长韩长赋表示，中国农业企业实行“走出去”战略的时机已成熟
2011 年	第十二个五年计划（2011～2015 年）提出农业部的任务包括农业“走出去”规划
2011 年	《关于做好 2011 年对外经济技术合作专项资金申报工作的通知》（财企［2011］76 号）提出，关键部门包括境外农业
2012 年	《关于做好 2012 年对外经济技术合作专项资金申报工作的通知》（财企［2012］141 号）提出，关键部门包括境外农业
2012 年	农业部、国家开发银行签署《开发性金融支持我国农业国际合作协议》
2013 年	中共十八届三中全会提出要加快农业“走出去”步伐
2014 年 1 月	中央一号文件提出加快实施农业“走出去”战略
2014 年 12 月	中央农村工作会议提出，中垦集团企业应“走出去”开发资源

这些故事是否准确地讲述了发生在权力决策背后的故事呢？就正在起草新的政策而言，《金融时报》是正确的；但就我们所看到的事实而言，很难找到可支持那篇文章所持的一些关键假设和结论的证据，即中国最近才对海外农业感兴趣，这种兴趣源于粮食价格的高涨，中国的决策者迄今在“走出去”政策中没有关

注农业，抑或北京正在培育一项到非洲和拉丁美洲获取土地的新的重大政策。

新闻报道之后

在本书写作的时候，距那个粮食价格高涨与中国不断努力改进其农业“走出去”政策相结合，从而导致农业部陷入公共关系噩梦的“多事之春”，已经过去了7年。中国的决策者根本没有想
69 到，只是希望从国外获取大量土地种植粮食并运回中国的想法，就引起了如此轩然大波。其中一个2008年在中国媒体上报道这一事件的记者告诉我：“我们在中国公开谈论这个问题。没有人认为政府鼓励到国外获取土地是错误的。相反，人们认为政府的行动过于缓慢。农业部在我写了这篇文章后批评了我。他们说我的文章是在为‘中国威胁论’火上浇油——我真的没想到会是这样。”

我们将会看到，仍然没有确凿的证据表明中国政府在考虑把到非洲或其他地区获取土地这一重大新政策作为中国粮食安全规划的重要支撑。在2013年12月召开的中央农村工作会议上（每年的农村工作会议都会为下一年度的农业政策提供重要的政治信号），中国国家主席习近平重复了一句老话：“我们的饭碗应该主要装中国粮。”① 曾于2013年年底在中国著名财经类杂志《财经》上就中国粮食安全发表了一篇重要报告的焦建指出，海外农业在中国粮食安全中的角色仍然“非常不明朗”。② 接下来，我们将探讨一些具体的问题。

长期粮食安全：“我们的饭碗应该装中国粮”

在为中国最高战略规划部门国家发展和改革委员会起草中国粮食安全长期规划纲要的工作小组中，没有包含任何一个如果海外农业被视为一项重要政策就应该被包括进来的机构。无论是商务部、

---

① “China to Deepen Rural Reforms,” Xinhua, December 24, 2013.

② 焦建：《中国粮食安全报告》。

外交部，还是政策性银行，都不在小组成员之列。[①] 2008～2020年的国家粮食安全规划纲要在2008年11月公布，不出所料的是，它并没有提及任何关于依靠海外土地的事宜。[②] 规划纲要关于“走出去”部分强调的是贸易：中国将与世界重要产粮国和产油国，如巴西和美国，建立长期、稳定的合作关系。

为介绍该规划纲要，国家发展和改革委员会举办了新闻发布会。美国之音的记者问道，中国鼓励企业“走出去”的规划是不是指传闻中海外屯田以提升中国粮食安全的计划？张晓强回答说，该规划不是海外屯田计划：“[我们希望] 建立稳定、可靠的进口粮源保障体系，这个粮食是广义的，包括大豆和食用植物油。”[③] 这一回答应该旨在提醒在场的很多人，当中国因加入世贸组织而放开大豆市场后，其国内大豆加工企业在效率高很多的国外竞争者面前，损失异常严重。阿彻丹尼尔斯米德兰公司、邦吉公司、嘉吉公司、路易达孚公司和丰益国际（Wilmar）等外国公司很快便控制了中国整个大 70
豆加工产业60%的份额。[④] 张晓强最后表示：“在国际大豆的采购、物流等方面有一个稳定、可靠的体系，应该说这是我们当前的关注点。”

省长的“米袋子”

在中国，粮食安全不仅是中央政府的职责，各省政府也必须确保粮食安全。这被通俗地称为“米袋子”省长负责制。安全并不等同于自给自足。各省官员可以通过本地生产的粮食、从其他省份

---

① “China, Outline of China's Medium- to Long-Term Food Security Plan (2008 - 2020)," International Poverty Reduction Center of China, Beijing, http://www.iprcc.org/front/article/article.action?id=617, retrieved October 14, 2014.

② “National Framework for Medium-to-Long-Term Grain Security, 2008 - 2020," Xinhua, November 11, 2008, http://www.gov.cn/jrzg/2008-11/13/content_1148414.htm.

③《无海外屯田计划　今后食用油加工领域中方控股》，金融界财经频道，2008年11月13日，http://finance.jrj.com.cn/2008/11/1211242754114.shtml。

④ Xiang Li, “No End to Soybean Wars," *China Daily*, April 20, 2009;《发改委：今后食用油加工领域中方控股》，银河期货，2008年11月13日，www.yhqh.com.cn/index.php?m=content&a=show&c=index&a=show&catid=245&id=51018。

买入的粮食，甚或从其他省份获取土地，来确保本省人民的粮食供应。这有助于解释为何省里的企业和研究人员会三番两次建议在非洲获取更多的土地来确保本省的粮食安全。

2010 年，两位湖北籍研究人员（其中一位在国家开发银行支行工作）建议湖北建立“海外粮仓”。[①] 几年之后，正如我们将在第八章中看到的那样，来自湖北省的私营企业万宝粮油有限公司将以类似的模式在莫桑比克建立友谊农场。这个农场将首先帮助解决非洲的粮食供给问题，但从长期来看，它将成为中国的“海外生产基地”。2014 年，在南部非洲将为中国粮食安全提供“外建粮源基地”的鼓舞下，福建省重要沿海城市厦门的粮食行业协会与东南非共同市场（COMESA）签署战略合作协议，以保障“厦门的粮食安全”。

众所周知，中国的各个省份可独立开展对外经济交往，而且如上所述，许多省份已经设立专项资金以支持“走出去”。某些省份，如安徽省，甚至设有专门针对海外农业的省级资金。尽管海外粮仓或许并不是中央政府的政策，但有些省份可能将国外农场视为帮助省长装满“米袋子”的一个手段。

钱的流向

作为中国粮食安全方面的一项策略，资金方面的重大改变应该
71 为到海外获取土地提供最为重要的线索。然而在此还有另外一件让我们感到非常疑惑不解的事情。2008 年 12 月，中国进出口银行悄悄地与农业部签署战略合作协议，成立 80 亿美元的对外农业合作

① 本段参见《关于加快推进湖北农业“走出去”的调研报告》，湖北省人民政府政研网，2010 年 4 月 28 日，http://www.hbzyw.gov.cn/News.aspx?id=10267；“About Us,” Wanbao Grains and Oil，http://en.wblyjt.com/comcontent_detail1/&FrontComContent_list01-134211484ContId=e5b9b9e7-f4b5-4279-ab90-94da50605e3a&comContentId=e5b9b9e7-f4b5-4279-ab90-94da50605e3a.html，retrieved June 10，2015；陈韵、廖丽萍《厦门鼓励企业到非洲种粮》，2014 年 4 月 22 日，http://finance.china.com.cn/roll/20140422/2353551.shtml。

贷款项目，为中国农业综合企业“走出去”提供财政支持。[①] 农业部与中国进出口银行的贷款项目创造了一个重要的新渠道，可帮助中国农业综合企业走向全球。就像国家开发银行的贷款一样，该贷款项目也被适用于各类不同的项目，其中包括海外农业的营运成本或建设成本（但不包括购地费用）。该贷款项目几乎就是李若谷在2007年9月所谓的资金支持。正如李若谷所指出的那样，获得贷款就相当于获得了进出口银行和农业部的项目援助。这或许也是农业部官员在2008年4月的会议上宣称正在出台相关计划帮助中国农业综合企业的时候，其心中所设想的贷款项目。

然而迄今为止，对外农业合作贷款项目并没有培育大型对外投资：前80笔贷款平均每笔只有1000万美元。[②] 其中一位成功的申请者为安徽农垦集团有限公司与津巴布韦国防部的合资公司（见第八章）。“我们在2010年12月进入津巴布韦，”当我在2013年拜访那里的时候，总经理告诉我说，“中国进出口银行帮助了我们。他们给了我们5000万元人民币（约合800万美元）的优惠贷款，这个农场借此恢复了生产。”中国进出口银行需要不动产或股份（上市公司）作为抵押，此举限制了这些贷款的吸引力。

2010年6月，中农发集团和中非发展基金有限公司（简称“中非发展基金”）共同出资成立中非农业投资有限责任公司（简称“中非农业投资公司”）。中非农业投资公司注册资金为10亿元人民币，主要业务是为中国投资非洲的种植业、渔业、畜牧业、加

---

① 农业部、中国进出口银行：《关于征集利用中国进出口银行贷款实施农业对外合作项目的通知》，湖南农业对外合作网，2011年7月13日，http://www.hnagri.gov.cn/web/gjhzc/tzgg/content_77636.html，访问日期：2015年6月16日。还可参见李若谷《走出去战略的历程与发展》，《中国金融》2011年12月1日，http://www.cnfinance.cn/magzi/2011-12/01-14016_3.html；China Eximbank, *Annual Report 2013*, p. 32。

② 农业部、中国进出口银行：《关于征集利用中国进出口银行贷款实施农业对外合作项目的函》，农外字（2014）3号；台州市农业龙头企业协会，http://www.tznylt.com/xhgk_189508.htm?aid=278331；China Eximbank, *Annual Report* 2013, p. 32。

工业和非洲市场提供合适的平台。[①] 截至2012年4月，中非发展基金对农业相关项目的投资总额仅为5700万美元。

巧合的是，国家开发银行和中国进出口银行均向非洲国家政府提供了更多的财政支持，以投资这些国家自身的农业部门。2009年，国家开发银行向安哥拉政府提供了15亿美元的信贷额度，用于投资农业项目。我们还将在第五章看到，3家中资企业正在安哥拉政府的委托下，开发其13个大型国有农场中的7个。据报道，中国进出口银行向埃塞俄比亚政府提供了1.23亿美元的贷款，用于在其东北部建设一家制糖厂；而在2013年，国家开发银行也承诺向埃塞俄比亚提供超过5亿美元贷款，以在南奥莫地区建设两家制糖厂。[②]

2013年3月，国家开发银行发放了截至当时在非洲单笔金额
72 最大的农业贷款——5亿美元。[③] 这笔贷款将资助印度尼西亚最大的棕榈油生产商——备受争议却经验丰富的金光集团（Sinar Mas Group）——在利比里亚开发资金总额为16亿美元的棕榈油项目。这项资金转移并不是为了获取土地以确保中国的粮食安全，它表明国家开发银行日渐成为一个重要的国际商业银行。

至于全球农业综合企业在中国领导人心中的重要性，我们可以从以下对比中看得很清楚：中国进出口银行的对外农业合作资金项

---

① 《关于我们》，中非农业投资有限责任公司，http://www.caaic.com.cn/Article_List.aspx?columnID=1，访问日期：2015年6月10日；Ntandoyenkosi Ncube, "Interview: China-Africa Development Fund to Increase Agriculture Investment in Africa," Xinhua, May 20, 2012。本段内容还引自CDB, "$57mn Invested in Agriculture by China-Africa Development Fund," press release, May 31, 2012, http://www.cdb.com.cn/english/NewsInfo.asp?NewsId=4159。

② Ministry of Finance and Economic Development, "Public Sector Debt Bulletin No.9," Debt Management Directorate, Federal Democratic Republic of Ethiopia, Addis Ababa, Ethiopia, October 2012；《埃塞糖业公司与国家开发银行签署贷款协议》，中国驻埃塞俄比亚大使馆经济商务参赞处，2012年9月28日，http://et.mofcom.gov.cn/article/jmxw/201209/20120908364782.shtml。

③ Golden Agri-Resources Ltd, "Miscellaneous: Banking Facility for Golden Veroleum Limited of USD 500 Million," Singapore Stock Exchange, March 13, 2013.

目仅为80亿美元，而中国的政策性银行仅在2011～2013年就向中粮集团这一家农产品贸易企业提供了超过90亿美元的资金。[①] 中国领导人确实希望实现国内农业的现代化和促进对外农业综合投资，但资金的流向表明，他们更希望至少培育一家全国性的龙头企业与美国的嘉吉公司展开竞争。

外来农民

至于人们所担心的中国正在计划将其离开土地的农民运往非洲这件事，其情况又是如何呢？迄今我尚未发现任何线索表明中国官方有推动大规模重新安置的政策；与之相反，中国只是在不断出台类似的政策来推动依托于临时合同的劳务输出，而且正如第三章所表明的那样，这是中国从1978年就开始实施的举措。与其说中国进出口银行行长李若谷在2007年的演讲是在号召移民，还不如说他是在为中国进出口银行将通过对外农业合作贷款项目提供服务打广告。对于各省召集的那些投资者（如湖北省召集的在莫桑比克组建湖北联丰的那些投资者，见第一章）而言，他们正在计划的小额贷款可能正好合适。中国的农民不可能通过这个项目大规模涌入非洲。中国目前在非洲开展的几十项海外农业投资只使用了非常少的中国工人，而且这一局面不可能发生任何根本性改变。

至于“保定村”的传说呢？这个故事源于一个名叫刘建军的企业家，此人曾为河北省保定市的政府官员。刘建军获得了相当多的媒体关注，因为他宣称自己将至少1.58万名保定人安置到了17个非洲国家的几十个“保定村”。然而，沙伯力（Barry Sautman）、严海蓉、乔什·迈约（Josh Maiyo）、索朗·郭·查特拉德（Solange Guo Chatelard），以及我自己等田野学者都没能在非洲大

---

① 2011年，中国农业发展银行向中粮集团提供300亿元人民币（约合47亿美元）的信贷额度，用以加强其在全球的地位。2013年，国家开发银行又增加了300亿元人民币的信贷额度。

陆上找到哪怕一个这样的中国村庄。[①] 我2008年曾就刘建军声称
73 的在赞比亚建立了居住有380个中国农民的富裕的“保定村”这件事询问赞比亚农业部一位名叫伊马塔·阿卡尤博瓦（Imataa Akayombokwa）的主管。他告诉我：“这完全是一个神话。”来自荷兰和澳大利亚的一个人类学家小组指出，中国网民在15个被宣称有保定农民的非洲国家开展了“保定村：你在哪里？”的调查活动，他们也没有发现任何一个“保定村”。然而这个故事就像僵尸一样，总是拒绝“躺下来死去”。

最后，所谓全国人大“讨论”将上百万中国农民运往非洲又是怎么回事呢？在人们的眼里，似乎中国的立法机关所讨论的是一项严肃的官方提案。确实有这么一项提案，提案人为全国人大代表、著名农业科学家、“模范工人”、“杂交谷子之父”赵志海。赵志海所在的河北省农业科学院[②]已经与距亚的斯亚贝巴130公里的埃塞俄比亚农业研究中心联合开展了商业杂交谷子试验。赵志海曾前往埃塞俄比亚监督试验进程。[③] 他告诉一名中国记者，这一经历促使他建议中国政府通过一项官方战略，即通过将100万失业人

① Brautigam, *The Dragon's Gift*, pp. 267 – 270 and p. 367; "The Latest on the Baoding Villages," *MQVU* (blog), Aug. 6, 2009, https://mqvu.wordpress.com/tag/yan-hairong/; "Is *Baoding Cun* a Hoax? Or a 'Cultural Phenomenon?' Have You Heard about the Story of the Baoding Village in Africa?," *MQVU* (blog), Feb. 20, 2010, https://mqvu.wordpress.com/2010/02/20/baoding-villages-again/. 来自荷兰的博士在读生乔什·迈约设法调查了一个据报道位于乌干达（但实际不存在）的“保定村”，参见 Josh Maiyo "The Political Ecology of Chinese Agricultural Investment in Uganda: The Case of Hanhe Farm," SAIS-CARI Policy Brief No. 1/2014, Washington, DC: Johns Hopkins University School of Advanced International Studies, CARI, October 2014。关于这个故事是如何反复出现的，有一个很好的例子，参见 Clifford Coonan, "China's New Export: Farmers," *Independent*, February 19, 2010。其作者柯南在报道这个故事的时候，自己并未前往非洲。

② 赵志海的工作单位为张家口市农业科学院。——译者注

③ 中文媒体最初关于此事的报道，来自赵彬《人大代表：国家应支持百万农民到非洲创业》，网易财经转载自《燕赵都市报》，2009年3月12日，http://money.163.com/09/0312/10/546SKEFC002537HU.html。还可参见 Deborah Brautigam and Xiaoyang Tang, "An Overview of Chinese Agricultural and Rural Engagement in Ethiopia," IFPRI Discussion Paper 01185, May 2012, p. 12, http://www.ifpri.org/sites/default/files/publications/ifpridp01185.pdf。

员运往非洲种地，来解决中国的失业问题和非洲的粮食短缺问题。在我就赵志海的提案询问北京农业大学的一位同僚时，她皱着眉头反问道：你们的国会肯定也会从代表那里收到一些奇怪的提案，不是吗？他的提案在全国人大被认真讨论的可能性不大，但正如我们将在下文所看到的那样，这一提案曾在网上引起了轩然大波。

时机成熟了吗？

2010年10月，农业部部长韩长赋在会见中国大型农业企业时告诉它们：“目前中国实施农业‘走出去’战略的时机和条件已经成熟，我国农企尤其是大型农企要抓住全球化的历史机遇，作为中国农业‘走出去’的主要力量开拓国际市场。”[①] 5年过去了，中国的大型农业企业并没有抓住这一机遇，而且许多企业仍然对“走出去”明显缺乏热情。焦建在2013年12月9日出版的《财经》杂志关于中国粮食安全的封面文章中指出，中国只是海外农业综合经营的一个“迟到的小学生”。他说，抛开国际政治舆论压力不谈，在陌生且风险更大的异国环境中，中国还将面临和国内生产一样的如何提高效率的基本难题。此外，哪些企业将会成为战略执行者？国有企业拥有更多的资源，但极易被妖魔化。民营企业则
缺乏融资渠道且规模太小。这一问题肯定不会有简单的答案。 74

对于本章所讨论的中国农业“走出去”政策，我们最后需要说明的是其进展缓慢，而且负责这个占世界人口五分之一的国家的粮食安全的决策者还面临着严峻的挑战。其他国家仍在密切关注一切与中国试图大规模获取海外用地有关的蛛丝马迹。中国领导人根本不需要人提醒，就知道海外用地仍然是一个敏感的问题。尽管中

---

① 王超：《海外种粮须绕过第二代殖民主义门槛》，新浪网，2011年5月11日，http://finance.sina.com.cn/roll/20110511/19589826788.shtml。同时参见Mandy Zuo, “Farm Overseas to Help Nation, Companies Told,” *South China Morning Post*, September 7, 2011。

国在2014年开始放松对海外投资的审批手续,但中国政府仍表示任何进行大规模土地开发的计划都“比较敏感”,必须经由国务院批准。[①] 与此同时,中国国内则有很多人在抱怨需要提高海外农业投资在中国战略规划中的地位。这些问题导致出台明确的政策指导存在政治上的困难。

在我们的中国非洲研究计划(China Africa Research Initiative, CARI)小组花费数月的时间浏览中文媒体对中国农业对外投资政策的讨论之后,我得出了另外一个结论:这类投资可能将会大幅增长,不过并不能确定非洲将会是其主要目标。第一条线索是2014年12月刊登的一篇简讯,它介绍了中央农村工作会议的结果。“明年,”这篇简讯指出,“中央将加紧部署农垦改革,力促一些农垦企业巨头到国外去开拓资源。”[②]

第二条线索则要更明显一些。有中国分析人士报道指出,中国境外农业投资“尚处于初级阶段”。[③] 为了对此加以说明,我们需要看一下拥有6500亿美元主权财富基金的中国投资有限责任公司(简称“中国投资”)董事长丁学东在2014年6月发表的观点。丁学东在《金融时报》上撰文表示,中国投资计划跨越价值链,增加在农业领域的投资,并将重点放在扩大全球粮食供应上面。“农作物不会自己种到地里,”他说,“满足世界粮食需求将需要长期投资。”[④]

然而,如果未来萌生于过去,那么随着中国的决策者不断试验

---

① Jay Si and Joseph D. Weinstein, “New NDRC Regulatory Measures on Outbound Investment Effective May 8, 2014,” Davis Wright Tremaine LLP, May 22, 2014, http://www.dwt.com/New-NDRC-Regulatory-Measures-on-Outbound-Investment-Effective-May-8-2014-05-22-2014/#_ftn4n.

② 孙春芳:《农村工作会议定调农业现代化路径:粮食安全为首务》,新浪网转引自《21世纪经济报道》,2014年12月24日,http://finance.sina.com.cn/china/20141224/014621148668.shtml。

③ 比如可参见程国强《我国境外农业资源利用现状与问题》,《中国经济时报》2014年1月21日,http://jjsb.cet.com.cn/show_173908.html。

④ Xuedong Ding, “China Will Profit from Feeding the World's Appetite,” *FT*, June 17, 2014.

并总结经验教训，中国的对外农业综合投资政策将会继续稳步而非急剧地向前推进。中国可能会继续在国内生产大量大米和小麦以确保基本的粮食安全，保护这些粮食作物免收外来进口的冲击，就像当前日本用 800% 的大米进口关税所做的那样。我们还会继续看到，中国的政策关注的是满足非洲的粮食需求。我们甚至可能还会看到，中国的商务部和外交部设立了专门针对农业的专项资金。而我们可能看不到的是，中国政府在推动中国企业到非洲获取土地、种植粮食并运回中国。 75

第五章 媒体攻击

——谷歌危险的诱惑力

2011 年，美国之音刊登了一篇关于中国海外投资的评论文章。[①]在华盛顿大西洋理事会（Atlantic Council）工作的一位非洲专家在文中表示，中国企业已经“在津巴布韦南部承包了 25 万多英亩土地种植玉米并出口到中国”。美国之音还采访了一位美国商学院教授，他是《中国导致的死亡》（*Death by China*）一书的作者之一，此人似乎证实了这件事情：“许多中国农民正在耕种津巴布韦的土地、种植粮食并运回中国，津巴布韦人却在忍饥挨饿。”如果这是真的，那它或许可以证实许多对中国前往非洲投资的担心，然而这两位专家都只不过是重复了我们所谓的“农村神话”——这是一个早在 10 年前就被散布的关于并不存在的中国农场的谣言。

另外一个与中国“圈地”有关的广为流传的神话，是在刚果（金）的所谓的 300 万公顷棕榈投资。这个故事在 2008 年 5 月以《中国到世界各地经营农场以供养其贪婪的经济》为题突然出现在国际媒体之上。[②]“中国通信巨头中兴国际已经购买了 700 多万英亩林地用来种植棕榈。”这篇文章宣称。一年之后，这个故事再次登上《经济学人》杂志，且自此被国际粮食政策研究所、联合国人权理事会、各类非政府组织、活动家甚至许多学者广泛引用。[③] 正如我们将

---

① William Ide, “China Supports Global Pariahs, Gets Resources and Criticism in Return,” Voice of America, June 27, 2011, http://www.voanews.com/content/china-supports-global-pariahs-gets-resources-and-criticism-inreturn-124648814/141455.html.

② D. Gray, “China Farms the World to Feed a Ravenous Economy,” AP, May 4, 2008.

③ “Buying Farmland Abroad: Outsourcing's Third Wave,” *Economist*, May 21, 2009; Olivier De Schutter, “Report of the Special Rapporteur on the Right to Food,” A/HRC/13/33/Add.2, Human Rights Council, UN General Assembly, December 28, 2009; Stephen Leahy, “Agriculture: Foreigners Lead Global Land Rush,” Inter Press Service, May 5, 2009, http://www.ipsnews.net/news.asp?idnews=46724; Lester Brown, *Plan B 4.0: Mobilizing to Save Civilization* (New York: W. W. Norton, 2009), p. 9; （转下页注）

会看到的那样，中兴通讯股份有限公司（简称“中兴通讯”）确实前往了刚果（金），而且它确实有一个很大的计划，但它只获得了200 公顷的土地用来开展项目。

然而，并非只有西方新闻媒体在刊登这些并不存在的中国大规模“圈地”的神话。中国官方新闻通讯社新华社也在 2008 年报道 76
称，一个名为欧阳日平的私营企业家正在塞内加尔“投资一个面积为 6 万公顷的农场以生产 15 万吨芝麻”。[①] 欧阳日平确实进行了投资，但他并不拥有农场。

我们在第一章中看到了非洲开发银行的首席经济学家是如何描述中国是非洲“最大的‘土地掠夺者’”的。[②] 他的资料来源似乎无懈可击：世界银行在 2012 年 4 月召开的会议。但事实上，世界银行没有掌握任何中国获取（海外）土地的数据。与之相反，其会议只是为收集“圈地”新闻报道（其中包括上文提到的报道）的名为“土地监控倡议”（Land Matrix）的数据库提供了第一次发布的平台。[③] 土地监控倡议是国际土地联盟（International Land Coalition）的一个项目，而国际土地联盟是由 100 多个学术群体和非政府群体组成的一个联合体，其宗旨为：提高对蜂拥而至的投资者对自给农场主和传统农业社区所造成的重大威胁的关注。不幸的是，尽管土地监控倡议数据库的测试版在当年 4 月发布之前，可能

（接上页注③） Saskia Sassen, “Land Grabs Today: Feeding the Disassembling of National Territory,” *Globalizations* 10, no. 1 (2013): 25 – 46.

① “Senegal's Wade Reaffirms Support for Chinese Investor,” Xinhua, July 23, 2008.

② Mthuli Ncube, “The Expansion of Chinese Influence in Africa—Opportunities and Risks,” *Inclusive Growth* (blog), African Development Bank, August 14, 2012, http://www.afdb.org/en/blogs/afdb-championing-inclusive-growth-across-africa/post/the-expansion-of-chinese-influence-in-africa-opportunities-and-risks – 9612/.

③ Ward Anseeuw, Mathieu Boche, Thomas Breu, Markus Giger, Jann Lay, Peter Messerli, and Kerstin Nolte, *Transnational Land Deals for Agriculture in the Global South. Analytical Report Based on the Land Matrix Database*, (Bern/Montpellier/Hamburg: International Land Coalition, Centre de Coopération Internationale en Recherche Agronomique pour le Développement, Centre for Development and Environment, German Institute for Global and Area Studies and Deutsche Gesellschaftfür Internationale Zusammenarbeit, 2012), http://www.oxfam.de/sites/www.oxfam.de/files/20120427_ report_ land_ matrix.pdf.

在内部进行了修正，其仍然漏洞百出。

有位研究非洲土地投资的专家曾对测试版进行了梳理，他表示“自己非常沮丧和震惊……我们得到的承诺是数据都已经被核实，（但）它们似乎没有进行任何全面的核实”。[①] 超过四分之一的非洲条目“是复制的，未经核实，甚至是错误的”。三分之二的合同——涉及660万公顷的土地——被归为各国的“投资”，尽管这些合同非常含糊，甚至缺乏公司的名称。虽然这些数据漏洞百出，但还是成为像非洲开发银行首席经济学家这类人的权威资料来源，而正是他们引用了关于中国获取土地的“数据”。

第四章主要关注的是人们对中国政策的担忧，本章则将在第四章和本书剩余各章中间发挥承上启下的作用。本章将介绍所谓中国在非洲“圈地”面积最大的20个案例，这些案例均在2014年12月出现在各类数据库中（见表5.1）。它们当中有少量——一些新的大型投资——是确实存在的。我们将在接下来的几章中看到这些投资。不过在本章中，我们将主要关注如下令人吃惊的事实：在这些数据库所宣称的中国的“圈地”案例中，有超过一半的案例，包括其中最大的五个案例，根本就不存在；对于剩下的而言，与各路媒体争相攻击的情况不同，许多都是久已存在抑或是规模要小很多的案例。

互联网是一个非常便捷的工具，但它也为那些希望认清各种现象——如中国在遥远的地方获取土地——背后之真实情况的人带来了挑战。正如我们在安哥拉的例子中所看到的那样，一些作者在著书或写文章的时候，经常会想当然地把神话当作事实，似乎只因为刊登这些神话的是《经济学人》《卫报》，或著名智库的网站，它
77 们就“应当”是真实的。伦敦大学教授卡洛斯·奥亚（Carlos Oya）曾对这种路径的危险性深表担忧。媒体报道并没有真凭实据，

① “The Land Matrix: Much Ado About Nothing,” *Rural Modernity and Its Discontents* (blog), April 27, 2012, https://ruralmodernity.wordpress.com/2012/04/27/the-land-matrix-much-ado-about-nothing/; and *Rural Modernity* blogger, e-mail to author, June 13, 2012. 这篇博客的作者受雇于一家大型的国际机构，为了避免邮箱提前被他所在机构的新闻办公室清理，他决定在此匿名。

表 5.1　据报道"中国"在非洲获取土地面积排名前 20 的案例，2000～2014 年

	国家	农场名称/位置	报道的投资者	报道年份	（报道的）最大承包面积（公顷）	2014 年的实际承包面积（公顷）	报道媒体
1	安哥拉	黑石农场、圣彭布农场、奎托夸纳瓦莱市	中信集团/中工国际	2010	20000	0	（1）（2）
2	喀麦隆	南加埃博科地区	陕西农垦（中喀英考农业开发有限公司）	2006	14000	100	（1）（2）（3）（4）
3	刚果(金)	赤道省	中兴能源	2007	3000000	200	（1）（2）（3）（4）
4	埃塞俄比亚	甘贝拉州	湖南达丰源农业股份有限公司	2010	25000	0	（1）（2）
5	马达加斯加	安比卢贝、纳马吉亚和木伦达瓦	中成集团	2008	22000	29470	（1）（2）（3）（5）
6	马里	马里比亚/尼日尔河流域办公室	马里政府/利比亚/中国	2008	100000	0	（1）（3）
7	马里	新上卡拉糖联/尼日尔河流域办公室	中轻对外公司/马里政府	2009	20000	20000	（1）（2）（3）（4）
8	莫桑比克	湖北—加扎友谊农场/赛赛地区	湖北联丰/万宝粮油	2007/2010	20000	20000	（1）（3）（4）
9	莫桑比克	马兰加	卢安巴拉麻风树项目	2008	8789	不是中国人的	（1）
10	尼日利亚	阿科托博	威莫斯农业有限公司	2014	25000	不是中国人的	（1）
11	尼日利亚	帕泰吉、埃巴	ZJS 国际有限公司	2011	5000	不是中国人的	（1）
12	塞内加尔	无法确定	大通集团	2008	60000	0	（2）（3）（4）
13	塞拉利昂	通科利利地区	上海建工集团	2012	30000	0（仍在讨论中）	（2）（3）（5）

续表

	国家	农场名称/位置	报道的投资者	报道年份	（报道的）最大承包面积（公顷）	2014年的实际承包面积（公顷）	报道媒体
14	塞拉利昂	马格巴斯糖联/通科利利地区	中成集团	2005	8100	1845	（1）（2）（3）（4）
15	苏丹	麦罗维“北部省”	中兴能源	2010	10000	60	（1）（3）
16	坦桑尼亚	鲁代瓦农场和基桑嘎塔农场	中国农垦/中非农业投资公司	2000	6900	6900	（3）（4）
17	乌干达	河北汉和农场/卢韦罗	汉和农业科技有限公司/仇立军	2009	41000	162	（1）（3）
18	赞比亚	北部省	武汉凯迪控股投资公司	2009	2000000	0（废止）	（1）（3）（4）
19	津巴布韦	努安特斯庄园	中国水利电力对外公司	2003	101171	仅签署施工合同	（1）（3）（4）
20	津巴布韦	奇诺伊市	津—中皖津农业发展有限公司	2010	50000	10000	（3）（5）

注：媒体报道的总承包面积为5566960公顷，而实际的承包总面积只有88873公顷。

资料来源：（1）Landmatrix. org；（2）GRAIN，“Land Grab Deals，” February 23，2012，http：//www. grain. org/article/entries/4479-grain-releases-data-set-with-over-400-global-land-grabs；（3）Carin Smaller，Qiu Wen，and Liu Yalan，“Farmland and Walter：China Invests Abroad，” International Institute for Sustainable Development，Manitoba，Canada，August 2012（表5.1仅包括被列为“正在运行”或“已签署合同”的项目）；（4）Irna Hofman and Peter Ho，“China's ‘Developmental Outsourcing’：A Critical Examination of Chinese Global ‘Land Grabs’ Discourse，” *Journal of Peasant Studies*，39，no. 1（2012）：31－37（from Appendix：Table of Investment）；（5）笔者自己的研究。本书中的详细资料还可查阅SAIS-CARI. org。

它们只是“实际情况、看法、意图、谣言、猜测（当某件事得到证实却无法确认其规模的时候），以及彻头彻尾的谎言的混合体……换句话说，我们所面临的是一种事实与‘冒牌事实’的复杂的混合体”。[①] 几位同僚就这一问题中存在的浅薄学识提出了警告，他们的警告可谓一针见血：“快速便捷地获取‘数据’和谷歌危险的诱惑力，已在促使人们重复使用早已过时的事实。”[②]

就中国对非农业投资而言，田野学者与数据库汇编者之间巨大的认知鸿沟令人震惊。比如就像我们在前面所看到的那样，来自伦敦国际环境与发展研究所的研究人员在中国、埃塞俄比亚、加纳、马达加斯加、马里、莫桑比克、坦桑尼亚和赞比亚为联合国粮农组织和国际农业发展基金就“圈地”开展了田野调查。他们的研究成果在2009年得以公布，其谨慎地指出，尽管中国确实对农业投资感兴趣，但人们的习惯看法似乎并不正确：“迄今为止，就所有中国在非洲已经签署合同并付诸实施的项目而言，尚未发现任何面积超过5万公顷的例子。”[③]

国际林业研究中心（Center for International Forestry Research, CIFOR）也派遣研究人员调查了两个最为轰动和广为流传的故事，一个是所谓的中国在赞比亚的200万公顷土地要求，另一个是所谓中国在刚果（金）“圈占”了300万公顷土地。[④] 国际林业研究中心在2011年报道指出，这两家企业与东道国政府实际正在谈判的土地特许权面积仅为媒体所宣传面积的4%。国际林业研究中心的

---

① Carlos Oya, "Methodological Reflections on 'Land Grab' Databases and the 'Land Grab' Literature 'Rush,'" *Journal of Peasant Studies* 40, no. 3 (2013), pp. 503－520.

② Ian Scoones, Ruth Hall, Saturnino M. Borras Jr, Ben White, and Wendy Wolford, "The Politics of Evidence: Methodologies for Understanding the Global Land Rush," *Journal of Peasant Studies*, 40, no. 3 (2013), p. 473.

③ Cotula et al., *Land Grab or Development Opportunity?*

④ Laura German, George Schoneveld, and Esther Mwangi, "Contemporary Processes of Large-Scale Land Acquisition by Investors: Case Studies from sub-Saharan Africa" (Bogor, Indonesia: CIFOR Occasional Paper 68, 2011); George Schoneveld, "The Anatomy of Large-Scale Farmland Acquisitions in sub-Saharan Africa" (Bogor, Indonesia: CIFOR Working Paper 85, 2011).

一位研究人员指出："与人们所通常描述的相反，中国并不是非洲种植园农业的主要投资者。"[①]

然而不幸的是，一旦某个数据库被公之于众，肯定就会为人们所用。比如在 2013 年，美国国家科学院（National Academy of Sciences）发表了一篇关于全球"圈地活动"的同行评审文章，文章的作者们构建了一个综合性数据库，其中包含 416 个从大量另外的"圈地"名单挑选出的案例。[②] 他们的"大数据"包括 16 个所谓中国在非洲的"圈地"行动，涉及土地总面积为 340 万公顷。这篇文章令人瞠目结舌地印证了卡洛斯·奥亚所警告的那种"虚假的准确信息"。这些作者本身都不是这方面的专家，但他们言之凿凿地告诉读者："绝大多数以获取土地为目标的合同……都已经得到确认。"后来经证明，他们主要的资料来源为西班牙非政府组织谷物协会（GRAIN）在 2012 年公布的一份名单。然而谷物协会曾专门提醒说，其名单"**并没有根据事实加以验证**"。[③]

就知识传播的本质而言，第一印象很难从脑海中抹去。例如当
79 土地监控倡议在 2013 年重新发布数据库的时候，虽然修正了一些关于中国案例比较严重的错误，但在媒体的报道中，中国企业在非洲所获土地的减少面积，要远低于其他投资者。美国上升为非洲土地（所谓）的最大投资者，接下来为阿联酋、沙特阿拉伯、英国和印度。土地监控倡议的一位组织者曾指出："在媒体上你到处都可以看到中国这两个字，但在数据库中并没有我们所认为那么多中国（的案例）。"[④] 然而这一"没有故事"的故事并没有获得太多

---

① Schoneveld, "Anatomy of Large-Scale Farmland Acquisitions," p. 7.

② Maria Cristina Rulli, Antonio Saviori, and Paolo D'Odorico, "Global Land and Water Grabbing," *Proceedings of the National Academy of Sciences*, 110, no. 3 (2013). 本文中的引文引自此研究的第 893 页。

③ "GRAIN Releases Data Set with over 400 Global Land Grabs," GRAIN, February 23, 2012, http://www.grain.org/article/entries/4479 – grain-releases-data-set-with-over – 400 – global-land-grabs. 着重号为笔者自行添加。

④ Matt McGrath, "Database Says Level of Global 'Land Grabs' Exaggerated," BBC News, June 10, 2013, http://www.bbc.com/news/science-environment – 22839149.

媒体的关注。

表 5.1 参考土地监控倡议和谷物协会等组织的数据库，列出了它们在 2000～2014 年所报道的中国在非洲“获取土地”面积最大的 20 个项目。该表仅列举了一些至少有些许证据的被报道过的协议，比如至少有企业的名称。与“中国”想要土地或“一群中国商人”谋求投资之类有关的含混不清的报道，都没有被包括进来。“预期规模”为媒体所报道的最大数额。如果中国企业获得的土地面积确实等于这 20 个项目被报道的最大面积，那它们将在非洲耕种 5566960 公顷的土地。然而事实上，这 20 个项目加起来只有 88837 公顷的土地，还不到被报道面积的 2%。

这并不是中国农业企业在非洲所获取的全部土地。例如，（将在第八章中）介绍的 GMG 环球在非洲农业领域进行了迄今中国最大的投资。它在喀麦隆所获取的两项重大的橡胶特许种植权从未被任何与“圈地”有关的数据库算为中国获取的土地。（附录表 1 列举了 1987～2014 年，包括 GMG 环球的投资在内的所有已知的面积超过 500 公顷的中国对非农业投资。）我们需要记住的是，尽管我们所得出的数据规模并不大，但正如第四章所表明的那样，其在未来有可能会迅速增长。在塞拉利昂和马达加斯加等国，好几个大型项目正处于谈判之中。然而，如果中国对非农业投资确实正在发生变迁，那么对迄今发生（以及没有发生）在非洲的事情进行更加准确的分析，应该可以为理解这一变迁提供一个更好的基础。现在，让我们对此进行详细的介绍与分析。

中兴能源在刚果（金）[①]

在刚果（金）这个据称中国企业已经获取了 300 万公顷土地

① 在刚果（金）投资的具体企业为中兴能源有限公司（简称“中兴能源”），该公司 2007 年联合中兴通讯等中兴系公司成立，以中兴国际投资有限公司（简称“中兴国际”）作为主要股东。作者在文中全部用的是中兴通讯的英文简称 ZTE，译者在翻译时按照实际内容进行了翻译。——译者注

种植棕榈的国家，到底发生了什么呢？棕榈光滑的红色果实出产了世界上消耗量最大的食用油。棕榈树的产油量很高：1 公顷棕榈的食用油产量，为 1 公顷花生的 5 倍和 1 公顷大豆的 9 倍。作为西部非洲的本地物种，浓密的棕榈只生长在靠近赤道的热带雨林
80 这一狭窄的气候带。非洲曾经是世界上最大的棕榈出口地，但从几十年前开始，印度尼西亚和马来西亚的种植者接管了全球棕榈市场。棕榈油仍然是利比里亚等国重要的食物，但它也是一种潜在的生物燃料。

2006 年，中国最大的上市公司之一、电信巨头中兴通讯的董事长侯为贵决定，他的公司应该实行多元化经营，向可再生能源产业进军。中兴通讯的董事会可能会对侯为贵在 2007 年 4 月的董事会上所宣布的事情感到意外：中兴通讯将成为一家新成立的、注册资本为 1.71 亿美元的能源公司的大股东。[①] 董事会后仅仅几个星期，侯为贵便带着中兴通讯总部的代表团前往刚果（金）的首都金沙萨。

中兴通讯早在 1995 ~2002 年刚果（金）仍处于残酷的内战期间便开始在那里做生意，它当时与刚果国有电讯公司成立了一个合资公司。侯为贵在金沙萨见到了刚果（金）当时年仅 37 岁的农业部部长恩赞加·蒙博托（Mzanga Mobutu）。“他戴着黑色角质架的眼镜和豹皮做的帽子，看起来与已故独裁者蒙博托·塞塞·塞科长得非常像。”当恩赞加·蒙博托在 2006 年总统选举中败北后，《华盛顿邮报》的一位记者如此写道。[②] 这丝毫不令人感到意外，因为恩赞加·蒙博托就是蒙博托·塞塞·塞科的儿子。

2007 年 5 月 29 日，蒙博托举办了一场新闻发布会，侯为贵静静地站在他的身边。蒙博托宣布中国人希望在刚果（金）投资

---

① 贾岩：《中兴投身棕榈种植业博取现金流》，中国信息产业网，2009 年 9 月 5 日，http://www.cnii.com.cn/20080623/ca493010.htm。中兴能源计划投资 13 亿元人民币，当时的汇率为 7.6 元人民币兑换 1 美元，因此投资额约合 1.71 亿美元。

② Craig Timberg, “Some in Congo Long for the Order Of Late Dictator,” *Washington Post*, July 30, 2006

“10 亿美元”种植 300 万公顷的棕榈。[①] 他们将建设一家生物燃料加工厂，并解决 10 万人的就业问题。刚果（金）的媒体异常兴奋：刚果（金）将成为热带地区的沙特阿拉伯！但也有批评者警告指出，该项目所涉及的一些地区为刚果（金）仅存的俾格米人的居住地，而这些人已经受到了欧洲和马来西亚伐木活动的威胁。

侯为贵随后飞回了北京。2007 年 11 月 1 日，蒙博托和中兴能源刚果（金）子公司总经理王克文在格兰德大酒店的卢本巴希厅又举行了一场新闻发布会。他们还在那里签署了长达三页的合同。[②] 蒙博托部长承诺至少为合资公司提供 10 万公顷土地。中兴能源将投资约 6 亿美元。协议在 3 年期间有效，这段时间正好用来做可行性研究。只有可行性研究表明前景看好，中兴才会跟进投资。

中兴能源在全球拓展生物能源的计划可谓雄心勃勃，但这一计划也充满不确定性，且有时前后矛盾。中兴能源内部没有一个人曾公开谈论蒙博托在刚果（金）所宣布的计划，即在刚果（金）种植 300 万公顷的棕榈。其网站仅列出了已达成协议的 10 万公顷土地。[③] 2008 年年初，中国驻刚果（金）大使告诉刚果（金）记者说，中兴能源的项目有望达到 30 万公顷，而非 300 万公顷。然而 81

① “Un milliard Usd de Pékin pour des palmeraies à huile en République démocratique du Congo,” *Digital Congo* (DRC), May 30, 2007, http://www.digitalcongo.net/article/44029#; “DR Congo: Chinese Company to Invest $ 1 Billion In 3 Million Hectare Oil Palm Plantation,” Biopact, July, 28, 2007, http://news.mongabay.com/bioenergy/2007/07/dr-congo-chinese-company-to-invest-1.html.

② “Convention de partenariat entre la RD Congo et la ZTE International Investment Co. Ltd. en vue de l’implantation et de l’exploitation d’une palmaraie industrielle,” Ministry of Agriculture, Fisheries and Animal Husbandry, DRC, and ZTE International Investments Co., Ltd., November 1, 2007.

③ 本段引自《中兴能源股份有限公司介绍》，中兴国际网站，http://www.zte-i.com/investment/ines_ detail.php?infoid=65; “L’ambassadeur Wu Zexian: La Chine n’a pas de vises impérialistes,” *Le Potentiel* (DRC), January 14, 2008, posted on the websie of the Chinese embassy in the DRC, http://cd.chineseembassy.org/fra/xw/more/t399806.htm; “Chinese Agribusiness Company in DR Congo to Offer Thousands of Jobs for Locals,” Xinhua, July 10, 2009。

2008 年年底，新华社又报道指出，中兴能源在刚果（金）计划的项目最终可能将达 100 万公顷。

2013 年 12 月，我在北京从中国的一位顾问那里获悉，随着可行性研究在 2008 年开展，中兴能源在刚果（金）的长期商业计划包括获取 200 万公顷土地。然而在 2008 年夏天，油价开始急剧下降。一年之后的 2009 年 7 月，中兴能源的一位高层管理人员注意到，虽然他所在的企业仍然希望在 10 年内获取 100 万公顷的“海外”农业用地，但主要目标国为印度尼西亚和马来西亚，而刚果（金）已经被人们所遗忘。

所有这一切表明，中兴能源确实具有勃勃雄心（而且中国的新闻机构也乐于传播这些雄心，在它们看来，这些雄心似乎很容易就可以从投资者眼中闪烁的亮光变成实际获取的土地）。然而，尽管得到了广泛宣传，但在合作协议签署三年之后，中兴能源的棕榈项目就像棕榈脂融化在热带的烈日下一样，最终烟消云散。到 2010 年年初，刚果（金）的一位官员告诉《亚非机密》（*Africa-Asia Confidential*），该项目已经停滞不前，“已经没有人再谈论它”。[①] 然而据有讽刺意味的是，它在网络上很快成为中国在非洲“圈地”的最好例子，而记者们通常所引用的数据为 300 万公顷，就像这 300 万公顷真的被圈走一样。

到底发生了什么？

2013 年 12 月一个阴冷的冬日，我在中兴能源位于北京的玻璃幕墙办公大楼的办公室里会见了它的三名员工。“我们仍然对棕榈感兴趣，”一位穿着优雅的年轻女士告诉我，“但人们普遍误解了我们经营的规模。”坐在她右边年轻男士稍微苦笑了一下：“我们做了大规模的调研，但我们并没有进行大规模的投资。自 2007 年以来，我们邀请了很多专家前往刚果（金）、印度尼西亚，甚至中国的海南岛开展可行性研究，但迄今为止，我们只种植了 3 万公顷棕榈，而且是在印度尼西亚，而非在刚果（金）。”

---

① “Kinshasha's Missing Millions,” *Africa-Asia Confidential* 3, no. 4 (Feb. 2010).

中兴能源并没有种植棕榈的经验，因此在2008年与印度尼西亚棕榈财团金光集团签署了一份短期协议，共同在印度尼西亚、马来西亚和刚果（金）寻找机会。[①] 马来西亚的一个专家小组在刚果（金）为中兴能源进行了可行性研究。我在2015年采访了中兴能源前刚果（金）子公司的总经理王克文，他现在已经被调回中兴通讯深圳的总部。王克文是一位信息技术专家，他在英国拿到的硕士学位。他告诉我专家们曾包机飞越位于刚果（金）西部赤道省的密林，拍摄了很多下面土地的照片。他们还前往赤道省偏远的比科罗（Bikolo）地区并带回一些土壤样本，研究了运输情况，与当地领导人、社区成员和省长召开了会议。 82

从技术上来讲，赤道省似乎处于绝佳的位置。刚果（金）人同意在姆班达卡（Mbandaka）为中兴能源提供200公顷的政府土地用来培育棕榈苗。在清理土地的时候，砍伐热带树木所获得的收入可被用来支持更大的项目，但专家警告说基础设施非常糟糕，因此物流成本将会很高，而且还会经常面临战乱的威胁。“商业计划书倒是很正面，”王克文告诉我说，“但也存在很大的风险。”由于当地没有任何可资运输的公路，中兴能源需要在刚果河上运输木材及将来生产的棕榈油。

王克文雇了一艘船，从中国找了一些河运专家，沿着刚果河走了一趟。王克文告诉我，“我们最初计划走上1700公里，但我们花了7天的时间才到达姆班达卡”，而这通常只需要3天的时间。“刚果河是（未经开发的）天然河道，”王克文解释说，“到处都会碰到沙堤。我们的船发生了好几次故障。你（的船）可能在任何时间、任何地点发生故障。”如果要运输推土机和拖拉机，这将会是一场噩梦。提炼厂必须在原地建设，因此他们需要将所有建筑材料和机械通过水路运进去。中国专家告诉中兴能源，开发水路运输将“花费100年的时间”。王克文告诉我说：“刚果河非常漂亮，我仍然记得

---

① 《战略锁定食用油》，中国—印尼经贸合作网，商务部，2008年5月9日，http://www.cic.mofcom.gov.cn/ciweb/cic/info/Article.jsp?a_no=147479&col_no=459。

那次行程的所有细节。但这是我们终止项目的一个很大的原因。”

中兴能源还尝试过其他的项目。[①] 2010 年 3 月，中兴能源与刚果（金）农业部部长签署了一项 5 年的可续签协议，据此管理其在恩塞莱农场的 600 公顷土地，该农场位于金沙萨市郊，曾是前总统蒙博托的私人农场。“我希望看到田间没有一颗杂草。”这位新任农业部部长在签署协议时告诉记者。王克文从中国商务部和农业部申请到资金，在这里建立了中非合作论坛承诺的其中一个农业技术示范中心。该农业技术示范中心在恩塞莱农场共占据了 60 公顷土地。中兴能源计划开发剩余的 540 公顷土地以种植大豆、玉米和花生。“尽管这是政府的土地，但还是有许多村民住在那里，”王克文告诉我说，“他们是军人的后代。很难将他们从那里赶走。”除此之外还有其他方面的问题。在测量用于兴建农业技术示范中心的土地的当天，中兴能源查出共有 20 个村民居住在这 60 公顷土地上。“他们一听说我们将在那块地上修建农业技术示范中心，第二天便有了 200 个村民。”而且他们都要求获得补偿。

“对我们公司而言，这是一个重大损失，”王克文说，“我们计划在 13 个月内建设完工，但由于诸如此类的耽误，最后用了 21 个月的时间。”他的团队曾种植了 10 公顷的玉米，但一夜之间就发
83 现成熟的玉米穗被小偷偷了个精光。［也有可能是那些曾居住在那

① 2009 年，中兴能源与一名酋长进行私人合作，在巴泰凯高原获得了 246 公顷相对贫瘠的土地的 20 年使用权。中兴能源投资 440 万美元兴建了一个综合农场。其生产的玉米获得世界粮食计划署（World Food Programme）的认可，后者购买这些玉米用来救济因刚果（金）仍然存在的因战乱而逃离家园的难民。“我们仍然拥有土地承包权，”王克文告诉我说，“但我们已经不在那里种粮食了。我们陷入了一场法律纠纷，附近的人宣称土地是他们的。”本段内容还引自 Philippe Asanzi，“Understanding the Challenges of Chinese Agricultural Investment in Africa：An Institutional Analysis，” *Academic Research Journal of Agricultural Science and Research*. 2，no. 5（2014）：76 – 87；Louis Putzel，Samuel Assembe-Mvondo，Laurentine Bilogo Bi Ndong，Reine Patrick Banioguila，Paolo Cerutti，Julius Chupezi Tieguhong，Robinson Djeukam，Noël Kabuyaya，Guillaume Lescuyer，and William Mala，“Chinese Trade and Investment and the Forests of the Congo Basin：Synthesis of Scoping Studies in Cameroon，Democratic Republic of Congo and Gabon”（Bogor，Indonesia：CIFOR Working Paper 67，2011）；“Agriculture：Les chinois reprennent le site de la N'sele，” *L'Avenir*（DRC），March 3，2010。

块土地上但没能从软弱的刚果（金）政府那里获得补偿的当地人偷了玉米。］“因此刚果（金）存在各种问题，搞得我每天都头昏脑涨。”王克文最后表示。

中兴能源在苏丹

2009年6月，中兴能源的一个小组抵达苏丹寻找农业综合经营投资商机。[①] 3个月后，中兴能源签署谅解备忘录，拟在喀土穆以北200英里[②]的北方州麦罗维地区建设一个试点工程。中国专家在两个月内便进入了苏丹的沙漠地区。在第一年的冬季，他们灌溉了60公顷土地，试验性地种植小麦、玉米、高粱、芝麻、白芸豆和蔬菜等。当苏丹国防部部长在2010年5月前去视察的时候，第一季农作物正好成熟。新华社的一位记者描述了当时的场景：“金黄的麦浪随风翻滚，收割机正在隆隆工作。”[③]

2010年，苏丹农业部给予中兴能源10000公顷土地的特许经营权，用来商业化种植试验品种。中兴能源向中国进出口银行递交了商业计划书，希望能够获得信贷支持。[④] 但我在北京时发现中国进出口银行认为该项目风险过高，因此并没有对其加以支持。中兴能源的工作人员告诉我说，他们已经交还了特许经营权，不过他们的网站上仍然挂着这个项目，这表明公司仍然希望事情出现转机。

中水电公司在津巴布韦

我们在本章的开头介绍了中国人在津巴布韦的努安特斯庄园

---

① “Chinese Firm Given Land Deal in Sudan,” *Sudan Tribune*, March 16, 2010, http://www.sudantribune.com/spip.php?iframe&page=imprimable&id_article=34444.

② 约322公里。——编者注

③ 绍杰：《特写：中苏农业合作前景光明》，新华网，2010年5月11日，http://finance.qq.com/a/20100511/006461.htm。

④ “Chinese Firm Given Land Deal in Sudan,” *Sudan Tribune*.

(Nuanetsi Ranch) 建立10万公顷玉米农场的神话。努安特斯庄园位于津巴布韦15世纪的城市大津巴布韦宏伟的遗址以南，它距离该市有3小时的车程，占地广阔，拥有超过40万公顷干旱低矮的可乐豆木森林，其间点缀着金合欢树和裸露在地面上的岩石，到处都是成群的林波波羚羊、角马、野牛、大象和斑马。2002年，由于粮食短缺和混乱无序的“快车道”土地改革，罗伯特·穆加贝（Robert Mugabe）政府举行招标会，希望有人投标开发努安特斯庄园的部分地区以种植灌溉玉米。中国水利电力对外公司（简称“中水电公司”）这家早已在津巴布韦开展业务的大型国有建筑公司赢得了投标。

2003年2月，津巴布韦的国有报纸《先驱报》（*Herald*）报道称，这个项目将把10万公顷土地变为农田，每年种植三季农作物，
84 将会使津巴布韦再次成为该地区的“面包篮子”。[①] 中水电公司清理的土地将由津巴布韦农业与农村发展局（Agricultural and Rural Development Authority，ARDA）负责管理并分配给当地农户。在努安特斯庄园中生长的都是原生灌木，它此前从未被白人农场主占领。然而几天之后，英国的《卫报》就此发表了一篇文章，题目为《穆加贝雇用中国在抢来的土地上种田》。

中国商务部披露了这个项目的具体细节。[②] 中水电公司仅赢得

---

① “Zimbabwe: Minister Moyo Denies Chinese Group Contracted to Farm Nuanetsi Ranch,” *Herald* (Zimbabwe), February 14, 2003; Andrew Meldrum, “Mugabe Hires China to Farm Seized Land,” *Guardian*, February 13, 2003.

② 《中水电公司中标津巴布韦最大农业开发项目》，商务部，2003年2月24日，http://www.mofcom.gov.cn/article/i/jyjl/k/200302/20030200070817.shtml。还可参见“Zimbabwe Awards Chinese Company Huge Farming Tender,” PANA Press (South Africa), February 9, 2003, http://www.panapress.com/Zimbabwe-awards-Chinese-company-huge-farming-tender—3-472405-18-lang2-index.html; Dumisani Muleya, “Chinese Win Big Tender to Grow Food for Zimbabwe,” *Business Day* (South Africa), February 11, 2003。本段剩余部分引自“Oral Answers to Questions,” Parliament of Zimbabwe, August 27, 2003, http://www.parlzim.gov.zw/attachments/article/117/27_August_2003_30-6.pdf; “Clearing of Land at Ranch Slow—Mudenge,” *Herald* (Harare), March 10, 2004; A. Mukaro, “Chinese Firm Abandons Nuanetsi Project,” *The Standard* (Zimbabwe), April 8, 2005; Sam Moyo, “Land Concentration and Accumulation after Redistributive Reform in Post-Settler Zimbabwe,” *Review of African Political* （转下页注）

开发第一期的 10000 公顷土地的合同，合同金额为 1100 万美元。中水电公司很快便遇到了麻烦。津巴布韦的通货膨胀当时已经接近 600%，商店和加油站都排着长队。中水电公司吁请津巴布韦政府提供燃料和资金。在津巴布韦议会通过一项为该项目分配 50 亿津巴布韦元资金的特别补充预算之前，项目甚至无法破土动工。在当时恶性通货膨胀的情况下，这笔 50 亿津元的资金很快便用完了。一年之后，中水电公司才仅仅清理了约 800 公顷的土地。2005 年 4 月，在多次要求提供资金以开展工作无果后，中水电公司放弃了这一项目，而根据中方的说法，当时津巴布韦政府已经拖欠了他们 700 万美元。津巴布韦的一名高官对此评论指出："现在我们的政府似乎在背信弃义。"

当我在 2009 年前去（津巴布韦）参观的时候，中水电公司仍然为一家注册过的建筑企业，但已经没有人接电话。不过其实并不需要前往津巴布韦就可以知道这个项目的命运。只要愿意，所有信息都可以在网上查到。然而直到 2015 年年中，这个项目仍然被土地监控倡议的网站错误地列为"中国投资"。我们曾看到美国之音在 2011 年刊登的文章中是如何描述这一神话的，这其中包括指责中国人在津巴布韦人忍饥挨饿的时候，将种植的玉米运回中国。在最近的 2014 年 3 月，哈佛大学的一位教授还在《基督教科学箴言报》上撰文，称中国"在津巴布韦等国种植木薯、玉米和高粱……并将这些农产品运回中国"。[①]

津巴布韦确实向中国出口烟草（也向美国出口），但正如我们将在第八章看到的那样，烟草是由津巴布韦的农场主种植的。在

(接上页注②) *Economy* 38, no. 128 (2009): 269。本段所引用的"背信弃义"引自 Gavin du Venage, "Harare's Ties with Beijing Begin to Falter; China Unhappy as Unpaid Bills Mount Up for Aircraft, Engineering Work and Construction Projects across Zimbabwe," *South China Morning Post*, May 19, 2006。除非另有说明，本部分所涉金额均以美元为单位。

① Robert Rotberg, "China's Trade with Africa at Record High," *Africa Monitor* (blog), *Christian Science Monitor*, March 19, 2014, http://www.csmonitor.com/World/Africa/Africa-Monitor/2014/0319/China-s-trade-with-Africa-at-record-high.

2002～2005年的旱灾期间，中国曾向津巴布韦输出过玉米，其中部分为援助的粮食。根据联合国粮农组织农业贸易统计数据库，自1990年以来，中国与津巴布韦之间没有任何其他主要粮食的贸易往来。2012年为可获得联合国粮农组织数据的最后一年，当年津巴布韦共花费了2.7亿美元从国外进口玉米。所有这些都支持了此前所提供的解释：努安特斯项目是津巴布韦政府的想法，它相信可
85 以利用中国的技术和知识来弥补其自身粮食供应的缺口。中国企业并没有试图在陆地国家津巴布韦种植玉米然后运回中国。

马里比亚：利比亚、马里和中国？

另外一项大型的中国投资是所谓的在马里占地10万公顷的合资企业。2008年5月，当卡扎菲上校还在统治利比亚的时候，他的政府与内陆国家马里签署了一项长达6页的协议，该协议承诺从利比亚财富基金中提供660亿美元来建立一家投资公司［即马里比亚（Malibya）］，以开发10万公顷土地种植水稻。① 中国地质工程集团公司（简称“中地集团”）曾在20世纪80年代承担了在马里打井的中国对外援助项目，因此在马里建有办公室。正如后来所宣称的那样，中地集团的管理人员刚刚获悉这一拟议中的项目，便“抓住机遇”，积极与当地官员“广泛深入接洽”。② 因此在2007年夏天，在中地集团的邀请下，利比亚主权财富投资基金西部非洲办公室主管马里业务的阿马杜·“巴尼”·康特（Amadou “Bany” Kanté）和马里总统特别顾问率领代表团来到了北京。

中地集团安排代表团前往了湖南，康特与代表团的成员在长沙

① “Convention d'investissement dans le domaine agricole entre La République du Mali et La Grande Jamahiriya arabe Libyenne populaire et socialiste,” Republic of Mali and the Great Socialist People's Libyan Arab Jamahiriya, May 2008, http://farmlandgrab.org/post/view/14150 - convention-d-investissement-dans-ie-domaine-agricole-entre-le-mali-et-la-libye - 2008.

② 《几一马经理部签约新项目》，中国地质工程集团公司，2008年12月22日，http://www.zdjt.cecep.cn/tabid/1360/sourceId/4064/infoid/2235/Default.aspx。

与国家杂交水稻工程技术研究中心（简称“国家杂交水稻中心”）的水稻专家进行了交谈。中心的专家展示了他们的测试技术和杂交种子。康特对此非常感兴趣。对其而言，这将解决一个很大的问题，因为无论马里还是利比亚都没有种植水稻的专业技术，而中国人有。

我在 2013 年 12 月访问湖南时获悉，马里比亚和这两家中国企业在进行了好几轮的谈判后才决定了应该采用的合作方式。最终中地集团、马里比亚和国家杂交水稻中心共同成立合资股份公司，在 3 年的时间内向马里比亚提供中国的种子和水稻种植技术。利方占合资股份公司 70% 的股份并提供全部资金，中方提供水稻种子并帮助进行试种，同时派遣一些专家帮助规划和协调项目。[①] 正如我们接下来将在本章看到的那样，中国农业企业和中国建筑企业也将与安哥拉政府开展类似的合作。

国家杂交水稻中心将 2 吨水稻种子运到马里，开始在 18 公顷的土地上试种。根据分项合同，中地集团开始挖掘 40 公里的灌溉水渠，同时修建连接尼日尔河流域办公室的项目区域与尼日尔河的公路。根据合同，马里政府负责重新安置村民和保证项目用地不受阻碍。然而就像其他许多项目一样，尽管从技术上来讲土地为国家所 86
有，但成千上万已经在这一地区建立小型农场的马里人对修建水渠加以阻挠。中地集团没等赔偿纠纷妥善解决便开始动工，用推土机清除了沿途的所有东西。一个曾访问那里的非政府组织报道指出：

> 修建灌溉水渠和相邻的公路已经对科隆戈及沿途的社区造成了巨大的破坏。房屋被拆除，菜园和果园被推土机铲平，现在宽阔的水渠已经将沿途的村子一分为二。古兰—古拉村的墓地遭到粗鲁地挖掘。村里的人震惊地发现先人的遗骨四处散落

① 关于国家杂交水稻中心、中地集团和马里比亚合资成立马里比亚—中国杂交水稻研发与生产合资股份公司的相关情况，可参见《新时代集团联手袁隆平向非洲推广杂交水稻研发项目》，国务院国有资产监督管理委员会，2009 年 5 月 21 日，http://www.sasac.gov.cn/n86114/n326638/c901205/content.html。

在建筑工地上，然后又被建筑工人埋进了地里。[1]

《纽约时报》的一名记者曾在2012年年底拜访施工地点，并采访了尼日尔河流域办公室在当地的负责人卡苏姆·德农（Kassoum Denon)。德农对代表当地村民抗议该项目的马里非政府组织进行了谴责，称它们“收了在意识形态上反对大型农业种植的西方组织的钱”。[2]

“我们是在为马里的发展负责，”他说，“如果社区居民不同意我们的做法，他们可以去跳河。”我们有时也会看到非洲其他国家的官员表达类似的看法，只是他们的措辞没有这么激烈罢了。

利比亚在2011年2月爆发内战。随着多国联军在几个月后取得胜利，马里比亚项目被迫中止。中地集团完成了建筑任务，获得了它为工程建设而应被支付的5500万美元资金，不知所措的村民也开始适应在他们土地上的新水渠间横穿。2012年，马里政府在军事政变中被推翻，而图阿雷格武装分子和叛乱分子也在马里北部的沙漠中虎视眈眈。

鉴于卡苏姆·德农针对农村地区所表达的官方的态度，叛乱分子能如此轻易地激发人们的愤怒之情就丝毫不令人奇怪了。对此还需要提醒中国企业管理者的是，他们需要更加仔细地考虑合作伙伴。湖南方面似乎没有一个人曾对风险进行政治评估。甚至当我在2013年访问长沙的时候，与我交谈的中国人对该项目的看法，仍然与其批评者的看法，即认为的这是北部非洲国家的“圈地”与生产的大米将会被运到利比亚，截然不同。“卡扎菲希望帮助马里，”中国的一位农业科学家认真地告诉我，“我们希望这个项目

---

① Oakland Institute, “Understanding Land Investment Deals in Africa: Malibya in Mali,” Land Deal Brief, Oakland Institute, June 2011.

② Neil MacFarquhar, “African Farmers Displaced as Investors Move In,” *New York Times*, December 21, 2010. 下一段的引文也来源于《纽约时报》的这篇报道。关于这个项目其他的信息，主要来自 Stéphane Ballong, “Kassoum Denon: ‘Nous n'avons jamais bradé des terres à qui que ce soit,’” *Jeune Afrique*, May 31, 2011, http://www.journaldumali.com/article.php?aid=3233; Soumaila T. Diarra, “Mali: Rush For Land Along the Niger,” Inter Press Service, April 22, 2010。

重新启动。它受到了马里前总统的支持，它将对这个国家大有裨益。”事实上，人们一直不清楚马里比亚所种植的水稻将在哪里出
售。据联合国粮农组织统计，利比亚在2007年进口约17.4万吨大 87
米。然而近年来，马里对进口大米的依赖程度甚至还要高于利比亚。该项目本来可以替代这些进口。

湖南达丰源在埃塞俄比亚：不毛之地

到现在为止，我们已经看到了一项因可行性研究结果不理想的投资倡议［中兴能源在刚果（金）］，两个并非中国投资的建筑项目（津巴布韦和马里），以及中兴能源在苏丹获得但最后又放弃的10000公顷土地的特许经营权。我们在埃塞俄比亚将会看到另外一个案例，其中湖南达丰源农业股份有限公司（简称“湖南达丰源”）计划投资但最后又决定放弃。该公司从埃塞俄比亚政府那里获得了25000公顷土地的特许经营权，但后来又将其退还给了埃塞俄比亚政府。

湖南达丰源由湖南省的两家企业——袁隆平农业高科技股份有限公司和中国五矿集团公司在湖南省的分公司二十三冶建设集团有限公司联合建立。[1] 2010年11月，埃塞俄比亚农业部同意在南部的甘贝拉州（Gambela）将25000万公顷土地出租给达丰源，租期为40年。该项目进展相当迅速。2010年3月，湖南商务厅在当地的一家酒店举办了一场大型的研讨会，让中国的相关参与方，其中包括中国进出口银行在当地的代表，对这个项目进行探讨。2010年9月22日，湖南达丰源通过商务部的投资审批，并在两个月后与埃塞俄比亚签署了土地租赁合同。[2] 根据合同，湖南达丰源需要在30日内支

① “About Hunan Dafengyuan,” Hunan Dafengyuan Agriculture Co., http://www.dafengyuan.com/about.asp, accessed July 26, 2011. 网页已无法访问。

② 埃塞也比亚农业部与湖南达丰源签署的土地租赁合同协议，可参见“Land Rent Contractual Agreement Made Between Ministry of Agriculture and Hunan Dafengyuan Agriculture Co., LTD,” Oakland Institute, July 12, 2010, http://www.oaklandinstitute.org/sites/oaklandinstitute.org/files/HuanaDafengyuanAgriculture-Agreement.pdf。

付定金，在3个月内进行环境影响评估，以及在6个月内开始开发土地。如果违反这些条款，合同将自动终止。埃塞俄比亚政府承诺在收到定金30日后交付“空闲”和“没有障碍”的土地。

甘贝拉州人口稀少，尽管从湖南达丰源网站的照片来看还是有一些分散的定居点。埃塞俄比亚政府实施了农村人口定向迁移计划，让人们搬进那些据政府所说将会更容易获得服务的村子。人权观察组织（Human Rights Watch）在2012年公布了一份报告，该报告以在甘贝拉州的采访为基础，指控人们被强行驱离那些准备用于商业种植的土地。[①] 甘贝拉州还有一个国家公园，但幸运的是，拟建农场的位置离国家公园还有一段距离。然而，没有公路可通往偏远的土地承包区。

我曾在2011年11月与国际粮食政策研究所的一个小型研究团队
88 一同前往埃塞俄比亚，对中国农业参与的情况进行概括性研究。“湖南达丰源已经返回了中国，”中国商会的一位成员告诉我们，“事情在一开始的时候看上去还不错，但交给他们的土地质量很差。他们很不高兴。”但中国驻亚的斯亚贝巴经济参赞坚持认为湖南达丰源并没有放弃这个项目。“他们已经支付了400万比尔（约20万美元）的定金，”他解释说，“问题出在公路上面。如果那里一条公路都没有，他们怎么能够到那里种地？”他乐观地补充说：“埃塞俄比亚人计划修建一条公路，但他们不能确定什么时候才能修好。”

然而《湖南日报》在2012年3月刊登了一则公告，称湖南达丰源正在被注销，其资产正在被清算。[②] 当年7月，我因国际粮食政策研究所另一项任务而再次前往埃塞俄比亚。当时湖南达丰源的网站已经无法访问。“我们已经有一年多没见到他们了，”埃塞俄比亚农业投资支持司（Agricultural Investment Support Directorate）

① “Waiting Here for Death: Forced Displacement and ‘Villagization’ in Ethiopia’s Gambella Region,” Human Rights Watch, January 17, 2012, http://www.hrw.org/fr/node/104305.

② 《清算公告》，《湖南日报》2012年3月20日，http://epaper.voc.com.cn/hnrb/html/2012-03/20/content_473746.htm?div=-1；《投资非洲，A面阳光B面暴雨》，《潇湘晨报》2013年1月7日，http://epaper.xxcb.cn/xxcba/html/2013-01/07/content_2676287.htm。

司长埃萨亚斯·科贝德（Esayas Kebede）告诉我们，“他们在签署协议后参观了那个地方。当他们来到甘贝拉州的时候，他们看到了公路方面的问题，于是他们放弃了。他们对困难不感兴趣。”

芝麻和“万灵油”推销员

表 5.1 中所谓的大型投资有两项与中国的私营企业有关：一项是在乌干达的河北汉河农场，其在土地监控倡议的数据库中被列为“已确认”占地 4.05 万公顷；另一项是塞内加尔的所谓占地 6 万公顷的芝麻投资。荷兰学生乔什·迈约曾希望将博士论文的主题定为中国在乌干达的农业投资，其中就包括河北汉河农场。他发现确实有这么一个农场，但它只有 160 公顷。[1] 在中国的时候，有人告诉我说农场创建者仇立军的投资公司正在因欺诈而接受调查。据说仇立军在出售企业的股份的时候，不但宣称获得了比实际要多很多的土地，而且暗示他已经从中非发展基金那里申请到了政府资金（他并没有申请到）。

中国在塞内加尔 6 万公顷的“投资”似乎更为可靠，因为其消息来源为新华社。投资者名叫欧阳日平，1977 年从湖南省的长沙大学毕业，专业为法语。他的第一份工作是翻译，当时正值邓小平主张用改革来打开商业的大门。他被派往了西部非洲，在 1991 年从中国政府的岗位辞职，然后在科特迪瓦创建了大通贸易公司（后改名大通集团），从中国进口和组装农业机械。随着时间的推移，大通集团的业务扩展到了马里和布基纳法索，并开始购买芝麻。

2008 年，芝麻登上了非洲最不发达国家向中国免税出口商品
的名单，与此同时，拉丁美洲和欧洲市场对芝麻也有很大的需求。89

① Josh Maiyo, “The Political Ecology of Chinese Agricultural Investment in Uganda: The Case of Hanhe Farm,” SAIS-CARI Policy Brief No. 1/2014, Washington, DC: Johns Hopkins University, SAIS-CARI, October 2014.

大通集团看起来很有希望在塞内加尔扩展业务。欧阳日平决定投资500多万美元在达喀尔建设一家加工厂。集团向芝麻农场主协会提供信贷购买种子和化肥，后者在收获的时候偿还贷款。集团没有被交付任何土地。

在6个月后，集团就遇到了问题。大通集团的订单农场主协会开始将其芝麻出售给与大通集团形成竞争的买主，这些买主因为不用扣除投入成本，从而可以付给农场主们更高的价格。这种“违约出售”最后将会导致大通集团破产。“我们通知塞内加尔政府，要求他们帮助我们收回贷款和监督农场主协会，”欧阳日平在2009年告诉路透社记者，“如果没有保证，谁还会到这里投资芝麻?”[①]

2014年，博士研究生纳玛·瓦塔拉（Nama Ouattara）对这个故事的结局进行了深入的调查。她告诉我：“这是一场惨败，大通集团非常失望。”尽管大通集团认为其与官方有着良好的关系，但塞内加尔政府还是拒绝插手此事。大通集团只好寄希望于将农场主协会告上法庭来解决问题。

不属于中国人的卢安巴拉麻风树项目、ZJS国际有限公司和威莫斯农业有限公司

三个被土地监控倡议的数据库列为“中国人”在非洲的大型项目实际上都没有任何中国投资者参与其中。这三个项目中规模最大的是计划在尼日利亚开展的面积2.5万公顷的水稻项目。尽管投资者的网站和投资方案均骄傲地宣称威莫斯农业有限公司（Wems Agro）为尼日利亚企业，它们只是计划利用中国的技术来种植水稻，但该项目还是被贴上了“中国人”的标签。[②] 尼日利亚另外一个被错误地列为“中国人”的项目是ZJS国际有限公司（ZJS

① David Lewis, “Chinese Back Africa's Farms but Want Greater Support,” Reuters, February 11, 2009. 本段的所有引文均来自这篇报道。

② “About Us,” Wems Agro website, http://www.wemsagro.com/about.html, accessed June 12, 2015.

International）在夸拉州的项目，该项目占地5000公顷，主要种植玉米、水稻和大豆。土地监控倡议所提供的两个资料来源都没能确定这家企业为中国人的企业。通过在网上查找线索，我最终查到了一家名为玉永科技（Juyong-Tech）的韩国企业的网站。[①] 玉永科技于2008年在夸拉州建立ZJS国际有限公司，希望在尼日利亚市场寻找工业项目和建筑项目。因此这是一项亚洲人的投资（如果投资确实发生的话），而非中国人的投资。

在莫桑比克投资促进中心的名单上，卢安巴拉麻风树项目被列为批给中国人的投资。这个消息来源似乎比较可靠，因此我在2012年的一篇文章中列举中国在莫桑比克获批的投资时，曾将该项目囊括在内。[②] 在土地监控倡议的数据库中，它也被归为中国人的项目。在2014年，很容易就可以在网上查到卢安巴拉麻风树项目以验证其身份，但查询的结果令人感到困惑。有资料表示这是一 90
个芬兰人的项目，但另外的资料则称意大利人和莫桑比克人为其共同的投资者。这到底是怎么回事？

我给我的同事和合著者西格莉德·艾科曼（Sigrid Ekman）发了一封电子邮件，她刚在莫桑比克为国际林业研究中心完成了一项关于新兴经济体农业投资的详尽的田野调查。[③] 我甚至可以听见她在回复我的时候，边打字边恼火地叹气：卢安巴拉麻风树项目被贴上了错误的标签。它是奇科韦迪林业项目（Chikweti Forests）的子项目，而奇科韦迪林业项目为一群具有社会意识的荷兰、瑞典和挪威的投资者所拥有的一个“可持续性林业”项目。大量关于奇科韦迪林业项目的文章证实了这一点，而且还进一步表明该项目也面临着抗议和指责等麻烦，因为其未与当地社区进行充分协商，且没

---

① “History,” Juyoung Tech website, http: //www. juyoung-tech. com/pcb/eng/01_ company/02_ history. htm, accessed June 12, 2015.

② Brautigam and Ekman, “Rumours and Realities,” p. 7.

③ Sigrid-Marianella Stensrud Ekman and Filipe Di Matteo, “The Differential Impacts of Emerging Economy Investors in the Agricultural Sector in Mozambique,” Bogor, Indonesia: CIFOR, 2014 (draft).

有提供足够的补偿。[①] 这些问题也困扰着中国的企业。但卢安巴拉麻风树项目明显不是中国人的项目。

中信集团：并未在安哥拉租赁土地

2014 年，突然有一些文章宣称中国中信集团有限公司（原中国国际信托投资公司，简称“中信集团”）在安哥拉租赁了 2 万公顷土地，且正在准备投资 50 亿美元另行开发 50 万公顷土地。[②]“安哥拉每年需要 450 万吨粮食来满足其 2000 万人口的需求，但当前它自己只能生产 150 万吨，”一位发言人表示，“即便加上我们这个项目所能生产的 200 万吨，仍然存在一些缺口。”

中信集团是中国的一家国有投资公司，于 1979 年建立。中信集团下属的中信建设有限责任公司（简称“中信建设”）为世界排名前 50 位的工程公司。事实上，中信集团（及其下属企业）没有在安哥拉租赁任何土地。就像中水电公司在津巴布韦和中地集团在马里一样，中信建设也希望在非洲获得新一轮开发国有农场的合同。虽然罗伯特·穆加贝政府缺乏追求特定梦想的资金或信誉，而利比亚政府陷入了内战，但一些石油生产国的政府已经或计划与中国企业合作，以开发它们的国有农场和灌溉系统。中国的银行也已经对其中的一些建设项目进行了支持。

27 年的战争已经使安哥拉的农业部门满目疮痍。农村的许多地区都布满了地雷。安哥拉的粮食曾经能够自给自足，但据联合国粮农组织统计，安哥拉在 2011 年共花费了 20 亿美元进口粮食，其中包括 4.67 亿美元的进口冻鸡。2010 年，中国国家开发银行向安

---

① 比如可参见 Philip Seufert, ed. “The Human Rights Impacts of Tree Plantations in Niassa Province, Mozambique,” FIAN International, September 2012, http://www.tni.org/sites/www.tni.org/files/download/niassa_ report-hi.pdf。

② 本段引文来自 Wang Bingfei, “Country Rises from Ruins of Strife,” *China Daily*, May 9, 2014。还可参见 Loro Horta, “In Seeking to Feed Itself, China Can Make Sure Others Are Well Fed Too,” *South China Morning Post*, December 19, 2014。

哥拉政府提供了 15 亿美元的信贷额度，主要用于农业项目开发。有些贷款被用于建设盖斯特拉公司（Gesterra）所管理的 7 个新的 91
国有农场（该公司管理下的国有农场总数为 13 个）。盖斯特拉公司是安哥拉农业、农村发展和渔业部旗下的一家土地管理企业。

中信建设赢得了盖斯特拉公司名下的两个国有农场的投标。这两个农场分别为黑石农场（Pedras Negras）和圣彭布农场（Sanza Pombo），每个农场约有 10000 公顷土地（见附录表 1）。2014 年，一位名叫周瑾艳的博士研究生在我们中国非洲研究计划（China Africa Research Initiative）的资助下前往安哥拉拜访了中信建设。[①] 中信建设和其他建筑企业所签署的都是五年的合同——前两年建设面积巨大的农场，后三年运营农场并培训安哥拉员工。中信建设还安排了 11 名安哥拉的研究生前往新疆石河子大学攻读农业管理的硕士学位。

然而，中信建设在安哥拉最出名的是修建了首都卢安达的卫星城凯兰巴・凯亚西（Kilamba Kiaki），该卫星城总投资额高达 42 亿美元，现在已经居住了 7 万多人。凯兰巴・凯亚西项目由中国的银行，而非中信建设提供资金。正在讨论的 50 亿美元的项目呢？其可信度并不高。周瑾艳告诉我，中信建设一向对房地产投资感兴趣，但其投资不可能超过 5 亿美元。主要的投资者将会是安哥拉政府，因为它希望实现在各省建立具有多种用途的新卫星城的目标。这既代表了安哥拉的现代化梦想，也代表了中国建筑企业精明的市场营销，即按照中国发展的模式，将住宅区和生产区结合在一起。

沙漠里的海市蜃楼

在此我所概述的实际情况与媒体所刊登的宏伟计划，（有时）甚至是异常夸大的计划之间的差异，并非只是在关于中国在非洲的

---

① Jinyan Zhou, "Neither 'Friendship Farm' nor 'Land Grabs': Chinese Agricultural Engagement in Angola," SAIS-CARI Policy Brief No. 7/2015, Washington, DC: Johns Hopkins University, SAIS-CARI, March 2015.

报道中才会出现。海湾国家在非洲的农业投资也是如此，德国学者埃卡特·沃尔茨（Eckart Woertz）曾指出了这一点。[①] 海湾地区的阿拉伯国家严重依赖谷物进口，而且它们有现金和动力去扶持非洲以出口为导向的大型农业综合企业。沃尔茨总结指出海湾国家对获取土地非常感兴趣，但他也发现只有很少一部分项目得到了落实："媒体普遍认为海湾国家在海外耕种了大量土地，然后将生产的农产品出口到了海湾国家，但这种看法是错误的。"[②]

在美国有线电视新闻网刊登的一篇题为《沙漠里的海市蜃楼》的评论中，沃尔茨与牛津大学的博士研究生哈里·范霍文（Harry Verhoeven）对苏丹的个案进行了详细的考察。"在苏丹及许多（尽管并非所有）非洲国家的'圈地'现象，"他们写道，"就像是沙
92 漠中的海市蜃楼。"[③]

沃尔茨后来又解构了一篇名为《那个偷走了尼罗河的人》的文章，这篇文章由记者弗里德里克·考夫曼（Frederick Kaufman）所写，于 2014 年 7 月发表在《哈泼斯杂志》上面。[④] 考夫曼在文中主要讲述了沙特裔埃塞俄比亚亿万富翁穆罕默德·侯赛因·阿里·阿毛迪（Mohammed Hussein Al Amoudi）在埃塞俄比亚的甘贝拉州，也就是湖南达丰源最初拟前往投资的地方，开展的沙特之星项目（Saudi Star）。考夫曼写道，粮食现在已经超越黄金和石油成

---

① Eckart Woertz, *Oil for Food: The Global Food Crisis and the Middle East* (Oxford: Oxford University Press, 2013).

② Eckart Woertz, "The Global Food Crisis and the Gulf's Quest for Africa's Agricultural Potential," in *Handbook of Land and Water Grabs in Africa: Foreign Direct Investment and Food and Water Security*, ed. John Anthony Allan, Martin Keulertz, Suvi Sojamo, and Jeroen Warner (London: Routledge, 2012), pp. 104 – 119.

③ Harry Verhoeven and Eckart Woertz, "Mirage in the Desert: The Myth of Africa's Land Grab," CNN, July 9, 2012, http://www.cnn.com/2012/07/05/business/op-edafrica-land-grab/. 本段的引文均来自这篇文章。

④ Eckart Woertz, "A Sheikh, Ethiopia, and Pitfalls of Journalism," *Oil for Food* (blog), June 9, 2014, http://oilforfood.info/?p=652; Frederick Kaufman, "Letter from Gambella: The Man Who Stole the Nile: An Ethiopian Billionaire's Outrageous Land Grab," *Harper's*, July 2014.

了最值钱的资产，而“阿里·阿毛迪正尽最大可能地攫取粮食，并不顾他的那些忍饥挨饿的同胞的死活，将这些财宝卖给沙特阿拉伯。仅去年一年，这位被埃塞俄比亚人称为酋长的阿里·阿毛迪就向沙特出口了100万吨大米，相当于向每个沙特居民出口了70磅[①]”。

这无疑是一个具有轰动效应的故事，然而正如沃尔茨所指出的那样，它也是一个彻头彻尾的假新闻。沙漠之星项目确实在甘比拉州租赁了10000公顷的湿地。但是在2013～2014年的农业季，该项目仍然处于试验阶段，只耕种了250公顷土地。它不但在生产与资金方面面临严峻挑战，而且还受到了当地村民激烈的抗议。此外，它也没有解决当初导致湖南达丰源被迫放弃项目的基础设施落后的问题。至于该文所宣称的阿里·阿毛迪在2013年将100万吨大米从埃塞俄比亚出口到沙特阿拉伯，其情况又是如何呢？据美国农业部统计，沙特阿拉伯在2013年共进口了120万吨大米。印度提供了约70%，美国、巴基斯坦和泰国差不多提供了剩余的30%。[②] 没有一粒大米来自埃塞俄比亚。

绿色的梦

我们在本章主要介绍了表5.1所列的20个项目中的一半以上项目。我们看到中国投资者确实对非洲绿色的原野感兴趣。至此我们可以明确得出如下两个主要观点。第一，中国的对非农业投资，要比媒体让人们相信的少得多。最初所收集的关于中国投资的数据存在很多问题，有的并非是中国的投资，有的甚至都不属于投资的范畴，还有一些在召开新闻发布会或表达了兴趣之后，就没有再采

---

① 约合32公斤。

② Hussein Mousa, "Saudi Arabia Grain and Feed Annual," GAIN Report no. SA1402, USDA, Global Agricultural Information Network, February 19, 2014, http://gain.fas.usda.gov/Recent%20GAIN%20Publications/Grain%20and%20Feed%20Annual_Riyadh_Saudi%20Arabia_2-19-2014.pdf.

取进一步的行动。我们迄今基本没有看到可真正被称为“圈地”的案例，即近期因中国获取土地而导致非洲小农和村民失去赖以耕种、放牧或狩猎的土地的案例。

然而，我们要指出的第二点是，就像其他国家的企业一样，中国企业也已经开始寻求在非洲开发各种经济作物，如生物燃料、橡胶、甘蔗和芝麻等，而且有些企业最初感兴趣的是建筑或项目管理
93 方面的业务。

在接下来的三章中，我们将看到一些前往非洲并留下来投资的中国农业综合企业。我们还将看到非洲的一些促进、抵制或研究这一发展趋势的官员、市民社会和学者。我们可以从那些已经在非洲进行农业投资，甚至一些最终没有进行投资的中国企业那里获得很多经验和教训。但在此之前，让我们回到“鸵鸟王”在喀麦隆种植 10000 公顷水稻的梦想。

我们在第二章的结尾提到，负责管理台湾当局此前在南加埃博科援建的示范农场的陕西省专家组，对他们的土地租赁审批文件仍然处于首相办公室一个委员会的“研究之中”感到沮丧。喀麦隆人也很生气和沮丧，尤其是那些土地在地图上被标注出来须交给杨浩民的公司的人更是如此。

陕西农垦已经与喀麦隆签署谅解备忘录，其组建的中喀英考农业开发有限公司将借此获得 10000 公顷土地，但迄今该公司一块地都还没有得到。它曾获得了国家开发银行对该项目的贷款承诺，但对项目进行评估后，国家开发银行决定不再发放贷款。① 2015 年 3 月，我们通过电话对在陕西家中的杨浩民进行了采访，此时距他首次前往喀麦隆已经过去了近 10 年。② “这件事真的很复杂。”杨浩民说。除农业技术示范中心的 100 公顷土地之外，公司没有能够再

---

① Interview, Ministry of Agriculture, Beijing, March 4, 2015；程伟、李杨：《陕西农垦集团在喀麦隆签订农业开发项目协议》，《陕西日报》2010 年 3 月 31 日，http://news.aweb.com.cn/2010/3/31/117201003310916400.html。

② 对杨浩民的电话采访发生在 2015 年 3 月 26 日，采访内容由毕菡凝和笔者从中文翻译成英文。

获得其他任何一块土地。获得土地是公司所面临的一大困难，但杨浩民告诉我们，“钱才是最大的问题”。“陕西农垦将一些资产作为国家开发银行的抵押，但国家开发银行随后断定这个项目风险太大。在经营方面确实存在一些风险。我们的一个员工在他马上就要回家的前一天，因病去世。但国家开发银行还认为政治风险也太高。”

陕西农垦在 2012 年将占地 100 公顷的农业技术示范中心移交给一个新的公司，即由陕西省政府建立、旨在管理该省国有企业对外投资的陕西海外投资发展股份有限公司。杨浩民已经退休。2013 年，总部位于菲律宾的国际水稻研究所写道，喀麦隆拥有成为中部非洲米仓的潜力。[1] 然而当年年底，喀麦隆的大米进口量突破 60
万吨，再创历史新高。 94

① Savitri Mohapatra, “Cameroon: Central Africa's Potential Rice Granary,” *Rice Today*, October-December 2013, pp. 36 - 37, http://irri.org/rice-today/cameroon-central-africa-s-potential-rice-granary.

第六章 在非洲落地生根

——中垦集团

时值 2013 年 5 月底，赞比亚的旱季刚刚开始。我们的出租车缓慢驶过首都卢萨卡的街头，前往一小时车程之外的中赞友谊农场（China-Zambia Friendship Farm）。树上覆盖了一层薄薄的红土，5 年前我第一次访问那里时满眼的深绿色已不复再见。我们经过了一个巨大的广告雕塑，那是一只白色的鸡，牢固地矗立在交通环岛的基座之上，上面写着如下文字："杂交鸡——赞比亚 50 多年来最好吃的鸡肉"。当我们进入市郊的工业区后，交通开始拥堵起来。在另一则杂交家禽广告（"我的国家。我的鸡肉。"）的影子下，一家饲料厂张贴了一张小的告示："这正是你需要的大豆。"赞比亚并没有多少人吃豆腐，但由于禽类饲料和蔬菜油产业的迅速发展，大豆已经成为重要的物资。我们在看到农场的标志后离开了柏油路。卡车就停在高高的围墙底下。大门紧闭，出租车只好等在那里。一辆皮卡沿着农场的公路从远处向我们驶来，后面扬起了一片尘土。几分钟后，我们进入了农场。

中赞友谊农场为中国早期在非洲进行的其中一项商业投资。中垦集团与江苏省农垦集团有限公司（简称"江苏农垦"）在 1990 年 12 月从中国的一家国有进出口公司手中购买了一个现成的农场，当时那家公司既没有经验也没有资金来经营这个农场。[①] 我们在农场的小办公室坐下后，已到中年的农场经理宋国强告诉我说他是在 2006 年来到赞比亚的。"我想冒一些险。"他说。他妻子同他一起来到农
95 场，担任农场的会计。另外 3 个中国人帮助管理 40 个赞比亚雇员。他之所以现在还待在那里，是因为他们十多岁的女儿有幸进入了卢萨卡昂贵的美式学校读书。"让她到美国学习是我们家的梦想。"

---

① 这个故事最初部分来自索朗·郭·查特拉德的田野调查，她采访了当时在赞比亚工作的一位中国专家。参见其于 2014 年 9 月 15 日写给笔者的电子邮件。中垦集团拥有 60% 的股份，江苏农垦拥有 40% 的股份。

这个占地630公顷的农场位于赞比亚水资源丰富的农业带，有着储量丰富的地下水。中国企业购买这个农场共花费了31.75万美元，租期为99年，到期后可续租。在旱季的时候，农场约有一半的土地种植小麦，并用半径很大的中心旋转喷灌系统进行灌溉。在雨季的时候，他们种植的是玉米和大豆。我听说他们还曾经种过蔬菜，养了猪、家禽和奶牛。“我们以前确实这么做了，”宋国强告诉我说，“但现在本地农场主在这些领域竞争比较激烈。于是我们决定退出来，把生意让给他们。”

我问宋国强农场是否盈利。他很确定地告诉我说：“农场在盈利。”近20多年来的每一年，中赞友谊农场的董事会都要在中垦集团位于北京的总部开会，审查农场经理关于支出与收入的年度报告。“我们在这里要向赞比亚交税，”宋国强说，“自从我来到这里，我们一分钱都没有寄回中国。我们将赚到的钱都投入到了新设备和新的灌溉系统上面。”后来我们去看了停在谷仓外面的农用机械。宋国强很想让我看看他所买的东西。“我们的联合收割机是美国产的，”他满脸笑容地指着一台闪闪发光的“凯斯2388”收割机对我说，“它的质量很好。我们还有美国的‘约翰·迪尔’拖拉机。我们在当地购买了这些拖拉机，但它们是在巴西制造的。”

赞比亚是内陆国家，因此出口海外的运输成本相当高，当然，农场生产的作物在当地也有很大的市场。于是我不得不问他：“你们的出口情况如何？”宋国强笑了起来：“你其实想问的是我们是否将粮食运回了中国。每个到这里访问的人都会问我相同的问题。”宋国强告诉我，哈佛大学教授尼尔·弗格森（Niall Ferguson）曾在上一年访问农场，为制作三集关于中国的电视系列片拍摄素材。“我们一起吃了中餐。他问我是否在为中国生产小麦。如果你在赞比亚种植粮食然后运回中国，你肯定会赔钱。与这里相比，中国粮食的价格很低。”

中赞友谊农场是中国在1987~2003年的15年间进行的十多项对非大型农业投资的其中一项（见表6.1）。20世纪80年代末，中国共有三家大型国有企业前往海外进行农业投资，中垦集团（以及江苏农垦等省级农垦公司）为其中一家。另外两家为建筑企业，它们最终管理了一些非洲政府所有的制糖联合企业（糖联），而这些糖联最初都是由它们承建的中国对外援助项目。本章主要关注的是中垦集团，第七章则会进入复杂的蔗糖世界。我们详细地考
96 察这些投资项目，是因为迄今为止它们仍然占据了现有中国对非大型农业综合投资的大半壁江山（见附录表 1）。不过，在探讨中垦集团在非洲的业务之前，让我们先绕道澳大利亚的偏远内陆，正是在那里，中垦集团获得了其第一块面积较大的土地。

表 6.1　1987 ~ 2003 年中国对非大型农业投资

国家	年份	名称	最初面积（公顷）	企业名称	是否为前中国援助项目
多哥	1987	阿尼耶糖联	1400	中成集团	是
赞比亚	1990	中赞友谊农场	667	中垦集团	不是
赞比亚	1993	中垦农场	3573	中垦集团	不是
马里	1995	法拉科茶厂	100	中垦集团	是
几内亚	1996	科巴农场	1800	中垦集团	是
马里	1996	上卡拉糖联	5174	中轻对外公司	是
加纳	1997	中农国际公司可可加工厂	0	中垦集团	不是
马达加斯加	1997	木伦达瓦糖联	6506	中成集团	是
加蓬	1998	东方农业发展公司	300	中垦集团	是
赞比亚	1999	中垦友谊农场	2600	中垦集团	不是
毛里塔尼亚	1999	姆颇利农场	638	中垦集团	是
赞比亚	1999	中华农场	1400	江苏农垦	不是
坦桑尼亚	1999	鲁代瓦和基桑加塔	6900	中垦集团	不是
塞拉利昂	2003	马格巴斯糖联	1280	中成集团	是
贝宁	2003	萨维糖联	5200	中成集团	不是
多哥	无法确定	农垦农业发展公司	300	中垦集团	无法确定

“在偏远的地方有一个中国人”

1989 年 4 月，生活在澳大利亚昆士兰州偏远内陆地区的牧场

主吃惊地发现，他们的新邻居变成了中国人。[①] 昆士兰大学的研究人员本·里昂（Ben Lyons）还记得他的亲戚和朋友们的话：“呃，在这偏远的地方有一个中国人。”中垦集团在北京签署了占地面积为30000公顷的诺埃拉牧场（Noella Ranch）的购买协议，中国的电视台还对签字仪式进行了报道。当时负责这笔交易的当地农产品经销商克莱顿·斯塔克（Clayton Stark）后来回忆他的北京之行说：“几乎每晚都会举办一场宴会。” 97

在斯塔克的建议下，中垦集团雇用了经验丰富的饲养员鲍勃·格拉哈姆（Bob Graham）担任牧场经理。牧场几乎立刻便遇到了问题。它们在北京的母公司承诺提供运营资金，但其提供的数额与牧场所需的资金相去甚远。格拉哈姆不得不出售一些牲畜以偿还牧场日积月累的债务。“我们说，‘我们不得不卖掉它们，因为中国人并没有……他们并没有拿出钱来运营牧场’。”

语言和文化差异对双方都构成了挑战。中国人不断组团前往澳大利亚学习农业经验，但他们主要是仅接受过大学教育的科学家和官员，本身只有很少的农业经验。克莱顿·斯塔克回忆说：“他们不会骑马……骑摩托车更是一场灾难。”但他又补充指出：“他们确实对知识如饥似渴。我认为他们在回到诺埃拉牧场的农舍后，肯定会尝试并分析白天看到的东西，以及讨论如何在他们的国家运用他们的所学。”

中垦集团是与来自香港、印度尼西亚和澳大利亚的一些私营机构共同出资购买牧场的。中垦集团拥有60%的股份，为此支付了近300万澳元的资金。至于牧场总的销售价格，它被认为是510万澳元。（“那个牧场值500万澳元吗？”记者问。“这简直就是胡扯，”鲍勃·格拉哈姆说，“它根本就不值这个钱。”）中垦集团后

① 这个故事及下面的引文均来自一期电视报道：“Lost in Translation,” by reporter Chris Masters for *Four Corners*, Australian Broadcasting Company, April 12, 2004, http://www.abc.net.au/4corners/content/2004/s1086375.htm。关于农场在2007年的相关数据，参见中国农业发展有限集团公司《关于协助选聘海外农业开发项目工作人员的通知》，2007年7月23日，www.cnadc.com.cn/rlzy/2007/7/66c9kuu94t.htm。

来获悉，牧场的实际销售价格仅为 290 万澳元，于是他们起诉对方诈骗。诉讼书宣称文件遭到替换，签名也是伪造的。中垦集团由此猛然领悟到了资本主义黑暗的一面。

中垦集团还在经营着诺埃拉牧场，目前共有 5 名中方员工和一群牧羊犬管理着约 1.1 万只羊、1500 头牛以及 50 只羊驼。他们应该已经学会了骑摩托车。在澳大利亚的内陆地区，很多牧场动辄就有上百万公顷甚至更大的面积，与它们相比，诺埃拉牧场的面积要小很多，其养殖的牲畜也要少很多。正如我们将会看到的那样，当中垦集团在世界的另一端，也就是非洲进行创业投资时，这种情况更是屡见不鲜。

“幸福降临了迪耶科村”

1966 年 8 月，中国的一个专家组抵达毛里塔尼亚，帮助其开发姆颇利平原的冲积土壤以种植灌溉水稻。塞内加尔河在每年的洪水期都会漫过姆颇利平原，来自大西洋的咸水也经常会侵袭这块土地。中国专家组首先在冲积平原的实验田种植了灌溉水稻。《北京周报》对这个项目的进展进行了报道，称“幸福降临了迪
98 耶科村”。[①]

根据《北京周报》的报道，中国技术人员“决定遵循我们伟大领袖毛主席的教导，‘下定决心，不怕牺牲，排除万难，去争取胜利’”。中国人真的一天都没有休息。当每年如期而至的洪水淹没这一地区的时候，他们不得不淌水前往试验田。

> 他们的皮肤被太阳晒掉了皮，他们的双脚因在水里浸泡的时间太长而肿了起来。但他们仍顽强地坚持战斗。许多当地居

① “‘The Engineers and Technicians Sent by Chairman Mao Are Excellent!’—Report on Chinese Agricultural, Land Reclamation and Water Conservancy Engineers and Technicians in Mauritania,” *Peking Review*, February 21, 1969, pp. 11 – 12. 除非另有说明，在毛里塔尼亚这个案例中的所有引文均来自这篇报道。

> 民深受感动，也拿起农具与中国技术人员一起工作。一位上了年纪的工人满怀深情地说："只有中国的援助是真诚无私的。帝国主义所谓的援助，只是为了更加迅速和无情地掠夺我们。"

试验田大获丰收之后（迪耶科及附近村子里的村民为试验田送去了10吨的肥料），中国人又紧张地投入到下一场战斗之中：修建13公里的堤坝以充当永久性的防洪堤。完成类似的任务通常都需要6个月的时间，但正如《北京周报》在报道中所指出的那样，中国人"在毛主席光辉思想的指引下"，与毛里塔尼亚携手合作，在不到4个月的时间里便完成了任务。中国专家有时会连续工作30个小时。

《北京周报》的记者很熟悉如何以正确的政治手法来讲故事。在这篇报道中，毛里塔尼亚的访客告诉中国人说："帝国主义国家的'专家'从来都没有亲手做任何事情；他们只会命令别人。他们即便躲在开着空调的办公室里，也会抱怨天气太热。他们不管去哪里都要开车。但你们没日没夜地在酷暑劳作。我们从未见过像你们这么好的外国人。"《北京周报》告诉读者，当防洪堤最终建设完成的时候，成群结队的村民拥簇着他们的中国朋友，满怀热情地高喊："毛主席万岁！"

防洪堤可以保护4000公顷的土地免受洪水的侵袭。姆颇利成为毛里塔尼亚的国有农场。中国专家组继续留在那里为周边种植水稻的村庄提供咨询服务。1979年，一个来自由西方资助的萨赫勒俱乐部（Club du Sahel）的工作组参观了这个项目。[①] 当时毛泽东去世已有3年的时间，中国将马上在邓小平的领导下准备开始进行重大改革。中国专家仍然还坚守在姆颇利农场。虽然现在农场的道路两旁已经长满了色彩缤纷的黄色美人蕉，以及蓝紫色、红色和橘黄色的三角梅，但由于盐碱化，以及一种名为"红色水稻"的水草的侵袭，不但水稻

① "Development of Irrigated Agriculture in Mauritania: General Overview and Prospects, Proposals for a Second Programme 1980 - 1985," Club du Sahel, October 1979, http://pdf.usaid.gov/pdf_docs/PNAAP500.pdf.

的产量出现下降，而且进一步扩大水稻种植面积的计划也被阻碍。或
99 许更为严重的是，毛里塔尼亚政府将购买当地糙米的价格固定在低于进口成本的水平。如此一来，当地农场所生产的水稻（未研磨的大米）的价格就落到了平均生产成本之下。正如我们将看到的那样，当中垦集团决定前往毛里塔尼亚投资的时候，这些不太起眼的细节都将成为重大的问题。

毛里塔尼亚政府在1999年决定将姆颇利农场私有化。中垦集团租下了农场，并投入了约80万美元来修复控水系统和堤坝。[①]虽然水稻产量回升到每公顷5吨，但投资进展得并不顺利。在国际货币基金组织要求消除财政赤字的压力下，毛里塔尼亚政府将每年的租金增加了20%，并提高了进口石油的价格。农场每年的支出增加了10万多美元。毛里塔尼亚政府还实施了新的稻米价格管控政策，从而进一步恶化了中垦集团所面临的问题。中垦集团在3年的时间里便损失了好几百万美元。它们放弃了承包合同。中垦集团的一名领导后来表示，在姆颇利农场的投资使他们学习到严格进行可行性研究和市场研究的重要性，尽管这些研究可能也无法预测因非洲政府突然改变政策所带来的政治风险。[②]

中垦集团早期的其他许多投资也遇到了诸多类似问题。我们已经看到了马里的法拉科茶厂所面临的挑战（见第三章）。中垦集团于1998年在加蓬建立了东方农业发展公司，这是一家合资公司，其中加蓬农业部拥有25%的股权。该公司从中国政府建立的合资合作基金那里获得了100万美元的对外合作贷款，另外还自已投资了50万美元的资金。[③] 它计划利用此前中国一个援助项目的300公

---

① 《中国与非洲已实施的合作项目一览表》，中国互联网络信息中心，www. china. com. cn/chinese/zhuanti/zf/426895. htm，访问日期：2015年6月4日。

② “Fruitful Agricultural Cooperation,” December 10, 2003, China Internet Information Center, http://www. china. org. cn/english/features/China-Africa/82040. htm#.

③ 《关于协助选聘海外农业开发项目工作人员的通知》，中国农业发展有限集团公司，2007年7月23日，www. cnadc. com. cn/rlzy/2007/7/66c9kuu94t. htm；《中、加合资合作项目简介》，商务部，2002年3月14日，http://ga. mofcom. gov. cn/article/zxhz/hzjj/200203/20020300004539. shtml。

顷土地种植蔬菜，饲养猪和家禽。该公司还在 2001 年接手了此前由中国援建的一家年久失修的木薯加工厂。6 年之后，该公司仍然只获得了 10 公顷的土地，如此一来，根本就无法开展规模经营。不过，中垦集团在加纳逐渐荒废的可可加工项目遇到了更大的困难并更加广为人知。

中农国际公司与卡里登发展公司在加纳的可可加工项目

1997 年，中国农业部下属的另外一家企业中国农牧副渔国际合作公司（简称“中农国际公司”）开始准备在距离加纳首都阿克拉约 24 公里的特马港出口加工区建立一个可可加工厂。工厂将采
取合资的方式建立。加纳妇女政治团体“12 月 31 日妇女运动组 100
织”（31st December Women's Movement）的商业分支卡里登发展公司（Caridem Development Company）将拥有 45% 的股份。[①] 在加纳政府的担保下，该项目从中国进出口银行获得了 875 万美元的优惠贷款。可可加工厂在 2000 年破土动工，在 2002 年安装了机械，并计划从 2003 年 4 月开始加工可可。加纳出产的可可质量很高，再加上有高层的政治支持，中农国际公司有望“赚到盆满钵满”。然

① 除非另有说明，关于中农国际公司可可加工项目的所有资料均引自如下资料：“31st December Movement, Chinese Company in Joint Venture,” Ghanaweb, July 3, 1997, http://www.ghanaweb.com/GhanaHomePage///NewsArchive/artikel.php?ID=1200; Dela Tsikata, Ama Pokuaa Fenny, and Ernest Aryeetey, “China-Africa Relations: A Case Study of Ghana,” Scoping Study Prepared for the African Economic Research Consortium, Institute of Statistical, Social and Economic Research, University of Ghana, January 2008, (draft), p. 26; “Adding Value to Our Exports without Partisanship,” Statesman (Ghana), July 24, 2007, http://www.copal-cpa.org/newsletters/No.%20241.pdf; “31 Dec. Women's Movement Asks Government to Release Money to Cocoa Factory,” Ghana News Agency, May 18, 2007, http://ghananewsagency.org/economics/31-dec-women-s-movement-asks-government-torelease-money-to-cocoa-factory-2821; Maame Agyeiwaa Agyei, “Chinese Bank Refused to Write Off Ghana's Debt ... MOFEP Tells Justice Appau,” *The Chronicle* (Ghana), July 28, 2014, http://thechronicle.com.gh/chinese-bank-refused-to-write-off-ghanas-debtmofep-tells-justice-appau/。

而与之相反，北京方面有人告诉我，中农国际公司已经破产，它的资产都被转给了中垦集团。

中农国际公司的管理者们认为，他们与高层的政治关系对他们的投资将会是大有裨益的。事后证明这完全是一厢情愿。从该项目破土动工到预计开始运营的这段时间，加纳正好经历了一场和平的民主转型。杰瑞·罗林斯（Jerry Rawlings）辞去总统职务，反对派上台执政。罗林斯的妻子第一夫人娜娜曾是“12 月 31 日妇女运动组织”的领导人，而该组织与罗林斯所在的政党关系密切，且被人们普遍认为是其筹集选举经费的工具。在政治转型后，加纳新任财政部部长拒绝授权中国进出口银行将剩余的 180 万美元贷款发放给可可加工厂，称他无法确定“12 月 31 日妇女运动组织”是否会偿还贷款。中农国际公司发现自己被中国长期以来所承诺的不干涉合作国家的内政所拖累。

2007 年 5 月，随着加纳的选举日趋白热化，“12 月 31 日妇女运动组织”为再次推动剩余贷款的发放召开了一场新闻发布会，并带领记者们参观了工厂里已经生锈的设备。两个月后，加纳时任总统约翰·库福尔（John A. Kufuor）也举办了一场新闻发布会，宣布将开始在特马港出口加工区耗资 7000 万美元建设一座最先进的可可加工厂——建设方为美国的跨国农业综合企业嘉吉公司。卡里登发展公司提出上诉，要求发放剩余的贷款。2008 年 5 月，公司赢得诉讼，获得了 175 万美元的赔偿。然而在我们的研究团队最后一次前往那里时，中国人所建的这家工厂仍然被闲置在那里，而嘉吉公司所建的工厂则已经雇用了约 400 个加纳人。2010 年，中垦集团副总经理许军就该项目告诉《中国日报》说：“如果要开展进一步合作的话，我们现在更愿意与政府官员而非政党领导人打交道。”①

几内亚的“一块破旧的土地”

科巴农场（Koba Farm）位于西部非洲国家几内亚首都科纳克

① Jin Zhu, “China, Africa Forge Farming Ties,” *China Daily*, August 12, 2010.

里东北部 130 英里[①]的地方，为中垦集团在非洲规模最大的投资之一。作为此前的援助项目，科巴农场共由两大部分组成。第一部分在已故总统兰萨纳·孔戴（Lansana Conté）的家乡附近，为占地约300 公顷的混合农场，农场中养殖了家禽，种植了蔬菜和灌溉水 101
稻。瑞士记者塞尔日·米歇尔（Serge Michel）和迈克尔·伯雷（Michel Beuret）在 2006 年对孔戴进行了采访，当谈到科巴农场的时候，孔戴喜笑颜开地说："没有人能够与中国人相比！"他还告诉他们："我给了他们一块破旧的土地。你们应该看到他们已经让这块土地焕发了生机！"[②] 科巴农场还有一个占地约 2000 公顷的小型甘蔗种植园和一家制糖厂。当中轻对外公司在 1996 年前往那里投资的时候，基本已无法用糖联做任何事情。制糖厂已经被关闭，很多土地已经变成了稻田。[③] 科巴农场另外还有至少十多种小打小闹的经营活动，其中包括鸡蛋生产，以及一家为科巴农场及附近其他农场生产大米包装袋的工厂。然而，中国农业部的一位官员 2010 年在北京告诉我："中轻对外公司并没有从这个项目中赚钱。"该项目似乎已经因破产被清算。

坦桑尼亚的白色黄金

热带剑麻为龙舌兰属植物，原产墨西哥。据传抗旱植物剑麻是在 1892 年抵达坦桑尼亚的，当时为德国东非公司工作的农学家理查德·亨多尔夫（Richard Hindorf）博士从尤卡坦半岛走私了 1000 棵剑麻苗，通过将它们塞进鳄鱼的肚子把其运到了坦桑尼亚。其他的说法（这些说法可能更为现实）为，坦桑尼亚的剑麻是直接从

① 约 210 公里。——编者注

② Serge Michel and Michel Beuret, *China Safari: On the Trail of Beijing's Expansion in Africa* (New York: Nation Books, 2009), p. 3.

③ 参见笔者 2013 年 12 月 20 日在北京中国轻工业集团总公司对中轻对外公司管理人员的采访。中轻对外公司还在科巴农场修建了制糖厂并开发了甘蔗田。

佛罗里达的苗圃中订购而来的。[①] 无论它们是怎么到达坦桑尼亚的，坦桑尼亚的剑麻产业都根源于最终活下来的 62 棵幼苗。第一次世界大战之后，英国继承了德国的“财产”，其中包括当时的坦噶尼喀及其剑麻种植园。在 1961 年坦桑尼亚获得独立的时候，英国、荷兰、希腊和印度的投资者共在坦桑尼亚拥有 70 多个剑麻种植园，总面积约 48.7 万公顷。[②] 与其他产业相比，剑麻农场雇用了最多的劳动力，创造了更多的外汇。

坦桑尼亚社会主义政府的第一任总统朱利叶斯·尼雷尔(Julius Nyerere)在 1967 年的《阿鲁沙宣言》(Arush Declaration)中，宣布了一项非洲社会主义与自力更生的新战略——乌贾马(Ujamaa)，此后大多数剑麻种植园都被国有化。这使他受到了中国毛主义者的热烈欢迎（他还给斯堪的纳维亚半岛奉行社会民主的捐助者留下了深刻的印象，这些国家因此向坦桑尼亚提供了更多的援助以支持其实现自力更生）。在不到 20 年的时间里，坦桑尼亚的剑麻产业便处在了危机之中。坦桑尼亚的国有农场无法与合成纤维，甚或巴西效率更高的剑麻生产商展开竞争。耐用纤维的年产量从 23 万吨骤降到 20000 吨。《纽约时报》记者尼古拉斯·克里斯托(Nicholas Kristor)在 1985 年写道，尼雷尔对此大失所望。
102 “我们将这些剑麻种植园国有化，然后夸口说我们的人民将会比之前的所有者更好地管理它们，这简直大错特错!”尼雷尔在一场公共集会上表示：“如果我现在让英国人来参观他们之前的剑麻种植园，我敢肯定他们将嘲笑我们，因为我们让他们的种植园破了产。”[③]

坦桑尼亚政府在 1984 年拥有 34 个国有农场，总面积约 7 万

---

① Edward A. Gargan, “International Report; Tanzania's ‘Green Gold’ Woes,” *New York Times*, June 23, 1986.

② M. G. Tenga, *Sisal Industry in Tanzania Since Colonial Era* (Xlibris, April 15, 2008), pp. 37 – 38. Peter Mohamed, “Sisal Board Introduces Mobile Decorticators to Revolutionise Farming,” IPP Media, October 19, 2012, http://www.ippmedia.com/frontend/index.php?l=47097.

③ Nicholas Kristor, “The Third World: Back to the Farm,” *New York Times*, July 28, 1985.

公顷。[①] 在短短10年的时间，坦桑尼亚管理这些农场的国有企业就已经纷纷破产，而且大部分农场都被交给了私人投资者。在一些地方，如由中国援助项目在姆巴拉里开发的国有农场，坦桑尼亚政府与当地小农户之间爆发了冲突，因为前者希望有企业承包农场并向农场投入资金，而后者则希望将农场分成小块然后分给他们。

在1996～1998年先后四次前往坦桑尼亚进行考察后，中垦集团决定避开此前的援助项目而对剑麻进行投资。集团希望承包的农场包括两个殖民时期建立的种植园，分别名为鲁代瓦（Rudewa）和基桑加塔（Kisangata），总面积约6900公顷。坦桑尼亚前驻法国大使曾一度拥有两个种植园中的至少一个，英国的一些投资者也曾拥有过它们。中垦集团准备了一份可行性报告，并从中国进出口银行申请到了优惠投资贷款。1999年，中垦集团耗资120万美元承包了这两个种植园，租期为99年。[②]

中垦集团从中国进出口银行那里获批了900万美元的贷款，但由于此前好几笔海外贷款都没有按期还款，中国进出口银行开始收紧贷款。当中国进出口银行的代表参观这两个种植园的时候，他们吃惊地发现面临着很多挑战。尽管有道路可通到农场，但那里既没有电也没有水。农田已经被荒废了10多年的时间。枯死的剑麻丛中已经长满了小树。浓密的野草已经堵塞了道路。必须要将原来的剑麻连根拔起然后再种上新的剑麻，而且大部分工作只能靠人力完成。此外，新剑麻成熟最快也需要近3年的时间，在此之前，农场不会有任何收入。

---

① Land Rights Research and Resources Institute（LARRRI），"The State of the Then NAFCO, NARCO and Absentee Landlords' Farms/Ranches in Tanzania," February 14, 2009, p.9, http://www.hakiardhi.org/index.php?option=com_docman&task=doc_download&gid=75&Itemid=11.

② Xiaochen Chen, "Ploughing Africa: The Story of a Chinese Sisal Farm in Tanzania," China Africa Reporting Project, University of Witwatersrand, Johannesburg, South Africa, http://china-africa-reporting.co.za/2013/06/ploughing-africa-the-story-ofa-chinese-sisal-farm-in-tanzania/. 本文最初发表于《第一财经日报》2013年5月21日。

由于担心这些风险，中国进出口银行要求抵押品。剑麻农场除了工厂里德国制造的老旧的克虏伯机器（1949 年制造）外，其他一无所有。中国进出口银行并没有对此表示同情。正如《第一财经日报》记者陈晓晨在 2001 年发现的那样，中国进出口银行停止了贷款的发放。由于缺乏资金，剑麻农场经历了好几年的困难时期，在一定程度上依靠中垦集团在赞比亚农场的资金支持才坚持了下来。2004 年，农场收获并加工了第一批剑麻并出售给了当地的购买者。[①] 到那时为止，农场已经重新种植了 1000 公顷的剑麻。2005 ~ 2009 年，大概是由于缺乏资金，农场停止了扩张的步伐。
103 2010 年，中垦集团的母公司中农发集团与中非发展基金合资成立的中非农业投资公司决定购买剑麻农场，这也是该公司成立后的第一批投资之一。中非农业投资公司因此能够注入新的资金。

在我于 2011 年 9 月访问那里时，农场的命运似乎终于被扭转了过来。访问农场的前一天，我们前往了由重庆市农业科学院为坦桑尼亚农业部修建的农业技术示范中心，该中心在达卡瓦的老国有农场附近，距莫罗戈罗市不远。示范中心很安静。建筑工程已经完工，但当时尚未投入运营。我了解到承建示范中心的重庆市农业科学院已经决定不再在坦桑尼亚开展进一步投资。示范中心的篮球场已经被一分为二，用来晾晒鲜红的辣椒。黄色墙外的土路上，马赛族的小孩正在驱赶驼峰牛和瘦羊，这些牛或羊正边走边啃上两口干草。

在前往剑麻农场的五公里路程快结束的时候，司机向左进入了一条车辙很深且弯弯曲曲的土路。在一百多码之后，几乎就在与这条土路平行的地方，正在修建一条新的柏油路。修建这条公路的公司的名字被写在了一个牌子之上：中国土木工程集团有限公司（简称“中土集团”）。中土集团的前主管单位是中国铁道部，集团在 1970 年第一次派遣人员前往坦桑尼亚，帮助修建迄今中国最大的对外援助

① “Bright Future for Sisal Cultivation,” People's Republic of China, Economic and Commercial Counselor's Office in the United Republic of Tanzania, April 14, 2005, http://tz2.mofcom.gov.cn/aarticle/chinanews/200504/20050400063729.html.

项目：全长1860公里、将内陆国家赞比亚与坦桑尼亚连接起来的坦赞铁路。根据那个牌子上的介绍，这条道路由坦桑尼亚政府出资修建。

我们看到只有一个中国人在现场指挥好几十个坦桑尼亚工人干活。在这些工人中既有男工人也有女工人，但没有一个人穿着工作服。他们正在用手平整一段用来铺设路面的路基。有些人戴着防止吸入尘土的口罩。大多数人都穿着拖鞋，或像他们的中方监工一样穿着橡胶凉鞋。在瓦米河中的一个桥墩上，一名坦桑尼亚工人正在赤脚操作一个电钻。

我们很快便来到了剑麻农场。那些剑麻犹如巨大的菠萝冠顶，成排地长在冲积平原之上。镶嵌着蓝边的群山矗立在远方的地平线上，在高温下闪着微光。农场总经理管善远正在一栋被辟为中方宿舍和餐厅的平房里等我们。管善远是在2008年前往坦桑尼亚的，此前他曾在南非的另外一家农业合资企业工作。管善远让农场的财务经理吴先生带我们参观他们的生产情况。

农场工人正在地里收割剑麻宽大的剑状叶片，将它们捆起来装 104
到卡车上面。剑麻的纤维将在经过水力或机器的搅动和击打后被从坚硬的叶片中分离出来。分离出的纤维为丝状物，呈淡黄色，被放在工厂外的长架子上晾晒。工厂的另一个区域如同正在下大雪一样。一群妇女正戴着过滤口罩将剑麻装箱运走，扬起的剑麻纤维在空气中四处飞舞。在一些年份，有一半的剑麻被坦桑尼亚当地的工厂（不是中资工厂）消化。其他的被用来出口，其中买家主要为中国人。

我们前去采访的时候，6个中国人当中只有2个人恰好在农场工作。有人正好休假。总工程师飞回中国去购买农场里最近刚坏的一台发电机的零部件。农场共有1000多名当地工人，并雇用了近100名坦桑尼亚人担任高层和中层管理人员。农场还为坦方经理提供了住房、医疗社会保险和绩效奖金。农场的诊所里有4名坦桑尼亚医生及其他医务人员，每天可治疗至少20名疟疾患者。当地的许多管理人员都将他们的家人从附近的城镇带到了农场，还有些工人甚至来自遥远的莫罗戈罗地区的首府。大多数工人，其中包括那些临时雇用的工人，都是坦桑尼亚种植园与农业工人协会

（Tanzania Plantation and Agricultural Workers Union）的成员。

中国学者通过对剑麻农场的研究强调指出，中方管理人员经常会对劳资关系表示焦虑，因为坦桑尼亚的情况与中国完全不同。中国农业大学教授张莉、徐秀丽和李小云在2012年发表的一篇文章中认为，处于管理层顶端的中方老板有意利用施以恩惠的庇护关系来消除工人罢工与采取正式法律行动的危险。① 比如，当学者们正在农场进行调研时，一名厨师因假期结束后还没有返回岗位而被解雇。这名厨师为报复向警察报告说他遭到了持枪威胁。警方报告的细节有些模糊不清，但学者们看到中方管理人员利用他与厨师家庭的私人关系，劝说厨师撤销了指控。

在我们参观剑麻厂运营时，管善远为我们准备了午饭。我们同他在一栋小房子里吃了午饭。那栋房子在农场边上的一片小树林底下，中方所有管理人员都住在那里。管善远无疑是属于新中国的。他于20世纪90年代初在夏威夷学习种植园农业，他的女儿正在中国攻读环境经济学的硕士学位。吃完午饭后，管善远向我们展示了他正在从事的一项规划：从商务部申请资金开展一个利用剑麻肥料制造沼气的可再生能源项目。

在最近一次探亲假期间，管善远希望能从互联网找到一个能够
105 在企业社会责任方面为他提供意见的人。剑麻农场已经为当地社区做了一些工作，如修葺学校的建筑、教授武术和资助当地的足球队等，但管善远希望在减贫方面做一些事情。他决定去拜访位于北京的中国国际扶贫中心。② 中国国际扶贫中心让他与中国农业大学人

① 张莉、徐秀丽、李小云：《走出去的中国资本：文化遭遇与融合——针对一家中资企业在坦桑尼亚的田野观察》，《中国农业大学学报》（社会科学版）2012年第4期。

② Xiuli Xu, Gubo Qi, and Xiaoyun Li, "Business Borderlands: China's Overseas State-owned Agribusiness," in *IDS Bulletin, Special Issue: China and International Development: Challenges and Opportunities*, ed. Jing Gu, Xiaoyun Li, Gerald, 45, no. 4 (July 2014): 114 - 124. 中国国务院国有资产监督管理委员会曾在2008年1月发布《关于中央企业履行社会责任的指导意见》，从而对100多家中央企业进行监管。"Guidelines to the State-owned Enterprises Directly under the Central Government on Fulfilling Corporate Social Responsibilities," SASAC, Beijing, retrieved June 15, 2015, http://en.sasac.gov.cn/n1408035/c1477196/content.html.

文与发展学院院长李小云联系。[①] 李小云教授在中国农村地区的减贫项目上拥有丰富的经验，而且他还去过坦桑尼亚。他很希望能够帮忙指导剑麻农场的减贫项目。

在我们访问那里的前几个月，来自中国国际扶贫中心和中国农业大学的一个研究小组前来剑麻农场与附近村子的领导人讨论了发展计划问题。他们现在正在开展一项实验性的社区减贫发展项目，这是中国国有企业在海外开展的第一个这种类型的项目。剑麻农场和中国国际扶贫中心正在帮助那个村子修建社区中心。然后他们还将帮助该中心提供培训课程，不过培训的主题应该由村民委员会确定。

直到 2008 年，也就是中垦集团前往那里的9年之后，剑麻农场才开始盈利。农场的经理层考虑在坦桑尼亚的剑麻生产中心坦噶获取一个新的农场。然而即便已经在莫罗戈罗山蓝色的山麓种植了 10 多年的“白色黄金”，他们在北京的总部仍然没有确定农场下一步的发展方向。农场计划每年继续重新种植 300 公顷剑麻，直到此前的两个种植园被全部复垦。[②] 中国也种植剑麻，其产量约占世界总产量的 12%。农场总工程师汪路生告诉一位记者说，如果中垦集团在坦桑尼亚种植更多的剑麻，中国就能在国内节省更多的土地用来种植重要的粮食作物。[③]

重新回到赞比亚

当中垦集团和江苏农垦在 20 世纪 80 年代初前往赞比亚寻找投资机会的时候，它们是先驱者。25 年后，正如香港学者沙伯力和严海蓉在一项关于中国在赞比亚农业投资的研究中所指出的那样，

---

① 参见笔者 2011 年 9 月 20 日在坦桑尼亚莫罗戈罗对剑麻农场总经理的采访。

② 陈晓晨：《耕耘非洲：坦桑尼亚中国剑麻农场的真实故事》，《第一财经日报》2013 年 5 月，http：//finance. sina. com. cn/roll/20130521/012715526584. shtml。

③ Yanrong Zhao, “Sowing the Seeds of Success in Tanzania,” *China Daily*, March 26, 2013.

赞比亚已经有6个与中垦集团有关的农场。[①] 在这些农场中，最大的是中垦农场，面积为3573公顷，由中垦集团在1992年承包。中垦集团让曾在农业大学当老师、当时正担任中赞友谊农场中方农业专家的王驰来开发这块新的土地。

王驰与他曾当过护士的妻子李莉在1994年来到了中垦农场。
106 当2008年我在赞比亚见到李莉时，她告诉我说，那里“看起来就像是一个国家公园。没有电，没有自来水，到处都是花”。李莉身材苗条，脸型瘦削且有些严肃。她告诉我说，她和王驰决定先开始养鸡，因为鸡的成长周期较短，能够比农作物更快地为农场积累流动资金。他们后来又养殖了奶牛和猪，并从赞比亚的银行贷款修建了中心旋转喷灌系统用来种植小麦。[②]

王驰在2005年的一场车祸中去世。李莉接手了农场的经营工作。在中国媒体的眼中，李莉是一个女英雄：长期经营农场，提供班车搭载赞比亚的儿童去上学，利用她的护理技术在当地至少接生了30个婴儿。然而台湾学者刘晓鹏（Philip Hsiaopong Liu）报道指出，李莉的丈夫曾提到“经过一段时间的磨炼，她已经对他们的员工不那么厉害了”，这表明农场可能也经历过一些劳资纠纷。[③]

1999年，中垦集团投资中垦友谊农场，承包了其在赞比亚经济中心铜带省的2600公顷土地。由于有一座可用于灌溉的大水库，农场在旱季种植小麦，此外还种植蔬菜，养殖肉牛、鸡和罗非鱼。中垦集团之所以选择这个农场，在一定程度上是因为可向刚果（金）的卢本巴希铜矿区出口农产品。该地距农场仅有150公里，

---

① Hairong Yan and Barry Sautman, “Chinese Farms in Zambia: From Socialist to ‘Agro-Imperialist’ Engagement?” *African and Asian Studies* 9 (2010): 307–333.

② “Africa Feature: Story of Nurse-turned Chinese Farmer in Zambia,” *People's Daily*, October 23, 2006.

③ Philip Hsiaopong Liu, “How China's ‘Trade Not Aid’ Strategy Became Construed as Charitable Help: Deconstructing the ‘Touching’ Idyll of Li Li's Investment in Africa,” *Identité, culture et politique*, 12, no. 2 (2011): 1–18, http://www.codesria.org/IMG/pdf/Philip_Hsiaopong_Liu.pdf.

新鲜的农产品在那里异常匮乏且价格昂贵。[①]

江苏农垦除了最初与中垦集团合资经营中赞友谊农场外，也不断拓展新的业务。江苏农垦在 1996 年从当地的一位医生那里购买了喜洋洋农场，该农场是当地一位医生继承的祖产，但他对农业不感兴趣。[②] 喜洋洋农场位于卢萨卡郊区，占地 40 公顷，虽有两口水井，但已经常年不用。农场的房屋已经没有屋顶，双方只能坐在芒果树下谈判价格。江苏农垦还在 1999 年购买了一个占地 1400 公顷的“巨无霸”农场来种植白玉米和养殖肉牛。2004 年，它又与人合作共同投资了一个占地 80 公顷的小农场——阳光农场。合资人是江苏省的农场专家斯肃，他已经在赞比亚与江苏农垦一起工作了 10 多年的时间。

斯肃带了两个家人过去帮他经营阳光农场，他还雇用了几十个赞比亚人。他们投资购买了现代化的灌溉设备并开始在曾经长满灌木丛的土地上种植小麦。《中国日报》的两名记者约瑟夫·卡坦扎罗（Joseph Catanzaro）和李方超在 2014 年拜访了这家小农场，他们的报道令人深思：“盗贼第一次光顾的时候，只有斯肃的妻子一个人在家。她将自己反锁在屋里，隔着大门开了一枪以示警告，于是盗贼被吓跑了。夫妻二人买了一些警犬在晚上看守 80 公顷的农场。他们装了一扇铁门，但这还不够。”[③]

斯肃和他爱人在农场里住的房子用混凝土筑成，屋顶铺的是成
块的白铁皮。房子前面的墙上布满了弹孔。斯肃告诉记者说： 107
“他们会闯进你的家里抢劫你。如果你不给他们钱，他们就会开枪打你。如果你抵抗，他们就会杀了你。我的邻居不给他们钱，他们便开枪打伤了他的两个中国工人，然后他只好给他们钱。”

---

① Xiangshan Han, “Great Potential of Agricultural Development in Africa,” *West Asia and Africa*, 1 (2003): 62 – 65.

② 邵生余、陆峰《省农垦在非洲办起四座农场》，新浪网，2004 年 6 月 4 日，http://news.sina.com.cn/c/2004 – 06 – 04/07162713916s.shtml。还可参见 Hairong and Sautman, “Chinese Farms in Zambia,” pp. 307 – 333。

③ Joseph Catanzaro and Fangchao Li, “Success That No One Can Rob Them Of,” *China Daily*, July 14, 2014.

武装劫匪 2011 年在光天化日之下闯进了斯肃的家，将他妻子绑了起来，抢走了他们藏在家里的约 7.5 万美元的农场收入。“中国人在赞比亚成为不法分子的目标至少已有十多年的时间。”香港科技大学教授沙伯力告诉记者说。尽管中垦农场离卢萨卡更远一些，但李莉在通过她农场的 18 公里的土路上，至少已经被抢劫了三次。尽管面临着如此多的挑战，除了中垦集团的这些农场之外，中国人还至少在赞比亚兴建了十多个私营农场，这些农场大多面积很小，生产并在卢萨卡的露天市场里销售蔬菜、蘑菇、活鸡和鸡蛋。

2013 年 5 月底，我见到了赞比亚商业农场主协会的高级经济学家多米尼克·昌达（Dominic Chanda）。我们在会客室里听到了美国西部乡村音乐的歌声：“在古老红河俄克拉荷马的那一边，我如枯木般站着诅咒我的骄傲。河水前赴后继，浪花奔流向前；我爱的那个女人就在河的另一岸。让人伤心的红河……”

我问多米尼克：“你认为赞比亚为何会有这么多的中资农场？”他十指紧扣，靠在了椅子上。“我们共有 4200 万公顷的土地可用于农业开发，我们的淡水量占南部非洲总量的 40%，但我们每年只耕种约 150 万公顷的土地，”他说，“并不只有中国人来到了这里。最近一些年来，我们接受了很多商业化农业投资。”

他提醒我注意赞比亚牛肉公司（Zambeef）所取得的非凡成就。差不多就在中垦集团开始到赞比亚投资的同一时间，爱尔兰移民弗朗西斯·格罗根（Francis Grogan）和赞比亚白人卡尔·欧文（Carl Irwin）在 1991 年开始携手创业。他们首先从欧文的父亲那里承包了一家小型的肉类加工厂，通过赊账的方式购买牛肉然后销售出去以获取现金。他们在 1996 年购买了占地 2100 公顷的亨特利（Huntley）农场，并将其作为赞比亚牛肉公司的总部。格罗根和欧文建立了“从农场到餐叉”的一体化商业模式，他们还迅速扩大经营范围，增加了牛奶、禽类和粮食等的加工业务。

2011 年，赞比亚牛肉公司在姆彭戈韦地区从生物能源投资公司（Bio-Energy Investments）手中购买了总面积为 46876 公顷的 3

个农场。生物能源投资公司本身是南非维鲁斯集团（Verus Group）与肯尼亚显赫的印度裔投资者帕特尔（Patel）家族旗下的一家企业合资成立的公司。除了姆彭戈韦地区的这3个农场之外，赞比亚牛肉公司还拥有另外4个农场、5家农业加工厂、8个屠宰场，以及100多家零售店和9个品牌以上的产品。[①] 2010～2012年，世界 108
银行旗下的投资机构国际金融公司向赞比亚牛肉公司注资4000万美元，从而帮助它将业务拓展到了加纳和尼日利亚。[②] 截至2012年，赞比亚牛肉公司的年收入已经达到2.55亿美元，它可能已经成为赞比亚最大的农业综合企业。

中垦集团和江苏农垦都是很谨慎的投资者。它们从北京获得的支持，要比赞比亚牛肉公司从国际货币基金组织那里获得的支持少得多。这些中资农场相互之间没有任何联系，每个都是独立经营。它们当中有些在为自己养殖的动物种植饲料，但没有一个农场对农产品加工业进行投资，也没有一个农场创立了自己的品牌。让我们再回到中国，正大集团将家禽和饲料生意打造成了其商业帝国的基础。但这似乎并没有给中垦集团带来灵感。赞比亚的中资农场没有自己的零售店，没有自己的品牌，没有刊登过任何广告，而且迄今为止，它们还没怎么提升价值链。还没有迹象表明它们拥有像谢国民帮助推动中国家禽产业进入21世纪，抑或像欧文和格罗根在赞比亚做出类似事情那样的眼光。

中国人的经验教训

正如我们看到的那样，中国农垦这个名字，从字面意义上来说，就是“农业垦殖”。在毛泽东时代的中国，农垦会使人想起那

---

① Zambeef, *Annual Report 2011*, http://www.nedbank.co.za/website/uploads/files/A%20-%20Zambeef.pdf.

② "A Record Year for IFC in Sub-Saharan Africa," International Finance Corporation, World Bank Group, http://www.ifc.org/wps/wcm/connect/region__ext_content/regions/sub-saharan+africa/news/record_year_for_ifc_africa, retrieved June 12, 2015.

些在被人们视为荒地的地方开垦农场的开拓者的英勇形象。中垦集团是中国进入非洲农业领域的开拓者——帮助非洲国家建立它们自己的国有农场。时至今日，中国媒体对中垦集团对非投资的报道仍然延续了早期的风格：它们几乎总是热情洋溢，大多数记者似乎对那些困难重重的任务感到敬畏。即便中垦集团确实面临着艰巨的挑战，在报道中它们通常都是一些可通过英勇努力而加以克服的技术性障碍。政治动荡、犯罪和物流等问题，几乎从来都没有被提及过。

如表 6.1 所示，就中垦集团的早期投资而言，有一多半都与中国此前的援助项目有关。但我们也不应过于强调这种关联性。截至 20 世纪 80 年代末，中国已经通过援助项目帮非洲大陆建设了近 90 个农场。中垦集团只回去管理或承包了 4 个农场，而且这 4 个农场都没有壮大起来。中国并没有制定利用援助资金来扶持这些农场，以便使中国企业在几十年后经营它们，并将它们生产的粮食运回中国的总体规划。建立这些农场，是为了向非洲人当地提供粮食。

中垦集团在 20 世纪 90 年代启动了对非农业投资，但这基本是一个实验性的学习过程。正如我们将看到的那样，中垦集团希
109 望这些农场都能赢利。中国专家在决定将大笔资金投入特定的农场之前，都会尝试各种可能的投资。如果一项投资在一段合理的时限内还没有实现盈利，通常就会被放弃。就像将在第七章中讨论的制糖厂那样，中垦集团也会与当地政府或有影响力的当地人进行合作，希望借此降低风险。然而正如我们在澳大利亚和加纳所看到的那样，有些时候这反而会增加风险。这些农场当中没有一个使用普通的中国工人，而且每个农场都只有少量的中方管理人员。在剑麻农场，资金、工程和机械维修等均由当地员工负责，不过其他中国农场还是为中方员工保留了这些岗位。最后，至少从目前来看，我们吃惊地发现中垦集团基本没有超越简单的生产活动去开发品牌、建立零售店或在当地开展加工业务的战略目光。简而言之，它还缺乏正大集团在中国所开创的那种高效且

有利可图的价值链（见第三章）。[1]

中垦集团在2000年曾宣布已经在非洲创办了11个农业生产加工项目，并计划到2010年再兴建15～20个农场和10个农副产品加工厂。[2] 然而事实情况是，到了2010年，集团只剩下了5个农场，且没有建立一家工厂。[3] 我们可以看到一系列其尝试在其他国家进行投资的线索：在南非再也没有听到任何消息的鸵鸟投资；2005年与津巴布韦政府开展的关于共同经营从白人农场主手中夺回的农场的谈判也以失败告终。[4]（我们将在第八章中看到，6年之后，津巴布韦将与安徽农垦集团有限公司进行更为成功的合作。）经过近25年谨慎、犹豫和不是很成功的尝试，中垦集团是否已经在非洲精疲力竭？然而从另一方面来看，正如我们在第四章中所看到的那样，中国的决策者在2014年号召类似中垦集团这样的大型企业在对外投资中发挥更大的作用。如此一来，中垦集团是否才刚刚起步？

在2013年12月寒冷刺骨的一天，我穿越老北京城朔风呼啸的马路前去拜会中非农业投资公司。在湛蓝色的天空下，一群幼童穿着臃肿的连体羽绒服，摇摇晃晃地跟着他们的老师走向北京动物园的入口。我们经过了中国最后一个皇帝曾用来避暑的颐和园，最后抵达了一个没有什么特色的办公区，其中大部分建筑都还没有建好。

我曾在第四章简单提到过中非农业投资公司。它由中垦集团的母公司中农发集团（占55%的股权）在2010年与中非发展基金

① 我要感谢索朗·郭·查特拉德于2014年12月1日通过电子邮件就此观点向我提供的建议。

② 刘志杰：《中垦集团参与非洲农业开发结硕果》，《人民日报》（海外版）2000年10月19日，http://www.people.com.cn/GB/paper39/1716/277533.html。

③ Jin, "China, Africa Forge Farming Ties." 这五个农场分别是中赞友谊农场（赞比亚）、中垦产业农场（赞比亚）、科巴农场（几内亚）、中垦友谊农场（赞比亚）、鲁代瓦和基桑加塔剑麻农场（坦桑尼亚）。

④ "Zimbabwe: China Turns Down Mugabe's Farm Offer," ReliefWeb, October 12, 2005, http://reliefweb.int/report/zimbabwe/zimbabwe-china-turns-down-mugabesfarm-offer.

（占 45% 的股权）共同建立。中非农业投资公司的员工都很年轻，平均约 30 岁，且均具有商业、法律和农业方面的背景。他们劝说李莉从中垦农场跳槽加入他们，担任公司的副总经理。李莉最后离
110 开了那个埋葬她丈夫的农场。在我访问那里的时候，中非农业投资公司已经从中垦集团手中购买了坦桑尼亚的剑麻农场和赞比亚的中垦农场。“我们在赞比亚参观了 20 个农场，”他们告诉我说，“只有中垦农场是一项好的投资——或许中赞友谊农场也是，但中垦集团不卖给我们。”

从中非农业投资公司员工的话中可以听出，中国政府并不认为中垦集团取得了成功。然而正如我们将在第八章看到的那样，迄今为止中非农业投资公司寻找投资项目的进程也不尽如人意。一位年轻的职员在北京告诉我：“我们的计划是在那些我们目前正在投资的国家扩大我们的农场。”即便是李莉的中垦农场也只耕种了其所承包的部分土地。“我们还想从事农产品加工业。我们总经理已经与两个非洲国家的总统进行了磋商，他们表示希望我们为他们的农业做出贡献。有些惭愧的是我们做得还是太少了。非洲需要我们的投资。”他接着告诉了我一个小的胜利：中非农业投资公司已经为剑麻农场雇用了一个中国厨师。管善远总经理再也不用分身为越来
111 越多的农场参观者做饭了。

第七章　酸甜苦辣

——中国对非糖业投资

2009年2月，美国驻马里大使馆的一名外交官写的一封机密电报揭露了中国与美国在糖业领域的激烈竞争。[1] 在接手几十年前中国援建的甘蔗园与工厂后，我们在第三章中提到的中马合资公司上卡拉糖联曾占据了马里受保护的糖业市场中的很大份额。但现在它的两个糖厂都已经设备陈旧，生产成本高昂，产量低下。[2] 上卡拉糖联的年蔗糖产量稳定地保持在3.5万吨左右，不到马里年消费量的五分之一。对于其他企业而言，似乎还有充足的扩张空间。

这出戏剧的第一幕发生在1999年，当时总部位于美国路易斯安那州的咨询公司谢弗国际（Schaffer International）精力充沛的总经理米马·奈德科维奇（Mima Nedelcovych）博士应马里工业部的邀请，前往马里考察其在制糖业的潜力。米马对非洲并不陌生。他出生于南斯拉夫，20世纪50年代，他的父母曾作为医生被南斯拉夫派往埃塞俄比亚的一家医院承担援助工作，他当时也陪着他的父母前往了埃塞俄比亚。在埃塞俄比亚工作了近10年后，他们一家最终前往美国。米马继续保持了与非洲的联系。他曾在美国国际开发署（United States Agency for International Development，USAID）和美国贸易发展署（United States Trade and Development Agency，USTDA）工作，曾担任美国和平队驻加蓬的主管，后来又成为美国驻非洲开发银行的执行董事。凭借在路易斯安那州制糖业所积累的技术能力，谢弗国际已经在苏丹（在其被制裁之前）及其他几个非洲国家建立并运营了好几家糖联。 112

米马与他的团队认为制糖业在马里有着良好的前景。在几年之

---

① Manoela Borges, "A Spoonful of Chinese Sugar Sours U. S. Investors in Mali," Confidential cable, US Embassy Bamako to Washington, DC, February 23, 2009, Wikileaks 09BAMAKO104, released August 30, 2011.

② 《马里上卡拉糖联将建第三糖厂》，中国驻马里大使馆经济商务参赞处，2006年3月19日，http://ml.mofcom.gov.cn/aarticle/jmxw/200603/20060301709328.html。

后的10月的一个温暖的日子里，我在他位于华盛顿特区的办公室见到了他。他告诉我，他主张建设一个产量为20万吨的制糖项目。“我不想建造一个需要进口关税保护的沉重负担，”他告诉马里人说，“它必须具有合适的规模，必须足够大以应对从巴西所进口的蔗糖的竞争。”他与政府的联系帮助谢弗国际从美国贸易发展署和美国国际开发署那里获得了近200万美元的成本分摊拨款，用来进行可行性研究和实验不同的甘蔗品种。

2005年，英国人所有的糖业巨头伊洛沃糖业公司（Illovo）加入这个项目，并将其名称改为苏萨马糖厂（Sosumar）。它们开始（与马里政府）磋商，希望在中国人规模不大的糖联附近获取20000公顷的土地。如果马里希望在国内生产更多的蔗糖，中国人同样希望能够参与其中。上卡拉糖联也开展了可行性研究，并开始向马里政府施压，要求其批准一个可生产10万吨蔗糖的新的中马合资项目。2007年4月，马里政府在上卡拉糖联的项目上签字，北京方面也在当年11月为其开了绿灯。现在这两个项目都希望获取尼日尔河流域办公室在灌溉地区所控制的土地，而且它们希望获取的那20000公顷土地正好重合。一幕冲突的大戏即将开始。

全球制糖业

为何一家英美合资的企业会与一家中资企业在马里偏远地区的制糖业产生冲突呢？全球共有100多个国家产糖，而且在大多数国家，长期以来制糖业有着惊人的利润——且具有重要的政治意义。美国自1789年以来，一直通过较高的国内价格、关税和配额来保护蔗糖生产商。欧洲也曾在至少两个多世纪的时间里对甜菜农场主和制糖厂加以保护。在过去几十年间，欧洲将大量过剩的蔗糖以补贴价格在世界市场上销售（倾销），从而人为降低了欧洲以外蔗糖的价格。美国为避免类似的问题，为本国的蔗糖生产商设定了配额，然后要求它们自己出资储存超过配额的蔗糖。这导致全球市场中的（蔗糖）价格被人为压低，从而使其他许多国家都通过建立高关税壁垒来保护本国的蔗糖生产商，这就为走私和套利提供了绝好的机会。

因此全球蔗糖贸易基本不是自由市场行为。大多数蔗糖都被产地国的国内消费。大多数蔗糖贸易都是在一种结合了配额、优惠安排和政府调节价格的复杂体系中进行的。许多发展中国家可免关税进 113
入价格较高的美国和欧洲市场，这相当于一种直接由消费者买单的对外援助，产生了一些不正当的激励机制。比如有些国家将本国生产的蔗糖以较高的价格出口到欧洲受保护的市场，同时从巴西或南非成本较低的生产商那里进口蔗糖以供应它们本国的消费者。对于剩余的那些实行自由贸易的国家而言，供给、需求和政府政策中的任何轻微改变，都可能会对它们的国内蔗糖价格产生重大影响。如此便会导致一种非常不稳定的市场，人们进而很难对市场趋势做出预测。

不过这一局面可能正在发生戏剧性的转变。2002 年，澳大利亚、巴西和泰国等一些效率更高的蔗糖生产国向世界贸易组织投诉，称欧洲的补贴制度违反了国际贸易规则。三年之后，世界贸易组织判定它们胜诉。欧洲被迫大幅削减其出口补贴和降低其保护性壁垒。2006 年是改革生效之前的最后一年，欧盟在当年成为世界上最大的蔗糖出口商，共创纪录地输出了 1100 万吨经过补贴的蔗糖。一年后，欧盟变成了（现在仍然是）蔗糖净进口地区。

使这幅画面更加复杂的是甘蔗还扮演着生物燃料的角色。巴西自 1975 年开始便把用发酵的甘蔗汁生产的乙醇当作汽车的燃料，现在它共有 1300 万辆“弹性燃料汽车”，这些汽车可以只烧乙醇，也可以混烧乙醇和汽油。美国有十多个州要求汽油中必须含有 10% 的乙醇。欧盟则在 2008 年向生物燃料制造商传递了一个新的信号：要在 2020 年之前实现运输原料的构成有 10% 为可再生能源的目标。大多数乙醇都来自生物燃料，其中包括蔗糖。然而在将生物燃料方面的目标变成法律这一问题上还存在争议，因为一些批评人士指责贫穷国家有越来越多的土地不再种植粮食，而是被用于生产生物燃料。

中国和非洲的情况又如何呢？非洲是蔗糖的净进口地区。根据联合国粮农组织的统计数据，非洲大陆在 2012 年共生产了 1000 多万吨蔗糖，另外还进口了 1000 万吨蔗糖。与此同时，非洲国家共出口了约 300 万吨蔗糖，其中大部分被出口到了欧洲。扭曲的全球蔗糖市场意味着即便有 5 个非洲国家（马拉维、南非、斯威士兰、赞比亚和津巴布韦）位居世界成本效益最好的蔗糖生产国的行列，它们也无法成为蔗糖出口国。就像在欧洲和美国一样，大多数非洲国家的政府也对本国的蔗糖生产商加以保护。除此之外，包括安哥拉、埃塞俄比亚、马拉维、莫桑比克和津巴布韦在内的一些国家也要求在汽油中有 10% 的乙醇。

中国目前是世界第三大蔗糖生产国，每年能生产 1200 万 ~ 1300
114 万吨蔗糖。然而中国的需求也在不断上升，而且随着劳动力成本的上涨，再加上其自身的关税壁垒和配额保护，中国的生产成本也在不断增加。2011 年，中国国内精制糖的价格增长到每吨高达 1150 美元，这甚至要高于欧洲的价格（每吨 880 美元）。[①] 国内价格与国际价格之间存在的较大差距，诱使投资者在 2010 ~ 2013 年使中国的制糖厂增长了一倍多。新的制糖厂的目标是加工进口粗糖，粗糖的年进口量因此从 100 万吨增加到了 300 多万吨。最后，在中国的 23 个省份中，有 9 个省份出台了在汽油中加入 10% 的乙醇的政策。

非洲有没有向中国出口蔗糖？根据联合国粮农组织的贸易数据库，只有南非和毛里求斯的蔗糖在中国有市场，而且它们的出口非常有限且时断时续。迄今为止，中国在非洲的投资项目所生产的蔗糖还从未被出口到中国。那么中国企业为何会对非洲的蔗糖感兴趣呢？它们在某种程度上都是从前遗留下来的投资。如第三章所述，中成集团和中轻对外公司等企业在 20 世纪 80 年代和 90 年代被要求前往非洲投资，以避免昂贵的对外援助资产最后陷入破产的境地。中轻对外公司的重点为确保马里的糖联继续运转下去；但它没

① Andrew Anderson-Sprecher and Junyan Jiang, "China, People's Republic of, Sugar Annual," GAIN Report no. 14020, USDA, Global Agricultural Information Network, April 30, 2014, http://gain.fas.usda.gov/Recent%20GAIN%20Publications/Sugar%20Annual_Beijing_China%20-%20Peoples%20Republic%20of_4-30-2014.pdf; "EU Sugar Market Developments in 2011," Agritrade.cta.int, May 28, 2012, http://agritrade.cta.int/en/layout/set/print/Agriculture/Commodities/Sugar/EUsugar-market-developments-in-2011.

有出口蔗糖。然而正如我们将看到的那样，中成集团迅速抓住了从非洲低收入国家向欧洲受保护的市场出口蔗糖的机会，而中轻对外公司则发现可从马里受保护的市场获得丰厚的利润。

当前中国制糖企业感兴趣的是通过在受保护的非洲市场建设和经营制糖厂来获取利润。它们不但正在挖掘以蔗糖为原料的生物燃料的潜力，而且还在关注所有可能的出口市场，甚至包括周边非洲国家的市场。当世界贸易组织宣布其裁决后，中成集团非常高兴。新华网的一篇报道指出，“随着欧盟取消对出口白糖的财政补贴”，国际市场中的糖价将会升高，中成集团“对未来的经营前景比较乐观”。①

中成集团：“非洲糖业大王”

中成集团在北京总部的大厦位于一个小公园之中，如果你正好行驶在交通拥堵的二环路上，从车里就可以清楚地看到它。尽管我在世界上的其他地方采访过多位中成集团的员工，但我此前从来没有进入这栋大厦。就像中垦集团和中轻对外公司一样，中成集团也是之前国家计划经济时代的遗产。它在 1959 年作为现商务部的下属企业建立，主要任务为承担中国的对外援助项目，组织实施 115
“成套的”交钥匙工程。中成集团将会与农业部一起挑选省级企业开发工业园，并会把建成的工厂交给其他专门从事特定产业（如纺织业、造纸业和烟草业等）的国有企业。在 1965 ~ 1985 年，中国通过援助项目至少在世界各地建设了 12 个甘蔗种植园和制糖厂，其中包括在非洲建设的 8 个（见表 3.1）。中成集团几乎参与了所有这些项目的建设工作。

用本土生产的蔗糖替代进口蔗糖在政治上很受新生的非洲国家的欢迎。因为它不仅能够提供就业，而且国有制糖厂和种植园可以

① 《中多阿尼耶制糖联合企业前景看好》，新华网，2005 年 11 月 6 日，http://news.sina.com.cn/w/p/2005-11-06/13458225159.shtml。

安置由执政党所控制的工会中的忠诚的工人，这为庇护关系提供了丰厚的资源。这些项目虽然在中国人离开后情况不尽相同，但蔗糖的销售收入经常会流入私人的腰包，许多制糖厂的流动资金因此枯竭。我曾在坦桑尼亚从达累斯萨拉姆前往桑给巴尔寻找中国人援建的马宏达（Mahonda）糖联，最后发现它已经被关闭了 20 多年。在中国人离开后，马宏达糖联的年产量从 6000 吨下降到了 500 吨。当地的管理人员因侵吞公款而被停职。桑给巴尔政府在 1998 年将马宏达糖联私有化，交给了当地的一个投资者经营，但此人最后也没有救活它。[①]

中国人在 1975 ~ 1986 年为扎伊尔［现刚果（金）］修建的洛托基拉（Lotokila）糖联总面积为 3000 公顷，年产量曾达到 1.5 万多吨。该糖联也在 1993 年破产。当地记者约瑟夫 · 巴塞（Joseph Bassay）曾在 2011 年探访了洛托基拉糖联。[②] 制糖厂的三个厂房几乎已经消失在了一人多高的草的海洋里。窗户上仅存一些玻璃的碎片，厂房内部已经被洗劫一空，甘蔗种植园也已经长满了杂草。在鼎盛时期，洛托基拉糖联共有 3000 名员工。前工人克里斯平 · 奥卡拉姆斯（Crispin Okalamusi）告诉巴塞：“眼睁睁地看着这个制糖厂被破坏掉就像目睹有人自杀一样。”中成集团现在运营了三个由中国人援建的糖业项目，中轻对外公司也在马里运营了两个。正如我们接下来将在本章所看到的那样，中成集团在糖厂私有化之后还投资了其他三个糖联：一个在贝宁，两个在马达加斯加。

多哥：“一项很好生意”

中国人在 1986 年年底帮助多哥政府援建了占地 1700 公顷的阿尼耶（Anié）糖联。多哥在接手后几乎立刻便询问中国企业是否

① “A Very Sticky Situation,” *Indian Ocean Newsletter*, May 2, 1998, http://www.africaintelligence.com/ION/economics/1998/05/02/a-very-sticky-situation, 49237 - ART.

② Joseph Bassay, “Qui sauvera la sucrerie de Lotokila?,” *Mongongo* (DRC), July 31, 2011, p. 2, http://www.stanleyville.be/documents/Journal_Mongongo_41.pdf.

有兴趣以 10 年可续期的方式承包阿尼耶糖联。[①] 这项安排将通过 116
向欧洲出口一半的蔗糖而帮助多哥政府偿还中国的贷款。中成集团安排广东的一家企业来管理阿尼耶糖联，在当地成立了中国—多哥有限责任公司（简称“中多公司”），从中国政府那里申请了贷款，并从多哥政府那里获得了优惠税率和汇率。阿尼耶糖联每年向刚果政府交纳的租金为 1.25 亿西非法郎（约 45 万美元）。

截至 1987 年，中国打破国企岗位从摇篮到坟墓的“铁饭碗”模式已经有好几年，但国有企业改革对多哥而言还是新生事物。中方新的管理人员给整个糖联带来了很大的冲击。多哥方面已经分别为种植园和制糖厂建立了管理团队，但中国人将两者的管理合二为一，解雇了大量多余人员，并用临时工取代了很多签订长期合同的员工。他们还实行了一种中国式的承包责任制：如果能够超额完成任务和减少损失，管理人员就能够获得奖金。他们还用类似的定额—奖金制度取代了计时工资制度。中国人的改革帮助阿尼耶糖联在增加产量的同时，还降低了 50% 的生产成本。当然，工人也举行了一些罢工，但对此并没有清晰的历史记录。多哥在 30 年前是一党制国家，不存在自由的媒体。外部世界当时所关注的则是其他一些问题：发生在首都洛美的一系列爆炸事件，以及一场未遂的政变。

中成集团在 1993 年从那家广东企业手中接手了对中多公司的管理。正如中成集团的一位名叫郭泓的高管后来告诉我的那样：“中成集团变成了独立运营的企业，因此我们必须寻找商

---

① 除非另有说明，关于阿尼耶糖联的信息均源自以下资料：Cheng'an Wang，“Five Year's Operation of the Leased Sugar Complex of Togo Brings in Notable Economic Returns，” Department of Foreign Aid，Ministry of Foreign Economic Relations and Trade，*Almanac of China's Foreign Economic Relations and Trade 1993/94*（Hong Kong：China Resources Advertising，1993），pp. 888 – 889；《多哥阿尼耶糖联的成长壮大见证了中多互利共赢的丰硕成果》，商务部，2012 年 2 月 25 日，http：//tg. mofcom. gov. cn/article/a/201202/20120207983340. shtml；《中多阿尼耶制糖联合企业前景看好》，新华网，2005 年 11 月 6 日；《中成股份公司多哥阿尼耶糖联——履行社会责任，实现互利共赢》，商务部，2012 年 9 月 17 日，http：//www. mofcom. gov. cn/aarticle/i/jyjl/k/201209/20120908343467. html。

业机会。”[1] 有位中国记者曾在 2011 年访问了阿尼耶糖联。“阿尼耶过去曾是一块不毛之地，只有很少几家农户稀稀落落地住在那里，”他写道，“现在阿尼耶已经变成了一个繁荣的小镇，居民已经达到了 10 万多人。”[2] 索邦大学的一位名叫弗里德里克·基劳特（Frédéric Giraut）的学生在其论文中对非洲的糖联进行了对比，发现就长期员工与临时员工的比例而言，中国人经营的阿尼耶糖联（1:3）在 6 家位于西部非洲的制糖厂中是最低的。[3] 中加公司在 2011 年约雇用了 30 个中国人和 450 个当地长期员工，在开榨期间则会雇用 2000 多个当地人。公司在当地无偿兴建了一所小学，并为阿尼耶镇提供了生活用水。

由于地处多哥一个安静的角落，规模不大的阿尼耶糖联并没有获得多少媒体的关注。然而郭泓曾在 2007 年年底告诉我说，中成集团在多哥的经历对于他的企业具有至关重要的意义：“我们发现蔗糖是一项很好的生意，尤其对于中国此前的援助项目而言更是如此。当我们在多哥取得成功后，我们又前往了马达加斯加。当马达加斯加政府发现他们无法正确地经营他们的制糖厂时，他们向我们发出了邀请。”中成集团的成员在马达加斯加经历了完全不同的事情。他们将会发现自己陷入了暴力冲突、政治作秀和充满活力的媒
117 体的包围中。

马达加斯加：处于危险之中的糖联

1980 年夏天，中成集团开始沿着马达加斯加干燥的西海岸修建其在对外援助时代的最后一家制糖厂。法国首先是在与马达加斯加濒临的印度洋岛屿毛里求斯和留尼旺等地开始种植甘蔗的，马达

---

① 笔者 2007 年 12 月在塞拉利昂对中成集团高层管理人员郭泓的采访。中成集团在 1997 年获得了 10 年的经营租赁权，后又在 2007 年获得了 20 年的租赁权。

② “Un complexe sucrier connu de tous au Togo,” Xinhua, August 29, 2011.

③ Frédéric Giraut, “La petit ville, un milieu adapté aux paradoxes de l’Afrique de l’Ouest” (Paris: Thèse Universite Panthéon-Sorbonne, 1994). 其他制糖厂的比例平均为 1:2。

加斯加在18世纪末也被纳入了法国这一殖民体系之中。建立于1831年的法国圣路易斯·斯克雷集团（St. Louis Sucre）在1928年前往马达加斯加，并在随后的殖民时期一直主宰着马达加斯加的蔗糖产业。马达加斯加在1960年独立的时候拥有4家制糖厂。在1976年的军事政变后，马达加斯加政府将全部私营制糖厂国有化并成立了食糖专卖局。

修建新制糖厂的目标是为偏远的木伦达瓦镇提供就业，其占地面积为6500公顷，主要为湿地和红沙地，巨大的猴面包树林为当地的标志性景观。木伦达瓦项目的建设采取了一种不同寻常的合作模式：中国人资助制糖厂，非洲开发银行和法国援助项目共同资助种植园。中成集团在1984年以交钥匙工程的方式建成了制糖厂，然后留下了42名中方专家以及两位翻译培训当地的员工。

木伦达瓦糖联在1987～1988年度达到了生产高峰，当年共生产了超过2.1万吨的蔗糖。根据原定计划，每年都会有更多的中方员工回国，1992年只剩下7个，到1994年已经全部走光。蔗糖产量开始直线下降；出售蔗糖所获得的款项在经过几轮当地媒体所谓的“大规模侵吞公款”后消失得无影无踪。[①] 尽管非洲开发银行的一个评估小组在调查后发现当地的技术能力足以运营制糖厂，但马达加斯加的管理人员无法阅读中文的设备手册，因此很难去订购零部件。评估小组还警告称，当时已有一千多人的长期工人，其用人规模太大，导致成本上升。[②] 制糖厂在1997年度的产量只有4213吨。

中国人应邀以承包经营的方式重返木伦达瓦。中成集团在当地

---

① Symonette Fanjanarivo, “Sucoma de Morondava: l'etat devrait percevoir 1,2 milliard ar en 2012,” *La Gazette de la Grande Île* (Madagascar), October 11, 2012.

② African Development Bank, “Madagascar: Projet Sucriére d'Analaiva, Rapport d'Évaluation de la Performance de Projet,” Departement de l'Evaluation des Operations (OPEV), February 5, 1996, http://www.afdb.org/fileadmin/uploads/afdb/Documents/Evaluation-Reports - _ Shared-With-OPEV _ /05402243 - FR-MADAGASCAR-ANALAIVA-SUGAR-PROJECT. PDF. 制糖厂和种植园有好几个名字，如木伦达瓦糖联、索科马公司等。为了便于陈述，制糖厂和种植园将被称作“木伦达瓦糖联”，投资企业将被称作“中成马达加斯加糖业股份有限公司”。

建立了一家企业，即中成马达加斯加糖业股份有限公司（Sucoma，简称“索科马公司”）。[①] 经过几年的努力，索科马公司投资了超过 2400 万美元，当地长期员工的数量被降低到约 500 人（包括 28 名管理人员），年生产量恢复并保持在了 1.6 万吨。2006 年，马达加斯加试图将剩余的四家糖联也进行私有化，因为它们的产量已经下降为法国经营时期的十分之一。几经考虑后，中成集团承包了其中的两个［安比卢贝（Ambilobe）糖联和纳马吉亚（Namakia）糖联］；没有人接手剩余的两个糖联。中成集团又成
118 立了一家新的企业，即西部制糖业公司（Sucre de l'Ouest），并投资了 9000 多万美元改造这两家糖联。这两家糖联的产量迅速上升，但工人的抱怨也随之增加。有位观察者宣称：“他们拿走了所有的收益，却没有增加一分钱的工资。”他还指出中成集团正通过停止招聘的方式来降低长期工人的数量。

在接下来的几年里，马达加斯加深陷政治动荡的泥淖。农村地区日益紧张的局面和关于政府已经与韩国大宇公司签署涉及 300 万公顷土地的承包协议的报道，进一步恶化了这一局势。2009 年的军事政变使马达加斯加遭到了西方国家广泛的制裁。选举被提上日程，但随后一再延期。中成集团当时经营了好几家企业，已经成为马达加斯加的最大雇主之一，因此它的许多决定无论对该国政治还是经济都会产生一定的影响。比如在 2012 年，索科马公司即将续订在木伦达瓦（Morondava）糖联的管理合同，由此引发了激烈的争论。当地政客出于选举需要对索科马公司的劳资关系大肆抨击，

---

① 除非另有说明，关于索科马公司的信息及文中引用的当地官员的话，均来自以下资料：“État Déplorable de la Sucrèrie de Namakia,” *Madagascar Tribune*, December 13, 2010；“Location-gérance de la Siranala 875 à 962 Millions Ar de Loyer Annuel Fixé,” *La Gazette de la Grande Île*（Madagascar）, September 18, 2013；Symonette Fanjanarivo, “Filière sucre：Plus de 5000 Squatters Entravent L'Essor de la Sucoma,” *La Gazette de la Grande Île*, September 18, 2013；“Sucoma：un Complexe Sucrière en Peril,” *La Gazette de la Grande Île*, September 18, 2013；Symonette Fanjanarivo, “Squat à la Siranala：Des Pénalités Élevées en Cas de Départ des Chinois,” *La Gazette de la Grande Île*, September 19, 2013。

并要求其为每个工人的家庭提供稳定的水电供应。[①]

中国人希望将木伦达瓦糖联的中心旋转喷灌系统改造成滴灌系统。然而，索科马公司已经允许它们的一些季节性甘蔗收割工在田地的周边和灌溉圈的间隙建设小型农场及放牧少量的瘤牛。到2005年，木伦达瓦种植园已经居住了500个当地媒体所谓的“占地者”。在当地政客的鼓动下，这些收割工纷纷邀请他们的亲属加入他们的行列。到2012年，已经有5000人定居在种植园内，他们不仅从糖联的灌溉系统中引走了大量的水来灌溉他们的水稻，还让他们的牛去吃甘蔗幼苗。

这些问题与严重不稳定的政治局势相互交织在了一起。2009年军事政变之后，马达加斯加的暴力事件进一步升级。在政变中下台的总统的支持者与反对派相互争斗。索科马公司定期让警察清理占地者，占地者则用放火烧甘蔗进行反击。总统和议会选举最终定在2013年10月和12月举行。

当地行政首脑吉尔博特·罗曼（Gilbert Romain）告诉记者，他已经与中国人进行了五轮对话，但这并没有使局势稳定下来：“由于越来越不安全，许多占地者都已经准备离开，但政客鼓励他们留下来。”马达加斯加的一位官员指出当地政客是在冒险。难道他们想将中国投资者赶走吗？“我们不能让人们为了一己之私或政治利益而把马达加斯加剩余的这点制糖业破坏殆尽，”他警告说，“当然，中国人的做事方式并非完全令人满意，但如果是其他投资者经营制糖厂的话，他们早就卷起铺盖走人了。又有谁知道将会有
多少人因为这些腐败政客的贪婪而失去工作？” 119

2013年大选过后，占地者问题又回落成单纯的不满问题。2014年，马达加斯加生产了近10万吨蔗糖——所有都是由中成集

---

① 中国人希望拥有更长的承包期，并承诺将会再投资4000万美元以改造已有30年历史的糖联。他们同意签署一份合同，该合同每年固定租金为8.75亿～9.62亿阿里亚里（40万～44万美元），浮动租金为总收入的3.5%并在第五年增加为总收入的5.5%。“Location Gerance de la Siranala 875 à 962 millions ar de Loyer Annuel,” *La Gazette de la Grande Île*, September 18, 2013.

团所经营的制糖厂生产的。中国人似乎手中握有谈判的筹码，但谈判的内容是什么？他们能长期持有这一筹码吗？马达加斯加每年消费约16.7万吨的蔗糖，但消费者更喜欢的是从南非、印度和巴西进口的价格更高的精炼白糖。中成集团制糖厂生产的主要是欧洲制糖厂仍然需要的未精炼的红糖。“我们无法与进口商品展开竞争。”中方的一位管理人员表示。[①] 于是马达加斯加最终从国外，其中主要是巴西进口10多万吨精制糖，而中国企业经营的制糖厂则将粗糖出口到欧洲受保护的市场。其利润主要依赖于欧洲受保护的蔗糖市场的政治状况，这对于其长期的可持续性而言是一种很大的风险。

除此之外，真实的和被政治化了的不满仍然在冲击木伦达瓦糖联。[②] 2014年11月底，当举行罢工的工人拿着棍棒和石块闯入糖联的院子时，当地警察紧急疏散了中方和马方的管理人员。两名中方职员与一名马方员工受伤；糖联随后遭到抢劫。在7名抢劫嫌疑人在12月中旬被逮捕后，抗议升级为严重的骚乱。愤怒的人们拿着大砍刀冲进了当地的警察局，试图解救他们的同伙；警察开枪打死了两个人。其他人再次攻击了糖联，放火烧毁了一些建筑。还有人趁火打劫，驾驶着卡车偷走了1000多吨50公斤装的蔗糖。

抢劫行为一直持续到新年。截至2015年2月，有目击者宣称糖联95%的建筑群化为废墟；拖拉机和卡车已经被拆掉了引擎，“小偷无论白天和晚上都会光顾这里，他们甚至连屋顶上铺的东西都偷”。马达加斯加的公众舆论出现了两极分化。中方的一位发言人告诉记者，索科马公司给当地经济做出了巨大的贡献：“索科

---

① “Madagascar: La Préférence des Consommateurs Défavorise la Production de Sucre,” Xinhua, August 11, 2014.

② 关于12月骚乱及其后果的资料，可参见 Seth Andriamarohasina, “Morondava—Émeutes Meurtrières à la Sucoma,” *L'Express de Madagascar*, December 12, 2014; Sylvain Ranjalahy, “Arrêtez le Mas... Sucre,” *L'Express de Madagascar*, December 12, 2014; “Maharante Jean de Dieu: ‘Les Chinois doivent changer,’” *La Gazette de la Grande Île*, December 17, 2014; Lantoniaina Razafindramiadana, “Sucoma Morondava—Le Contrat Avec les Opérateurs Chinois Examiné,” *L'Express de Madagascar*, February 16, 2015。

马公司每年要支付高达260万美元的工资和奖金，另外还要上缴政府130多万美元的租金和税费。”工人们不讲道理，他们要求将最低工资提高一倍多，他最后补充说。

马达加斯加劳工和社会立法部部长解释说，工人们真的受了委屈。“与中国人共事真的很难”，他告诉媒体，但他没有给出详情。有位专栏作家详细指出：在马达加斯加的中资企业家都是一些“贪婪和冷酷的商人，他们只关注利润和生产率”。他们孤独地生活在他们的公寓内，除了看中央电视台的节目外，很少与当地人接触。

另一方面，当地报纸《大岛公报》（*Gazette de la Grande Ile*）的一位专栏作家则愤怒地说：“在一些腐败政客的支持下，雇员们将他们的意志强加给一家私营企业的管理人员，这是绝对令人无法 120
接受的。毫无疑问，中国人并不是正确行为的楷模。但在木伦达瓦所发生的一切已经违反了规则。在这种处处是危险的情况下，没有投资者还会到这里来。”他补充说：“工人们是在搬起石头砸自己的脚。”在本书将要送去付印的2015年夏天，木伦达瓦的制糖厂仍然大门紧闭。

塞拉利昂：“制糖厂几乎已经被彻底破坏”

当塞拉利昂长达10年的内战在2002年结束时，中成集团成为最早返回这个满目疮痍的国家的企业之一。在中国1982年援建完成马格巴斯（Magbass）糖联后，中成集团一直负责它的管理工作。“制糖厂几乎已经被彻底破坏，”当我们于2007年在塞拉利昂会面的时候，中方管理人员郭泓告诉我说，“所有能搬得动的东西都被搬走了。”①

塞拉利昂政府急切地希望找到一个在眼前就能重返前叛军大本

① 马格巴斯糖联的故事引自Brautigam，*The Dragon's Gift*，pp. 259 – 265。在该书中我提供了更为详细的叙述。

营的雇主。它为中成集团提供了一项诱人的合同：租期为 30 年，到期后可续租，年租金约为 18.5 万美元。[1] 塞拉利昂政府承诺修建通往糖联的公路，免除糖联所有的进口税和在当地的营业税，并在 10 年之内免收企业所得税。塞拉利昂还通过谈判为糖联向欧洲出口蔗糖争取到了免税配额。尽管中国进出口银行为该项目提供了贷款，但中成集团还在合同中提出要求，称如果需要，塞拉利昂应“竭尽全力”帮助马格巴斯糖联从世界银行或非洲开发银行获得贷款。

在我前往塞拉利昂的 2007 年，马格巴斯糖联共向欧洲出口了近 7000 吨蔗糖，雇用了 437 名参加了工会的工人，在忙季则有多达 1000 人在那里工作。劳资关系并不是很紧张。合同中模糊地规定糖联的员工应“主要为塞拉利昂人”，在招聘时应优先考虑之前的员工，但它也表示中国人“有权自行决定招聘或解雇其员工”。然而塞拉利昂劳工大会（Labour Congress）对中国人不需要按照现有规定发放遣散费不是很高兴，于是工会高层将马格巴斯糖联的工人组织了起来。我在工会位于弗里敦郊区的两层高的办公楼见到了其领导人，他们告诉我他们对最近涉及工资、工作服和安全问题的一揽子谈判的结果很满意。

庇护体系中的政治元素与土地获取都具有很大的争议性。中国
121 每年上缴的租金当中有一部分应该被分配给土地所有者，但村民们向我抱怨说他们没有得到一分钱，所有的钱都被政客们拿走了。根据承包合同，塞拉利昂需要在一年内“不受妨碍地”再向该项目交付 800 ~ 1000 公顷的土地。但经过了近 5 年的时间及一次选举，这些土地仍然没有被交给糖联。当地两个相互竞争的土地所有者委员会分别与两个主要的政党结成了联盟，在租金与赔偿问题上争吵不休，且对此前关于土地问题的协议也存在对立观点。“土地所有

---

① “Lease Contract on Magbass Sugar Complex of Sierra Leone,” Minister of Agriculture, Forestry and Food Security, Government of Sierra Leone, and China National Complete Plant Import & Export Corporation, Freetown, Sierra Leone, January 23, 2003.

者委员会应该负起责任来，”前农业部部长萨马·蒙德（Sama Monde）2007年12月在他位于弗里敦的办公室里告诉我，“由于他们没有资金进行开发，那些土地已经荒废了好多年。”

到2013年，他们之间的一些争论已经获得解决，中成集团已经逐步将糖联扩大到了1845公顷。塞拉利昂总统欧内斯特·巴伊·科罗马（Ernest Bai Koroma）在2013年6月参观了马格巴斯糖联。[①]当总经理承认马格巴斯糖联是中成集团在制糖产业规模最小的投资之一时，科罗马敦促他扩大规模。为什么不变成规模最大的呢？他指着附近投资总额为3.52亿美元的阿达克斯生物燃料项目说。该项目的投资方为瑞士的阿达克斯石油公司（Addax Petroleum），为了承包总面积为5.7万公顷的土地，该公司与当地的上百个农户进行了艰难的谈判，且已经种植了10000公顷的甘蔗。阿达克斯公司承诺就每公顷土地每年直接向农户支付12.5美元的租金，并计划将其生产的乙醇出口到欧洲市场。它还帮助当地人在灌溉圈之间的空地种植粮食作物，并承诺为他们提供独立的外部监控。科罗马敦促中成集团与种植户进行合作，“教会塞拉利昂人如何种植甘蔗，以便帮助缓解土地紧张”。

在庆祝制糖厂恢复生产10周年的典礼上，新任总经理杨成表示马格巴斯糖联已经修建了几所学校和一个诊所，并培训了许多技术工人。两名当地员工已经被提升到管理层。马格巴斯糖联已经支付了高达180亿利昂（约420万美元）的工资。但它有时也会碰到一些问题，我们可以从当地大酋长在典礼上的一番话中体会到这一点：“我曾建议我的人民遵守法律，不要再去放火烧甘蔗，也不要再去偷工厂的设备。”[②]

---

① “Koroma Challenges Magbass to Expand,” *Politico* (Sierra Leone), June 16, 2013, http://politicosl.com/2013/06/koroma-challenges-magbass-to-expand/. 本段中的所有引文均来自这篇报道。

② Ibrahim Seibure, “Sierra Leone: COMPLANT Magbass Sugar Company Commences 2012/2013 Production,” *Concord Times* (Freetown, Sierra Leone), November 22, 2012.

贝宁：萨维山区

2011年，一位研究人员在报告中指出：“就像在其他国家一样，中国也在贝宁获得了大量耕地以种植燃料作物。”① 中国人并没有在贝宁这么做，他们只是承包并管理了占地5200公顷的麻烦不断的萨维（Savè）糖联。该糖联生产的蔗糖大多作为粗糖被出
122 口，其中大部分被出口到了欧洲。② 中成集团是在2003年抵达贝宁的。中成集团在贝宁投资的故事预示：由于土地问题在20世纪头一个十年快要结束时日渐严峻，非洲社会及对非洲土地感兴趣的中国投资者将会面临困难。它还是一扇可帮助我们了解中成集团对其在非洲进行的投资的新想法的窗户。

萨维山区位于贝宁的东部地区。风景如画的韦梅河蜿蜒流经这一地区，但更让旅行者沉醉的是奥克沙贝山，它有着巨大的圆形花岗岩穹丘，山上飘荡着低低的云层，有时你还会看到贝宁的攀岩者悬挂在那里的绳索。贝宁在1975年请求其邻居石油新贵尼日利亚出资与其共同兴建一个糖联。两国政府委托总部位于伦敦的跨国公司朗荷开发占地5200公顷的甘蔗种植园，委托比利时的一家企业修建制糖厂。

糖联在1983年建成，设计的年产量为4万吨。联合国经济委员会在1989年通过调查指出，糖联在第一年产量仅为123吨。调查人员还表示，更糟糕的是，在接下来的5年间，“这种情况几乎一直没有发生改变”，产量非常低，但工人非常多。他们最后总结

---

① Pauletter Nonfodji，“China's Farmland Rush in Benin：Toward a Win-Win Economic Model of Cooperation?”（Paper presented at the International Conference on Global Land Grabbing，April 6 to April 8，2011，organized by the Land Deals Politics Initiative），http：//www.iss.nl/fileadmin/ASSETS/iss/Documents/Conference_papers/LDPI/27_PAULETTE_NONFODJI.pdf.

② “Sugar Sector，” Executive Brief Update 2011，Technical Centre for Agricultural and Rural Cooperation（ACP-EU），July 2011，http：//agritrade.cta.int/en/Agriculture/Commodities/Sugar/Executive-Brief-Update-2011-Sugar-sector.

说："所有这一切似乎表明，糖联从一开始就在赔本经营。"[1]

尼日利亚前总统奥卢塞贡·奥巴桑乔（Olusegun Obasanjo）曾在1979年下台之前参加过这项投资的谈判工作。1988年，奥巴桑乔前去参观糖联，但吃惊地发现它已经关闭了，厂房"已经坍塌"。[2] 世界银行向贝宁施压，要求其将糖联私有化。奥巴桑乔同意携手当地的一位商人共同承包制糖厂。为了让制糖厂重新营业，他们共投资了近60万美元，并解雇了近1000名工人。"他们用枪顶着我们的后背，"曾在那里工作的一名工人在20多年后宣称，"我们就被糖联解雇了。"[3] 萨维糖联的工人拒绝就这样被解雇。他们的困境将在此后给中国人带来问题。

萨维糖联此后的管理方又易手了两次，直到中成集团在2003年5月作为唯一的竞标公司承包下了这个"烫手山芋"。[4] 中成集团同意投资340万美元改造糖联，它还同意保留此前的约250名工人。贝宁将利用中国人每年支付的租金逐步偿还工程贷款、拖欠的工资和遣散工人的费用。[5] 中成集团在当地建立了一家企业来具体负责承包业务，该企业名为中成贝宁糖业股份公司（Sucobe，简称"苏克贝公司"）。

贝宁约有四分之三的正规经济部门都成立了工会，萨维糖联的

---

① United Nations Economic Commission for Africa, "Survey of the Status of Agreed Multinational Core Industrial Projects within the Context of IDDA in the Respective Subregions," ECA/IHSD/CO-OO/011/89, December 29, 1989.

② Seidi Mulero, "Nigeria: Obasanjo, Kerekou Reconcile," *Tempo* (Nigeria), January 28, 2000.

③ "Bénin: Paralysie des activités de l'ex Société Sucrière de Savè—Roger Dovonou obtient la levée de la grève," *L'Autre Quotidien* (Benin), August 10, 2009.

④ Jean-Jacques Gabas, Frédéric Goulet, Clara Arnaud, and Jimena Duran, "Coopérations Sud-Sud et nouveaux acteurs de l'aide au développement agricole en Afrique de l'Ouest et austral: Le cas de la Chine et du Brésil," Agence Francaise de Developpement, June 2013, p. 52, http://www.afd.fr/webdav/site/afd/shared/PUBLICATIONS/RECHERCHE/Scientifiques/A-savoir/21-A-Savoir.pdf.

⑤ Clem Khena, "Nigeria: Citizens in Benin Republic Get Severance Benefits Next Month," *Leadership* (Nigeria), November 15, 2008; Gabas et al., "Coopérations Sud-Sud." 除非另有说明，本段及下一段的引文均来自第二篇文章。

工人也是如此。工人经常会牢骚满肚——有些是针对中方，有些则是针对贝宁政府，因为它们虽然承诺支付遣散费，但总是一拖再拖。有位参加罢工的抗议者宣称：“（中国人）有时会对着工人大
123 喊大叫，踢他们，甚至会啐他们。”法国的一个研究团队 2013 年在其关于糖联的调查报告中指出，双方都在相互抱怨。[1] 贝宁的一名工人举了一个在一定程度上反映中国人不够尊重他们的例子：“一天，我哥哥在前往制糖厂的路上出车祸去世了。根据劳工法，雇主必须承担（丧葬）费用，因为他是在上班的路上出的车祸。但除了一副廉价的硬纸板棺材外，中国人拒绝再为他买任何东西。他们没有再多出一分钱，他们太抠门了。”另外一个人则抱怨道：“他们对我们很不好。每天早上，他们都用拉牲畜的车接我们上班。他们应该买一辆班车。”

另一方面，中国人则表示他们为糖联重新恢复生机做出了很大贡献，但工人们很少感激他们，他们对此很吃惊。中方的人力资源总监告诉这个法国研究团队说，苏克贝公司已经同意雇用好几百名此前的工人，即便他们“已经不是很年轻”。对中方员工来说，最糟糕的事情是频繁举行的罢工。“在忙季的三四个月的时间里，我们的制糖厂需要每天 24 小时保持运转。但工人们就在这个时候选择罢工，而且他们经常会提出不合理的要求。”萨维糖联在 2011 年因前工人组织的罢工而停产了一个多月，这些人仍在向糖联施压，要求发放从 20 世纪 80 年代奥巴桑乔时期以来的退休金和拖欠的工资，但中国人当时还没有接手糖联。“我们从一开始支付的工资就比最低工资要高，”她说，“但他们总是要求涨工资。我们研究过劳动法，并将其翻译成中文交给那些不懂法语的人学习，但工人们总是不遵守他们自己的法律。”她最后补充说：“我们真的很难在这里工作。”

我们将在稍后再回到贝宁，但在此之前我们需要兜一个圈子。在燃料价格在 21 世纪第一个十年的中期开始急剧飙升的时候，中

① Gabas et al., “Coopérations Sud-Sud,” p. 52.

成集团前往繁忙、嘈杂的金融中心香港，以对其在非洲的种植园进行改革。

华联与香港

在21世纪的第一个十年，中成集团在非洲生产的蔗糖主要被出口到了海外市场，尤其是欧洲的市场。它所在的4个国家均可根据配额将蔗糖出口到欧洲受保护的市场，而且正如我们所看到的那样，那里的价格要比世界市场的价格高300%。但是世界贸易组织做出裁决之后，欧洲的内部价格预计将被下调，欧洲市场的吸引力也因此开始下降。与此同时，燃料价格则在上涨。在巴西的带头下，世界各国开始在运输中提高生物燃料的使用率。正如我们在上文中看到的那样，欧洲和美国均设定燃油标准，要求将一定比例的 124
乙醇加入汽油。中成集团的管理人员对用蔗糖生产生物燃料的想法很感兴趣。但中国政府当时正在向中成集团这样的老国有企业施加压力。如此一来，他们要到哪里找钱来修建乙醇厂和获取新的土地呢？

2008年，中成集团与在香港证券交易所上市的私营皮革企业华联国际（控股）有限公司（简称“华联国际”）达成了协议。[①]中成集团将把其在非洲投资的3家糖联转交给华联，华联则用股票进行支付。香港证券交易所允许华联（以及中成集团）通过发行股票和债券进行筹资（但这也迫使中成集团变得前所未有的透明）。两年后，华联国际放弃皮革方面的业务，从一家皮革企业变成了现在的生物燃料公司，中成集团则成为其大股东。华联国际与中成集团后来又引进了第三个重要的合作伙伴中非发展基金，然后

① Aaron Pan, "China's Hua Lien International uys Three African Sugar Growers," Bloomberg, February 27, 2008, http://www.bloomberg.com/apps/news?pid=newsarchive&sid=aF8bdvua8mJs&refer=africa; Hua Lien, *Annual Report 2008*, http://202.66.146.82/listco/hk/hualien/annual/2008/ar2008.pdf; Hua Lien, *Annual Report 2010*, http://202.66.146.82/listco/hk/hualien/annual/2010/ar2010.pdf.

三方同意共同在非洲进行生物燃料投资。《南华早报》在一篇报道中指出，它们的目标主要是向非洲和欧洲销售乙醇。尽管中国自己的乙醇厂也没有足够的原料，但“由于从非洲到中国的运输成本太高，而且中国大陆实行对燃料价格进行管控的政策，向中国出口原料并不划算”。[①]

现在我们可以再次回到贝宁了。贝宁政府非常支持生物燃料投资，并表示希望到2020年占据欧洲不断扩大的生物燃料市场1%～2%的份额。[②] 根据香港证券交易所披露的信息，贝宁在2011年与中国投资者签署协议，租赁给他们4800公顷土地，租期为25年，年租金为每公顷25美元。（贝宁国内谣传其政府将这些土地免费租给了中国人，租期为99年。）以此为基础，中国人开始修建一家中等规模的乙醇提炼厂，但他们再次大吃一惊。

就像他们在中国所做的那样，中成集团将征地的具体细节交给了地方政府办理。中国人似乎没有注意到贝宁国民大会在2007年通过了一项法律，赋予传统土地所有权与民法中的财产权相同的地位。他们可能也不知道，国际捐助者已经开始帮助贝宁公民注册土地，并为其提供了传统土地所有权的证书。但他们或许应该清楚2013年1月发生的事情，当时贝宁国民大会大张旗鼓地通过了一项严厉的新法令，限制所有超过1000公顷的土地流转。[③]

在这项法令通过一个月之后，中成集团董事长访问贝宁，讨论法令将会对其项目产生何种影响。讨论的结果是形势对中国人而言

---

① Eric Ng, “Hua Lien to Invest in African Fuel Venture,” *South China Morning Post*, February 2, 2010.

② 本段内容主要参考 Nonfodji, “China's Farmland Rush in Benin,” p. 4; Hua Lien, *Annual Report 2011*;《中成集团与贝宁政府签署关于生物燃料项目的备忘录》，商务部，2014年11月11日，http://www.mofcom.gov.cn/article/i/jyjl/k/201007/20100707042267.shtml。

③ “Putting Technology to Work to Improve Property Rights in Benin: Poverty Reduction through Secure Land Tenure,” Millennium Challenge Corporation, October 23, 2009, http://www.mcc.gov/documents/press/successstory-102309-action-benin.pdf.

并不乐观。中成集团和华联国际在咨询它们的律师后，停止了乙醇
厂的修建工作。2014 年 3 月，华联集团在香港宣布它们在贝宁的 125
乙醇项目受到了阻碍，造成阻碍的被其含糊地称为“干扰事件”。[①]
该项目长期的盈利能力“因无法获得 4800 公顷租用的土地而受到
了严重的打击”。尽管可以从当地农户那里购买木薯来作为生产乙
醇的原料，但相关可行性研究表明，如果没有核心的种植园，该项
目可能甚至无法实现收支平衡。

马里：“一勺中国的糖”

让我们再次回到马里，中国人的项目似乎比美国人的项目进展得更为顺利一些。2011 年，谢弗国际与美国的一家扶贫机构联合制作了一部关于其投资未遂的苏萨马糖厂的纪录片。[②] 我观看了这部纪录片。尽管纪录片的制片人对谢弗国际，以及其承诺将小农户和社区包含进去的创新性公私伙伴关系将会产生的收益表示同情和遗憾，他们还是给了那些反对投资项目的村民和市民社会组织相同的出镜机会，并展示了抗议者们是如何烧毁试验项目的一些甘蔗田及如何攻击其保安人员的。纪录片并没有专门提及中国的项目，但解说员在讲述上述问题时提到了中国，他拖着嗓子说：“中国和沙特阿拉伯等富有但严重缺乏土地的国家正在马里承包土地，并将大片土地变成农业综合经营的农场。”

苏萨马项目共从 17 个出资方那里筹集了 6 亿多美元的资金，这其中包括韩国进出口银行（Korea Import-Export Bank）、伊斯兰开发银行（Islamic Development Bank）和非洲开发银行。然而只有

---

① 本段所有引文均来自 Hua Lien, *Annual Report 2013*, p. 6; “Huan Lien Announcement on the Provision for Impairment Losses on Ethanol Biofuel Business in Benin and Profit Warning,” Hua Lien International（Holding）Company Ltd., March 3, 2014, http://www.hkexnews.hk/listedco/listconews/SEHK/2014/0303/LTN201403031856.pdf。

② *Land Rush*, directed by Hugo Berkeley and Osvalde Lewat, Normal Life Pictures, 2012, http://whypoverty.net/wp-content/uploads/files/Land%20Rush%20transcript.pdf.

等马里议会批准了贷款协议之后，这些银行才会为项目拨付资金。[①] 谢弗国际希望在2012年4月大选后杜尔总统结束任职之前，制糖厂取得突破性的进展。

中国人也遇到了一些麻烦。中国商务部下属的《国际商报》曾坦率地评价了马里政府“办事效率低”的问题。[②] 例如，中国项目组在27天内跑了36趟马里财政部，才最终得到马里财政部部长对中国贷款的签字确认函。这篇文章还表示中国在项目用地问题上受到“美国人的阻挠”，这表明中美双方在观念上存在很大的差异。但中轻对外公司最终还是从中国进出口银行为股权比例为百分之六十比百分之四十的合资企业申请到了贷款。然后中轻对外公司开始加紧工期，力争在2012年大选前建成制糖厂。

事实上，这两个项目都受到了冲击。2012年3月21日深夜，
126 一群不满现状的马里士兵攻击了总统府并掌握了政权。“政府就这么消失了。”有篇报道如此表示。对于谢弗国际而言，这是压倒它的最后一根稻草。当年5月，伊洛沃公司宣布其预付的2100万美元报废。[③] “苏萨马是一个白人的项目，”一位村民向纪录片的制片人解释说，“他们不喜欢战乱。”

一年多之后，我在北京见到了中轻对外公司的董事长。我问他军事政变有没有影响到他的公司。“政变对我们老公司没有什么影响，”他说，“但它影响到了新的上卡拉项目的建设。”有些员工返回了中国，机械的安装推迟了好几个月，但中国人的制糖厂还是在2012年11月开工。[④] 然而，由于马里政府只交给他们3570公顷土

---

① 该项目将由两部分构成：一是制糖厂，其中伊洛沃公司、一些私人投资者和谢弗国际掌握94%的股权；二是种植园，其中马里政府掌握90%的股权。

② 陈淑仁：《马里糖联有点“甜”》，《国际商报》2012年1月19日，http://finance.china.com.cn/roll/20120618/810592.shtml。

③ Michael Cohen, "Illovo Pulls out of Mali Sugar Project on Security Concerns," *Bloomberg News*, May 28, 2012, http://www.bloomberg.com/news/2012-05-28/illovo-pulls-out-of-mali-sugar-project-on-security-concerns-1-.html.

④ Nama Ouattara, "Essai sur l'investissement agricole responsable: Une etude de cas de projets d'investissements de la Chine dans le sous-secteur du sucre au Mali" (unpublished paper, Université Paris-Sud, 2014).

地，制糖厂仍然无法满负荷运转。马里新任农村发展部部长在2013年10月参观了这个项目，中方官员再次在土地问题上向他施加压力。制糖厂的“周边地区严重缺乏土地。准备交给他们的土地又离制糖厂太远，这无疑会增加成本”。[①] 与此同时，米马·奈德科维奇告诉我，尽管谢弗国际和伊洛沃公司组建的公司已经被破产清算，他自己也开始了新的工作，但尼日尔河流域办公室拟交给该公司的土地仍然还为那个项目预留着。米马仍然是谢弗国际的董事会成员，仍在准备着应马里政府的请求帮助其恢复那个项目。中国人可能赢得了这场战役，但他们能否赢得整场蔗糖战争还是一个未知数。

甜蜜的事业

蔗糖似乎在非洲越来越成为一项甜蜜的事业。英国的伊洛沃公司已经在马拉维、莫桑比克、斯威士兰、南非、坦桑尼亚和赞比亚进行了投资，目前至少拥有6.4万公顷的甘蔗田。伊洛沃公司还拥有16家制糖厂，除了加工自己种植的甘蔗外，还从11.2万公顷土地上的种植户那里收购甘蔗。在过去几年间，投资者对蔗糖的兴趣已经登上了很多非洲国家的新闻头条。坦桑尼亚计划通过9家新的糖联，到2016年实现蔗糖年产量增加两倍。来自印度、埃及、瑞典和迪拜的企业均在那里寻找蔗糖生产的投资机会。巴西、日本和葡萄牙的企业已经与安哥拉政府进行磋商，拟建立3家以甘蔗为原料的生物燃料联合企业，占地将达到近10万公顷。英国、法国、印度、南非和毛里求斯的制糖企业也已经计划前往莫桑比克投资。埃塞俄比亚希望在全国各地建立10家大型糖联，苏丹则正在扩大其蔗糖产量。[②]

---

① “Office du Niger: La Prospection d'Opportunites Nouvelles,” *L'Essor* (Mali), October 23, 2013, http://www.malijet.com/actualite_economique_du_mali/84528-office-duniger-%3A-la-prospection-d%E2%80%99opportunites-nouvelles.html.

② “Key Sugar Projects in Southern Africa,” *Annual SADC Sugar Digest 2014*, December 4, 2013, http://sadcsugardigest.com/key-sugar-projects-in-southern-africa.

127 在这场“圈地运动”中，中国人迄今为止仍然只扮演了不太重要的小角色。中轻对外公司尽管计划在条件允许的情况下扩大占地面积，但目前它的3家糖联所耕种的土地还不到10000公顷。它的母公司中国轻工集团公司已经探讨了为马里邻国尼日尔建立10万吨级制糖厂的可行性，但该项目的资金还没有着落。正如我们在第五章中所看到的那样，埃塞俄比亚政府同意为湖南达丰源提供25000公顷的土地以建立一个糖联，但这个项目最终没有被落实。

在我写到这里的时候，中成集团在非洲的6家糖联仍然只拥有22000公顷甘蔗田，且所有土地都是在1987~2008年期间被承包下来的。当苏丹最大的国有企业克纳纳制糖公司（Kenana Sugar Company）根据其野心勃勃的《2020年投资计划》，准备为至少4个制糖项目寻找合作伙伴时，中成集团也正在苏丹的制糖产业寻找投资的机会。中成集团（携手中非发展基金）拟对位于苏丹港附近的红海制糖厂进行直接股权投资，生产粗糖并将其大部分出售给意大利的艾里丹尼亚制糖公司（Eridania），为此已经开展了好几轮的谈判。公司高管还表示希望与纳纳制糖公司就拟开展的另外一个旗舰项目——雷迪斯糖联（Al-Redais）进行合作。[①] 然而由于石油收入的降低及2011年独立后南苏丹地区局势再度陷入动荡，很多农业投资者都被吓跑了，这其中也包括中成集团。

在马达加斯加、贝宁和塞拉利昂遇到的问题使中成集团认识到获取土地的难度，其管理者因此对前往非洲投资已经不像此前那么乐观。他们似乎正在回归建筑这一他们的核心业务。2011年11月，我在亚的斯亚贝巴见到了中非发展基金的高层。我知道中成集团获得了埃塞俄比亚政府拟上马的10个制糖项目之一的建筑合同，于是

---

① “Kenana Red Sea Sugar Refinery: Agreements on Questions Raised by COMPLANT and CAD-Fund,” Baidu Library, November 17, 2011, http://wenku.baidu.com/view/2690e105a6c30c2259019e94.html. 一年后，苏丹有一篇报纸文章没有提及中国的参与，但注意到糖厂当时正在由一家意大利公司（Adradanie）修建。“Minister of Industry Supports Establishment of Sugar Refinery in Port Sudan,” *Sudan Vision* (Sudan), October 12, 2012, http://news.sudanvisiondaily.com/details.html?rsnpid=215309.

我问中非发展基金其是否会在埃塞俄比亚携手中成集团共同投资一家糖联。“我们曾讨论过这件事情，”这位高层人员说，“但从目前来看，中成集团只想成为承包商，而非投资者。”他还补充说：“我们希望中成集团能够改变想法。”几年过去了，尽管中国进出口银行和国家开发银行均为埃塞俄比亚的糖联提供了贷款，但仍然没有中国企业参与进来。至少有一家糖联，即位于埃塞俄比亚东北部、投资额为 1.23 亿美元的阿法（Afar）糖厂将由中成集团建造。①

让我们再次回到位于饱经战乱摧残的塞拉利昂内陆地区的小型糖联马格巴斯，并以此作为本章的结尾。2013 年 12 月，我与一位曾于 20 世纪 90 年代在马格巴斯工作、现常驻北京的中国专家喝了一次茶。他告诉我说：“如果管理恰当，制糖是一种很好的生意。你需要规模经济。它的成本很高，所有东西都需要进口，而且都很贵。土地所有权也不清晰。你可能在与一个人谈妥后，另一个人又来找你 128
说：‘那块土地是我的。’”我问他中成集团在非洲的项目情况如何。“我们仍然将大约 90% 的蔗糖出口到欧洲，”他说，“那里的价格仍然很高，但这种情况总有一天会结束。”他停了一下，喝了一小口浓浓的铁观音，然后继续说：“或许到那个时候，中成集团将会向中国出口蔗糖，这样中国种甘蔗的农户就可以种植其他的东西了。”

我们在这两章中看到了中国在非洲的早期农业投资所产生的结果。尽管有些投资源于对外援助，但这既非必条件要也非充分条件。中国的国有企业采取了各种方法以保证老援建项目可以继续运营。它们有时会选择与当地政府一起组建合资公司，希望这将有助于保护它们的共同利益。然而这些政府还有其他一些目标，这其中包括提高就业、提供恩惠与庇护和保持政治稳定，而诸如劳资关系紧张等问题则会对它们造成损害。就像在马里那样，中国企业有时也可能会在相当长的一段时期内享有受保护的市场。但在另外一些

① Government of Ethiopia, Ministry of Finance and Economic Development, “Public Sector Debt Statistical Bulletin, No. 9,” Debt Management Directorate, October 2012, p. 11.

国家，如赞比亚，它们就没有这么好的待遇，而必须与其他国家的投资者和当地农民进行竞争，以便在充满活力的当地市场分一杯羹。

中成集团和华联国际在 2011 年令人吃惊地购买了为牙买加政府所有的 3 家亏损的糖联。就像我们经常在非洲所看到的那样，它们也是唯一的竞标者。牙买加政府的一名官员承认："没有其他企业会排队购买我们破旧的糖业资产。"中国人将获得 3 家老旧的制糖厂，以及 32572 公顷的甘蔗园，租期为 50 年。他们共花费了 900 万美元，但承诺另外投入 1.27 亿美元使这 3 家糖联实现现代化。牙买加长期为英国的制糖厂提供粗糖。新上任的中方管理人员告诉牙买加《集锦者报》（*Gleaner*）说，他并不担心蔗糖的销路问题。很多利润丰厚的市场在等着他们：中国或非洲的一些国家，如苏丹，都在准备修建制糖厂并加工从国外进口的粗糖。①

中成集团在牙买加购买糖业资产可能标志着其具备了更开阔的全球视野，迈出了对于一个农业综合企业而言必须迈出的步伐，即为提高效率和盈利能力而必须打造完整的价值链。另一方面，这也可能也是一家日渐衰退的国有企业，在连其领导人都无法真正理解的复杂的全球商业环境中，为重新打造自己而做出的不切实际的努力。在下一章中，我们将见到新一代的企业——既包括私营企业，也包括那些混合了私人与政府股份的上市公司，它们是前往非洲农
129 村地区的最新一批中国投资者。

① John Gayle, CEO of SCJ Holdings, Jamaica, interview with author, Washington, DC, November 20, 2013; "Sugar War—Major Players Haggle Over 2010 Divestment Process," *Gleaner* (Jamaica), October 21, 2012, http://jamaica-gleaner.com/gleaner/20121021/lead/lead11.html; Mark Titus, "New Pan Caribbean Head Wants to Wipe the Slate Clean... Partially," *Gleaner* (Jamaica), October 25, 2013, http://jamaica-gleaner.com/gleaner/20131025/business/business1.html.

第八章　未竟的事业

——中国在非洲的风险与丰收的现实

2009年3月，赞比亚生物燃料协会（Biofuels Association）执行董事泰森·奇桑博（Tyson Chisambo）前往南非参加生物燃料大会。他在会上告诉路透社："中国已经就种植200万公顷麻风树一事与赞比亚政府接触。我们仍在等待更多的细节。"①

这条新闻在媒体上引起了轩然大波，中国政府在世界各地被描述为"索要"土地。尽管种植麻风树是为了生产生物燃料，而不是为了向人们供应食物，但国际粮食政策研究所的一份报告仍然将这200万公顷土地列入了"政府间保证粮食供应"的投资表。②《经济学人》也在一篇文章中借此故事暗示，中国政府正在向赞比亚施加巨大的压力以让其批准这一项目："赞比亚主要反对派的领导人反对中国所提出的200万公顷生物燃料计划，中国则威胁如果他上台执政，就会退出赞比亚。"③

尽管武汉凯迪控股投资有限公司（简称"武汉凯迪"）在赞比亚的生物燃料项目与人们所描述的截然不同，但无论如何它都只是一个谣言。就像本章将要分析的其他项目和商业投资一样，它也产生了很多教训。与本书第五章中所讨论的中兴能源在刚果（金）的棕榈油项目类似，它也展示了那些在非洲经验很少甚或完全没有经验的中国商人有时拥有令人吃惊且不切实际的雄心，但这并非中国政府有组织地获取土地的尝试。它表明即便想要实现这些雄心的初步目标，在现实中也要面临很多困难。而且它还凸显了非洲人在

① Muchena Zigomo, "China Asks to Plant 2 mln ha of Jatropha in Zambia," Reuters, March 31, 2009, http://af.reuters.com/article/zambiaNews/idAFLV96195120090331.

② Joachim von Braun and Ruth Meinzen-Dick, "'Land Grabbing' by Foreign Investors in Developing Countries: Risks and Opportunities," IFPRI Policy Brief 13, 2009, http://www.ifpri.org/sites/default/files/publications/bp013all.pdf.

③ "Outsourcing's Third Wave," *Economist*, May 21, 2009.

130 其中所扮演的关键角色。正如我们将看到的那样，尽管不清楚该项目为何会变成中国政府的“索求”，但它实际上是由两个赞比亚商人构想出来的，而且他们也面临着很多困难。而该项目最终的命运，则取决于赞比亚的两个总统。

当世界各国对生物燃料的兴趣在2008年开始高涨的时候，一位名叫昆布吉兰尼·菲里（Kumbukilani Phiri）的赞比亚年轻人正在已在深圳证券交易所上市的中国私营企业武汉凯迪的国际业务部工作。菲里当时刚凭借中国政府的奖学金在广西大学获得土木工程学位。他爱上了一位中国女孩，并在后来娶了这位女孩为妻，他一时还没有打算离开中国。武汉凯迪进取心十足的董事长陈义龙当时正在寻找到国外发展的机会。他并没有想到非洲，但菲里建议非洲——尤其是赞比亚——值得他去看一看。

武汉凯迪的目标正中另一个赞比亚人汤姆森·辛卡拉（Thomson Sinkala）的下怀。辛卡拉曾是赞比亚大学的工程学教授，当时担任赞比亚生物燃料协会的主席，且拥有自己的生物燃料公司。2013年6月，我在赞比亚首都卢萨卡见到了辛卡拉。[①] 我们坐在他既当家又当办公室的花园别墅里。淡绿色的墙反射着下午强烈的阳光。窗外，一个妇女正在将洗好的衣服挂在一丛晚开的鸡蛋花前的绳子上。红色的三角梅越过了藩篱，开得正艳。

辛卡拉告诉我昆布吉兰尼·菲里在2008年前来拜访了他。他们的会谈非常顺利，辛卡拉被邀请前往武汉凯迪在中国的总部参观。“赞比亚发展署（Zambia Derelopment Agency）的一个工作人员同我一起前往那里，”辛卡拉说，“我们做了一个关于赞比亚生物燃料潜力的报告。然后我们决定共同投资。”辛卡拉和菲里开始与赞比亚发展署合作，准备为他们的合资公司获取很大一块土地的特许经营权。

投资的潮流来去匆匆，但当时非洲政府在农业投资方面拥有很多选择。国际林业研究中心的研究员乔治·斯荷威德（George

---

① 2013年6月3日，笔者在赞比亚卢萨卡对汤姆森·辛卡拉教授进行了采访。除非另有说明，所有引用的辛卡拉的话均来自这次采访。

Schoneveld）博士论文的主题为对非大型农地投资。[①] 他发现在2008～2009年，非洲各国政府签署了几十份各种类型的大型项目协议。赞比亚发展署与德国的曼·富乐斯多公司（MAN Ferrostall）签署了另外一项占地15万公顷的生物燃料项目的谅解备忘录。斯荷威德还记录了其他一些与生物燃料有关的承包协议：英国的猎人资源公司（Hunter Resources）在马达加斯加获得了45.25万公顷土地；挪威的扫描农场公司（Scanfarm）在加纳获得了30.375万公顷土地的特许经营权；总部位于美国得克萨斯州的一家企业与苏丹南部的地方政府签署承包协议，[②] 获得了60万公顷土地的特许经营权；意大利的一家企业则宣称在几内亚获得了71万公顷土地的特许经营权。 131

正如泰森·奇桑博所宣称的那样，武汉凯迪最初的目标非常大，但也相当模糊。2009年，当其还在着手可行性研究的时候，赞比亚官员便宣称该项目的投资总额为30亿美元，占地面积为70万公顷，将创造5万个工作岗位。[③] 当时对中国投资进行尖锐批评的反对派领导人迈克尔·萨塔（Michael Sata）告诉广播听众，他反对这个项目，因为他预计中国工人将会被雇用到种植园工作。[④]

现在我们可以回到上文所引用的《经济学人》的评论了，该评论暗示——事后证明其完全错了——中国政府深为关切当时反对派领导人迈克尔·萨塔对生物燃料项目的敌视情绪。早在3年之前，在任何人都没有想到中国人会到赞比亚进行巨额生物燃料投资的时候，这些威胁确实存在过。在赞比亚2006年的大选中，被人们称为“眼镜蛇王”的迈克尔·萨塔承诺一旦当选，将在外交上

---

① George Christoffel Schoneveld, *The Governance of Large-Scale Farmland Investments in Sub-Saharan Africa* (Delft: Eburon, 2013), pp. 35 - 36.

② 原文为南苏丹（South Sudan），但南苏丹在2011年才独立，而文中涉及的年份为2008～2009年，所以在此翻译为苏丹南部地区。——译者注

③ "Zambia and China Undertaking Feasibility Study in Kawambwa on the Biofuel Project," *Lusaka Times* (Zambia) March 19, 2009.

④ Barry Sautman and Hairong Yan, "Chinese Farms in Zambia: From Socialist to 'Agro-Imperialist' Engagement?" *African and Asian Studies* 9 (2010): 324.

承认台湾当局。中国认为台湾是分离出去的一个省，这也是美国与世界大多数国家的官方立场。在此提到的“威胁”，是中国大使警告说如果萨塔像他承诺的那样承认台湾为“中华民国”，中国政府将被迫与赞比亚断绝外交关系。萨塔在选举中落败，但他仍然在攻击中国的投资。

2013 年 6 月，当我在卢萨卡的一家餐厅里与昆布吉兰尼·菲里共进早餐的时候，他告诉我武汉凯迪准备在生物燃料领域投入大量资源，但投入的规模将取决于能够获得多少土地，能够从中国的银行获得多少贷款，以及赞比亚是否已经发展出一个有组织的生物燃料市场。(后来在中国驻赞比亚大使馆，一位高级外交官对这家没有经验的企业开展如此大规模投资的能力表示怀疑。他表示：“武汉凯迪喜欢召开一些哗众取宠的记者招待会。”)

菲里表示，该项目计划采取自己种植（70%）与订单种植（30%）相结合的方式，并计划建设一家规模很大的工厂。武汉凯迪将为当地订单农户提供种子和农用物资，然后在他们出售甘蔗时扣除他们的部分收入。赞比亚有近 94% 的土地仍然处于传统的土地所有制之下，农村地区的酋长一直在代替他们的人民掌管着这些土地。在赞比亚发展署，一位官员向我详细解释了获取传统土地特许经营权的各个步骤。“我们要与酋长进行谈判，从他们手里拿走土地的所有权。然后这些土地便成为法定的土地。一旦我们达成商业计划，我们就会把这些土地以固定租金承包给投资者，期限为 99 年。”赞比亚的法律并没有要求必须进行谈判，但武汉凯迪还是与酋长和村民们一起举行了多次公众听证会。“我们一直在反复与他们进行谈判，”菲里回忆道，“先是酋长，然后是政府，接下来
132 还是酋长，然后是政府。这些谈判都是公开和透明的。”

赞比亚北部的酋长似乎赞成这项投资，指出这将创造就业(据投资者表示，他们不打算引进中国工人)。“我来自那一地区，”汤姆森·辛卡拉告诉我，“我在童年的时候帮助我的父母放牛。当时那个地区覆盖着森林，但是多年以来，那里的环境已经恶化。人们把树木砍伐下来制作成木炭出口到坦桑尼亚。人们现在养的牛也

太多了。森林正在慢慢消失。”有位作者在赞比亚的一个博客上专门谈及了酋邦问题，他表示自己担心该项目所在地区的赞比亚人可能并没有做出最好的选择。由于只能在贫瘠的酸性土壤上耕作，且越来越难以为他们的家庭生产足够的食物，他们可能“容易受到那些携带样品和谋求特许经营权的‘万灵油’推销员花言巧语的影响”，[①] 因此风险非常高。他表示，拿走赞比亚的土地可能并不会提高人们的生活水平；相反，这可能会导致更严重的贫困，并使预期寿命仍然处于“工业革命之前的水平”。

但辛卡拉并不同意上述观点：“我认为这个项目经过了精心的设计。”生物发电厂将为当地提供电力，生物燃料厂将利用各种原料生产生物燃料，这其中包括木薯、甜高粱、甜菜等。当地居民可以在不同的层面选择从事他们力所能及的工作。当地企业可以为种植园的工人修建房屋。“我们从第一天起就很开放，”他告诉我，“我们没有任何秘密，这应该是赞比亚有史以来调研最为充分的投资之一。”

截至 2011 年年中，赞比亚发展署已经通过与传统酋长签署协议拿到了 7.93 万公顷的土地，武汉凯迪也已经承诺投资 4.5 亿美元。接下来需要上报总统办公室，请求其批准将如此大规模的传统土地转交给公司。但是赞比亚正处于选举季，而且由于赞比亚政治围绕中国人投资的问题已产生了两极分化，班达（Ruprah Banda）总统被迫暂缓做出决定。

2011 年 9 月 20 日，反对党领导人迈克尔·萨塔在赞比亚总统选举中获胜。上任之后，萨塔对中国投资者变得务实起来，但他仍然不愿意批准土地转让事宜。他下令该项目在开始的时候只能先试点 2000 公顷的土地。然而武汉凯迪根本不可能这么做，因为这样风险太大，而且将很难做出财政预算。“这就像求婚一样，”菲里告诉我，“你追求一个女人，你去敲她的门，你做了一切应该做的

---

① Anonymous, “Comment,”（blog）, House of Chiefs, April 2, 2009, http://www.houseofchiefs.com/2009/03/land-is-available.html.

事情，但是她没有任何反应。现在该赞比亚人去争取这项投资了。”由于这个项目被无限期拖延，菲里决定向商学院递交申请，并最终在英国获得了奖学金。

在最后一次前往赞比亚的几个月后，我于 2013 年 9 月在中国海滨城市大连召开的夏季达沃斯论坛上与武汉凯迪（已经改名为阳光凯迪）的董事长陈义龙做了一番交谈。我们会面的地方在会
133 议中心的一个时髦的咖啡厅。咖啡厅外面的广场上，喷泉正将一股股水线喷向湛蓝色的天空。你们为什么不能从较小的规模开始呢？我问他。“当地的基础设施非常落后，”他身体前倾以便更好地表达自己的观点，“即便是试点项目，我们也必须对灌溉设施、公路、工人的住房、加工厂等进行巨额的投资。我们需要足够大的规模来收回投资。”

陈义龙告诉我，他正在离中国比较近的地方，如缅甸及其他亚洲国家寻找投资机会。“但我们仍然在与辛卡拉教授合作研究生长迅速、可用于制造生物燃料的当地植物和树木，”他补充说，“赞比亚所有的石油都依靠进口，而且价格是美国的三倍。我们将为赞比亚市场提供生物燃料，我们承诺这么做，如果还有盈余，我们将把其出口到周边地区或是欧洲。我们已经在赞比亚投入了大笔资金。我们将找合适的机会再启动这个项目。”2014 年 10 月，菲里在英国拿到了他的学位（且是优秀毕业生）。同月，迈克尔·萨塔因一种未公开的病在总统岗位上去世。“凯迪仍然还有兴趣。”菲里在一封电邮中确认道。这个奄奄一息的项目或许会重新焕发生机。

种子与服务：湖南的水稻群体

现在让我们转向中国水稻大省湖南的省会长沙的一个商业群体，在成功地成为全球农业参与者的过程中，中国的专家和知识产权在那里都被认为是一种资产。我在 2013 年年底前往长沙，希望了解更多关于他们在非洲做生意的事情。那是 12 月的一个阴雨连绵的早上，我在灯火辉煌的隆华国际酒店里吃早饭，看到很多与水

稻有关的摆设。每个桌子上都摆着一把人造的稻穗。天花板上吊着一个抽象的雕塑，上面布满了成千上万颗用金黄色玻璃做成的稻粒。酒店外面，浓密的烟雾黑压压地覆盖在城市的上空。

自明末以来，长沙就一直是一个重要的水稻市场。它也是我此行的主要目标之一，是令人尊敬的水稻专家袁隆平教授所在的城市。长沙还是湖南农业科学院、国家杂交水稻中心、袁隆平农业高科技股份有限公司（简称“隆平高科”），以及其他一些研究机构和企业的所在地，这些研究机构和企业共同拥有相当多的知识产权。20 世纪 90 年代，长沙的一些专家在中垦集团位于几内亚的科巴农场开始了他们在非洲的水稻品种试验。[①] 最近，这个水稻群体已经携手至少 7 个非洲国家开发项目，其中包括埃塞俄比亚、利比
里亚、马达加斯加、马里、尼日利亚、赞比亚和津巴布韦，为众多 134
合资企业提供了高产种子、咨询和技术援助，以及越来越多的资金。这个在湖南的水稻群体是中国农业综合开发及中国经济外交的先驱者。

袁隆平农业高科技股份有限公司

2004 年世界粮食奖的获得者袁隆平教授是第一位破译了杂交水稻生产密码的科学家。他的专利是中国在联合国注册的第一项农业技术专利。今天，袁隆平的名字与声望支撑了中国在杂交水稻及其他高产种子领域的商业与政治希望。袁隆平农业高科技股份有限公司以他的名字命名，建立于 1999 年，目前是一家公私合营的跨国企业。作为一家上市公司，其股权被掌握在湖南省的几家公共科研机构和一些个人与私营企业的手中（其中包括袁隆平教授本人）。它最大的股东是私营企业长沙新大新股份有限公司，而该公司在 2007 年被世界第四大种子公司法国的跨国农业综合经营巨头威马（Vilmorin）公司收购了部分股权。隆平高科掌握了中国杂交种子 20% 的市场份额。

① 《亲历“建设非洲”》，《北京日报》2006 年 11 月 6 日，www.bjd.com.cn/bjxw/mtdd/sbjx/200611/t20061106_113999_2.htm。

我在美国威斯康星州的乳制品产区长大。小时候，我们在社区边上的又高又深的玉米地里捉迷藏，不时要避开先锋（Pionner）和迪卡等杂交种子公司的标示牌。美国在 20 世纪 30 年代开始允许将杂交玉米用于商业领域，美国农场主的产量因此增长了三倍。然而要想保证较高的产量，每季都必须重新购买杂交种子，因此种子公司不愁种子没有销路。目前，全球种子业务据估计约值 500 亿美元。它们的标示牌出现在从阿尔及利亚到安哥拉等非洲各国的田野之上。隆平高科与中国的其他杂交水稻种子企业也想去复制这一成功。

我到长沙的第一站是隆平高科的国际培训中心，该中心提供的为期 3 个月的技术培训课程很受非洲农业专家的欢迎。我在那里观看了一个视频。“国际粮食危机是一场全人类共同面临的战争，”解说员在鼓舞人心的音乐中缓慢地念道，“每 6 秒钟就有一名儿童因饥饿或相关疾病死去。”我从那里了解到，杂交水稻种子的出口量以每年 30%~50% 的速度增长。

在与隆平高科年轻但阅历广泛的员工进行了一番交谈后，我见到了袁隆平教授。他已经 80 多岁，很瘦，黝黑的面庞布满了深深
135 的皱纹，能说一口流利的英语。我问他是否还骑摩托车到田里去，他笑了起来：“不了，我现在开车去。”他解释说中国政府曾让他帮助非洲开发杂交水稻，但他似乎对美国的前景更感兴趣，因为他在美国种植了大约 5 万公顷隆平高科的水稻。他笑得很开心：“美国人向我们支付了专利费。”

中国在非洲开展农业经营“并不容易”，隆平高科的另外一位高管补充说：“我们在非洲才刚刚起步。”他指出中国援建的农业技术示范中心应着力改进非洲薄弱的农业研发支持体系。隆平高科也在中标后修建并管理了利比里亚的农业技术示范中心。如第四章所示，这些示范中心均由中国政府全额出资修建，中国政府还会为它们提供 3 年的运营资金。在此之后，承建企业与所在国共同磋商示范中心下一步的发展。在利比里亚，隆平高科同意出资并管理示范中心 12 年的时间。在此期间，隆平高科将自己出资进行培训和

开展研究，并创建“一个当地企业家可模仿或效仿的具有商业可行性的农场”。①

隆平高科试图将农业技术示范中心作为其他业务的平台。它承包了中国在 20 世纪 80 年代为利比里亚政府援建的卡帕塔维（Kpatawee）水稻种子农场。在写博士论文的时候，我曾前往那里进行田野调查：该农场位于一个风景优美的山谷之中，从山上顺流而下的瀑布为其提供了灌溉用水。“这是一场艰难的谈判。”隆平高科的一名员工告诉我说。尽管提高水稻产量将会缓解他们的粮食短缺问题，但有些非洲国家的政府还是明确地提出了更多的要求。“利比里亚政府要求我们做很多事情，而且要用我们自己的钱来做，”他评论说，“我们的租期只有 12 年，而且我们还要用部分水稻交纳租金。”隆平高科长期的计划是建立中利卡帕塔维国家农业园（China-Liberia Kaptawee National Agricultural Zone），这是一个占地 2000 公顷的高科技农业园，功能主要包括示范、生产种子、培训和旅游。隆平高科还与利比里亚的豪门之一邓巴（Dunbar）家族合资，以复垦他们占地 380 公顷的蔬菜农场，该农场曾是利比里亚规模最大的蔬菜农场。“当地的合作伙伴应该为此提供资金，”隆平高科的一位员工解释说，“但他们迄今一分钱都没有出。”②

隆平高科在赞比亚与江苏省的一位企业家共同投资了占地 380 公顷的兴西农场用来培育玉米种子，它还与联合国环境规划署（United Nations Environmental Program，UNEP）合作共同示范节水

---

① “A Brief Introduction to the China-aided Agricultural Technology Demonstration Center,” Embassy of the People's Republic of China in the Republic of Liberia, http://lr.china-embassy.org/eng/sghdhzxxx/t720776.htm.

② 隆平高科曾在 2010 年探讨了在赞比亚建立农业园的可能性。“我们前去参观了楠桑加（Nansanga）区块，赞比亚政府希望有人到那里投资，”隆平高科的副总裁周丹告诉我，“它离卢萨卡有 5 个小时的车程。路况很差，需要铺设路面。届时我们将很难将庄稼用卡车运出来。”2011 年，隆平高科与来自匈牙利、英国、南非、毛里求斯和赞比亚的企业一起成为楠桑加区块的候选人，但它最后并没有参加竞标。“ZDA, Chinese Firm Seal Agro Deal,” *Times of Zambia*, August 21, 2010; Ndinawe Simpelwe, “ZDA Receives Only 2 Bids for Nansanga Bloc,” *Zambia Post*, June 26, 2011; 同时参见 2013 年 12 月 16 日笔者在长沙对周丹的采访（所有关于周丹的引文均来自这次采访）。

技术。隆平高科还受邀到埃塞俄比亚北部的水稻种植区进行试验。“这并不是投资，”隆平高科的副总裁周丹解释说，“这是为了埃塞俄比亚，是一种经济外交。”据联合国粮农组织统计，埃塞俄比亚在 2011 年共花费了 5000 万美元从国外进口大米。袁隆平的大儿子
136 袁定安在长沙也有一家名为袁氏杂交水稻国际发展有限公司（简称“袁氏国际”）的企业。它在马达加斯加与中非农业投资公司共同建立了一家合资企业，从事的也是杂交水稻业务。[①]

绿色农业西非有限公司

隆平高科在非洲最大的项目为位于尼日利亚西北部的凯比州的一家合资企业——绿色农业西非有限公司（简称“绿色西非”）。其合作伙伴为中地海外集团有限公司（简称“中地海外集团”）。2014 年 4 月，美国佛罗里达大学人类学专业学生焦阳（音译）在我们中非研究计划的资助下访问了这个项目，2015 年 3 月，我也在北京见到了该项目的管理人员。[②] 我们发现中地海外集团在 2006 年承包了占地 2025 公顷的瓦拉（Warra）农场，然后在 2008 年与隆平高科共同组建绿色西非，成为一家在尼日利亚注册的种子生产商。[③] 中地海外集团还与中国其他研究杂交种子的机构建立了合作关系，目前正在与河北省的“杂交谷子之父”赵治海合作开发杂

---

① 湖南省农业科学院（它也是隆平高科的股东）在 2006 年获选承建中国在马达加斯加的农业技术示范中心。它于当年 11 月开始在那里试验杂交水稻，并在两年之后启动马达加斯加杂交水稻示范中心。袁氏国际与中非农业投资公司在马达加斯加的合资项目据说共承包了 6000 公顷土地，计划用于种植杂交水稻。“CAAIC and Yuan's International Company Successfully Sign Agreements about Hybrid Rice Project,” China Africa Agricultural Investment Company, November 3, 2013, http://www.caaic.com.cn/en/NewsInfo.aspx?NId=11403；《积极利用援外平台，促进我省农业更好地“走出去”》，湖南省商务厅对外经济合作处，2012 年 9 月 20 日，http://hzc.hunancom.gov.cn/swdt/342289.htm。

② Yang Jiao, “Chinese Agricultural Entrepreneurship in Africa: Case Studies in Ghana and Nigeria,” SAIS-CARI Policy Brief 05-2015, Washington, DC, January 5, 2015.

③ National Agricultural Seed Council of Nigeria, “Registered Seed Companies,” 2012, http://www.seedcouncilngr.org/index.php?option=com_content&view=article&id=46&Itemid=300.

交谷子。该项目在瓦拉农场种植了约400公顷的原种，但其主要业务是繁殖制种。绿色西非为尼日利亚三个州的5000多个订单农户提供原种，这些农户在播种和收获了种子后，再把种子卖给绿色西非。绿色西非清掉种子的杂质并包装好，然后出售给尼日利亚政府，再由尼日利亚政府在市场上出售给当地农户（尼日利亚政府在出售时会对种子提供大量的补贴）。

“中国企业以每袋6500奈拉的价格买下我们的全部种子。”一位订单农户告诉前去访问的记者。他表示自己对此很满意，因为当地中间商给他们的价格只有4000奈拉。但当地的批评者说农户是“被迫”出售大米的：“这是最高形式的剥削，尼日利亚人简直就被当成了奴隶。”[①] 尽管分配给该项目的土地为政府的保留地，但当地农户在自尼日利亚独立以来的40多年间，一直非正式地使用这些土地。“我们被迫签署了一些文件。”当地的一位农户抱怨说。他还表示每个农户只获得了178～300美元的补偿款，然后不得不自己去寻找新的土地。凯比州政府与失去土地的农户进行磋商，保证绿色西非能够将精力放在项目上面。尽管它们并非是联合进行投资的，但中地海外集团在尼日利亚的投资之所以能够取得成功，当地政府发挥了至关重要的作用。

绿色西非的总经理王淼在北京告诉我：“这仅仅是开始。我们的长远目标不是种子，而是农产品加工。这是尼日利亚的瓶颈。他们要进口300多万吨大米。我们希望尽早开始下一步的工作。”你们是否会将大米运回中国？我问道。王淼看着我笑了起来。“这不可能，” 137
他说，“这么做成本太高了。许多非洲国家都是从越南、泰国和印度进口大米。如果我们需要进口大米，也会从这些国家进口。”

新趋势：“公司加农户”模式

绿色非洲是数量不断增多的订单种植，或中国人称为“公司

---

① Garba Muhammad, “Landgrab by Foreigners Forces Kebbi Farmers to Move to Niger State,” *Daily Trust* (Birnin Kebbi, Nigeria), May 22, 2014. 本段后面的引文也来自这篇报道。

加农户”模式的另外一个例子。订单种植既有好处也存在风险。[①]对于收购企业而言，订单种植可以保证它们从农户那里获得稳定的商品供应，而那些农户不但熟悉他们的土地及土地的特性，而且需要承担所有的生产风险。以中非发展基金与山东省沿海城市青岛（啤酒爱好者肯定都知道青岛啤酒）的两家私营企业在2010年合资建立的中非棉业发展有限公司（简称“中非棉业”）为例，该企业已经建立了棉花采摘后的产业链，在乍得、马拉维、马里、莫桑比克、多哥、赞比亚和津巴布韦等7个国家收购棉花，并在许多地方采用了订单种植体系。正如大通集团在塞内加尔投资芝麻但最终失败一样（第五章），订单农户可能会经不起诱惑而将他们的农作物“违约出售”给与收购企业形成竞争的公司。不过从当前来看，绿色西非、中非棉业和津巴布韦的天泽烟草有限责任公司（简称“天泽公司”）要成功得多。[②]

直到最近，津巴布韦的约6000个商业农场（主要为白人农场）仍然占据了这个国家1200万公顷的最优土地。但经过一场激进的土地改革，到2010年，津巴布韦已经仅剩725个白人商业农场。[③] 超过16.2万个农户获得了没有土地业权的小块土地，因而

---

① 关于这一主题最好的综述，可参见 Carlos Oya，“Contract Farming in Sub-Saharan Africa：A Survey of Approaches，Debates and Issues，” *Journal of Agrarian Change* 12，no. 1（January 2012）：1－33。

② 关于中非棉业，可参见 Xiaoyang Tang，“The Impact of Asian Investment on Africa's Textile Industries，” Carnegie－Tsinghua Center for Global Policy，Beijing，August 2014，http：//carnegieendowment. org/files/china_ textile_ investment. pdf。

③ 天泽公司的故事参见以下资料：Ian Scoones，Nelson Marongwe，Blasio Mavedzenge，Jacob Mahenehene，Felix Murimbarimba，and Chrispen Sukume，*Zimbabwe's Land Reform：Myths and Realities*（Suffolk：James Currey，2010），p. 6；Langton Mukwereza，“Situating Tian Ze's role in Reviving Zimbabwe's Flue-Cured Tobacco Sector in the Wider Discourse on Zimbabwe：China Cooperation：Will the Scorecard Remain Win-Win?”（FAC Working Paper No. 115，February 2015）；Sean Christie，“Zimbabwe's Forests Are Going Up in Smoke，” *Mail & Guardian*（South Africa），November 1，2013；Sam Moyo，*Agrarian Reform and Prospects for Recovery*，African Institute for Agrarian Studies，Harare，2009，cited in Scoones et al. *Zimbabwe's Land Reform*，p. 148； “China Drives Zim Tobacco Recovery，” *Zimbabwe Daily News*，Feb. 25，2011，http：//www. zimbabwesituation. org/?p＝28826。

无法从银行获得贷款。他们还缺乏资金和技术培训，因此没有能力种植需要技术的农作物。烟草产量从 23.7 万吨骤降到 6.7 万吨，这导致外汇收入也大幅下降。

津巴布韦政府在 2004 年开始订单种植计划，大力推广服务和农用物资供给的私有化，并向商业企业提供信贷。英美烟草公司等购买商开始直接与农户进行合作。2005 年，国有企业中国烟草进出口（集团）公司加入它们的行列，在津巴布韦当地建立了天泽公司。截至 2011 年，津巴布韦 40% 的烟叶被中国买走（其中有一半是通过天泽公司被买走的），另有 40% 被欧洲买走。

“天泽公司在津巴布韦发挥了非常积极的作用，”当我 2013 年前往津巴布韦烟草协会主席罗德尼·安布罗斯（Rodney Ambrose）的办公室拜访他的时候，温文尔雅的他告诉我说，“中国的需求给我们的烟草带来了好价格。”津巴布韦的烟草销售局帮助天泽公司 138
控制违约销售问题。“天泽公司不收利息，也不需要农户从公司购买农用物资，”安布罗斯说，“你可以借他们的钱，然后以你能够发现的最低价格去购买农用物资。”我在商业农场主协会还了解到，津巴布韦剩余的白人农场主当中也有人与天泽公司签署合同种植烟草。

然而津巴布韦也存在一些复杂的因素。截至 2014 年，津巴布韦共有 9.1 万个注册烟农，这表示或许有 100 万人依靠烟草为生。由于烟草的价格较高，玉米的价格较低，许多小农场主希望利用他们的烟草收入来购买他们此前自己生产的粮食。种植烟草的利润确实很高，但粮食安全问题已经变得越来越严重。这导致津巴布韦开始寻求与中国的农业综合企业进行合资。来自安徽省的一家企业在其中发挥了具有争议性的作用。

津巴布韦：寻找好的合作伙伴

2013 年夏日的一个清晨，我和一个朋友从哈拉雷动身前去寻找津—中皖津农业发展有限公司（简称“皖津公司”），这是中国在津巴布韦最大的农业投资项目。太阳仍然斜挂在地平线上，我们驱车驶过津巴布韦大岩脉地区绵延的山脊和矿产丰富的山丘。山羊在路边悠闲地啃着枯草。远处的一座旋转喷罐塔缓慢地灌溉着一块绿色的农田。在设法超过一辆严重倾斜、车身上写着“世界末日”的黄绿相间的汽车后，我们抵达了大学城奇诺伊市。随后我们又穿过成片的农田，最终在路尽头一些新修的农舍中找到了皖津公司的总部。

在那一周的早些时间，我在哈拉雷采访了中国驻津巴布韦经济商务参赞。他办公室的红色大门外摆着对白色的大石狮。“在这里投资农业很困难，因为他们不允许把土地出售或租赁给外国人，”他告诉我说，“对于皖津公司的项目而言，由当地的合作方提供土地，中国的合作方则提供技术服务和资金。”该项目的中国合作方为安徽省农垦集团有限公司（简称“安徽农垦”），[①] 其在当地的主要合作方为津巴布韦国防部。

津巴布韦在2009年已经结束通货膨胀，其经济也在使用美元后逐步复苏。2010年，安徽农垦在津巴布韦国防部的邀请下第一次前往津巴布韦。需要指出的是，正是津巴布韦国防部率先开启了与中国人的合资项目［国防部在马兰戈钻石矿与安徽省的另外一
139 家企业，即安徽外经建设（集团）有限公司进行了合资］。正如道格拉斯·尼卡亚兰巴（Douglas Nyikayaramba）少将后来告诉一位可能会投资的中国听众：“一个饥饿的国家也是一个愤怒的国家。”他还补充说，粮食安全是其政府“最为关心的问题”，“有大片闲置的土地等着人们去耕种”。[②]

这两个合作方建立了皖津公司并设计了一个雄心勃勃的五年商

---

① 2005年，中垦集团应邀前往考察农业投资，但由于适逢津巴布韦经济危机，没有采取进一步的行动。“Zimbabwe—Chinese to Take Over Former White-owned Farms,” Zim Online, May 19, 2005, http://www.freerepublic.com/focus/f-news/1406205/posts.

② Lixin Zhu, “A Dream to Build a New Zimbabwe,” *China Daily*, April 7, 2014; Zhu Lixin, “Fields of Dreams and Success,” *China Daily*, May 2, 2014. 除非另有说明，关于皖津公司投资的信息均来自这两篇报道及笔者于2013年6~7月在津巴布韦所做的采访。

业计划。那里确实有很多闲置的土地。例如，津巴布韦政府分配给了奇诺伊科技大学占地2000公顷的汉亚尼（Hunyani）农场，以满足其农业科学方面的需求，但奇诺伊科技大学一直没有使用这块土地。皖津公司计划到2015年投资2.4亿美元开发5万公顷闲置的土地，并建立大豆、小麦和玉米的生产、加工、物流与存储的完整产业链。当我在2013年访问那里的时候，皖津公司已经与奇诺伊科技大学合资，在汉亚尼农场种植了冬小麦、玉米和大豆。它们还管理了另外两个农场，共承包了约5000公顷的土地，并从中国进出口银行那里获得了800万美元的优惠贷款。

我们在皖津公司位于一栋白色农舍的办公室坐下来后，中方经理告诉我："我们到这里来是因为我们两个国家之间的友谊。"他指着窗外的农田继续说："有很多土地都被荒废了。我们到这里来是帮助津巴布韦生产粮食的。"截至2014年，皖津公司的业务已经扩展到了7个农场，总面积约为10000公顷。它们共有16位中国专家、几十个津巴布韦管理人员，以及800多名当地农业工人。安徽省的其他企业也开始效仿皖津公司。2014年，一家名为安徽天瑞生态科技有限公司的私营公司决定投资3000万美元以种植和加工玉米。

大型橡胶种植园

迄今为止，中国在非洲正在运营的最大农业投资项目是主要位于喀麦隆的一批橡胶种植园。20世纪90年代中期，新加坡的一家名为GMG环球的企业在喀麦隆和科特迪瓦收购了一些被两国政府私有化了的橡胶种植园，其中最大的为喀麦隆埃维有限公司（Hévéa du Cameroun，Hevecam）占地4.5万公顷的橡胶种植园，其他的则是一些小型的橡胶种植园。10年后，中国的大型国有企业中国中化集团公司（简称"中化集团"）获得了GMG环球51%的股权。中化集团保留了橡胶种植园原有的框架。例如埃维橡胶种植园的总经理仍然是加拿大人阿兰·扬（Alain Young）。

2010年，GMG环球又将4.1万公顷土地纳入了新成立的喀麦

隆南方橡胶有限公司（Sud-Cameroun Hévéa）。根据 GMG 环球的网
140 站，截至 2014 年，其在西部非洲共拥有占地 106135 公顷的橡胶和油棕榈种植园，这其中包括在科特迪瓦的一个小型种植园。与之相比，仅仅欧洲的博洛雷（Bolloré）集团这一家企业，就在整个西部非洲拥有 373163 公顷的油棕榈和橡胶种植园。[①]

GMG 环球从海南省招聘专家来管理喀麦隆埃维有限公司的重新种植工作。中化集团的网站上以浪漫的笔触描述了新投资，让人不禁想起中国在毛泽东时代开发北大荒的场景：

> 在喀麦隆，有这样一群中化人，他们远离家乡、扎根当地，在一穷二白的荒山丛林中艰苦创业，不仅将一片杂草丛生的荒山野岭改造成一片一望无际的橡胶林，更赢得了当地政府和社区居民的赞誉，为中化集团橡胶业务在非洲的发展画上了浓墨重彩的一笔。[②]

在技术专家黎宏的带领下，海南的技术人员培训了 150 多名当地村民，并绘制图表以克服语言障碍。这篇文章还绘声绘色地写道，中方管理人员每天早上 5 点就开始工作，“当地工人们看到管理人员开始工作比自己还早，十分钦佩，这大大地激发了团队的凝聚力和共同创业的信心”。

国际林业研究中心勇敢的研究人员曾对 GMG 环球的喀麦隆埃维有限公司项目进行了田野调查。[③] 所有权的改变（首先是喀麦

---

① SOCFIN, “Sustainability Report 2013,” http: //www. bollore. com/en-us/our-commitments/publications.

② Wenjun Ma, “Rough Yet Unlonely Venture into African Continent—Venture Documentary of GMG SUDCAM in Cameroon,” Sinochem, July 5, 2013, http: //english. sinochem. com/g834/s1775/t8725. aspx.

③ Samuel Assembe-Mvondo, Paolo Cerutti, Louis Putzel, and Richard Eba'a Atyi, “What Happens When Corporate Ownership Shifts to China? A Case Study on Rubber Production in Cameroon,” CIFOR slide show, June 20, 2015, http: //www. slideshare. net/CIFOR/what-happens-when-corporate-ownership-shifts-to-china-a-case-studyon-rubber-production-in-cameroon.

隆政府控股，然后是新加坡的一家私营企业控股，现在是中国的一家国有企业控股）会改变投资，尤其是社会投资的性质吗？国际林业研究中心的研究人员发现了许多长期遗留、可追溯到第一个所有者喀麦隆政府的问题。在喀麦隆埃维有限公司被私有化并被 GMG 环球收购后，这些问题延续了下来，有些甚至进一步恶化。我在对当地社区和种植园员工进行采访后发现，由于没有得到足够的土地补偿款，且工资很低、待遇很差，他们一直就觉得受到了不公正对待。

然而或许令人吃惊的是，在中化集团的控股下，形势似乎正在朝好的方向转变。2008 年之后，喀麦隆埃维有限公司开始与当地社区进行对话，还为员工设立了新的保险政策，提供了新的安全设备，并且（在一场罢工后）支付了奖金，同时将 3% 的股权分配给了当地员工。喀麦隆埃维有限公司的总经理阿兰·扬似乎决定减少冲突。当 GMG 环球开始开发其新承包的土地的时候，那些希望其承担更多企业社会责任的人要接受考验了。

在塞拉利昂，另外一项大的橡胶种植园投资已经谈判了好几年 141
的时间。2013 年 6 月，中国的上市公司海南天然橡胶产业集团股份有限公司（简称“海南橡胶集团”）与塞拉利昂政府签署谅解备忘录，海南橡胶集团将建设并运营一个占地 10 公顷的橡胶种植园和一个占地 3.5 万公顷的水稻农场。塞拉利昂政府将占有合资企业 10% 的股份。[①] 当年 11 月，中国政府通过援助项目资助 20 名塞拉利昂农业技术专家前往海南橡胶集团接受了三周的培训。但此后鲜有该项目进展情况的信息，而且截至 2015 年年中，海南橡胶集团还没有获得一块土地。投资者曾向中国进出口银行申请贷款。由于当时埃博拉病毒已经开始肆虐塞拉利昂，中国进出口银行决定等一等再说。但中国农业部的官员似乎对此充满信心，认为海南橡胶集

① 《海南橡胶产业“走进非洲”》，海南橡胶集团网站，2013 年 7 月 1 日，http://www.hirub.cn/show-1036.html。

团将会取得成功："他们将以他们在海南的资产为抵押来获得贷款。"①

湖北—加扎友谊农场："敢吃螃蟹"

林波波河在莫桑比克的赛赛市附近流入印度洋之前，已经在南部非洲蜿蜒流经了1000多英里②的地区。英国19世纪的诗人拉迪亚德·吉卜林（Rudyard Kipling）曾多次前往南非，在他《供儿童阅读的平常故事》（*Just So*）中，我第一次邂逅了"宽阔、灰绿、肥美的林波波河，河两岸长满了金鸡纳树"。在本书第一章，我们曾介绍了一家名为湖北联丰的中国企业，该企业在林波波河岸边经营了占地仅300公顷的湖北—加扎友谊农场。2007年，中国的一份报纸曾称湖北联丰"敢吃螃蟹"，中国有句谚语叫作"敢吃螃蟹，才有收获"，意思是只有勇敢尝试新的东西才会获得回报。③

湖北省的一位官员在一年后指出，友谊农场最初是一项政治投资。④ 莫桑比克曾请求湖北省帮助其解决粮食需求。友谊农场"在较长一段时间内仍将以种植粮食及蔬菜为主，"他说，"销售也主要立足于非洲尤其是莫桑比克本国。"然而他还补充说："但我们毕竟是一个企业，在解决了莫桑比克当地的粮食供应后，我们也会考虑发展其他经济作物，考虑开发其他市场，比如欧洲或者中国国内市场。假如国内市场出现粮食紧缺，我们还准备运回国一部分。"但是他还说："中国的粮食问题不在稻米或小麦，主要在于大豆、芝麻、油菜等油料作物。"

加扎省承诺，如果湖北联丰在300公顷的实验项目上取得成

① 参见笔者2015年3月4日在北京对中国农业部官员的采访。

② 合1600多公里。——编者注

③ 吴娟：《中国人非洲创业》。

④ 张瑜：《中国农垦海外拓荒》，《瞭望东方周刊》2008年第28期，http://www.lwdf.cn/oriental/business/20080612144232666.htm，访问日期：2008年7月14日（网页已经失效）。本段引文均来自这篇文章。

功，政府还会继续提供土地。然而3年过去了，湖北联丰只开发了 142
40公顷的土地，主要就水稻，以及棉花、大豆、西瓜和蔬菜等开展了一系列的品种试验。根据与加扎省的协议，湖北联丰还需要培训当地农民和转移技术。[①] 湖北联丰会向当地农民收取耕地及其他服务的费用，这让许多莫桑比克人大为吃惊。友谊农场到底是一个援助项目还是一个企业？当湖北联丰在2011年6月宣布湖北省另外一家大型的私营粮食加工企业万宝粮油将加入这个项目并成为大股东的时候，这个问题的答案便水落石出了。

“她没有看到那辆大型拖拉机开来了”

2014年11月，当我和塞吉奥·奇沙瓦（Sérgio Chichava）与西格丽德·艾克曼（Sigrid Ekman）穿过赛赛市西部的林波波河的时候，天上正下着蒙蒙细雨。着眼处是一块平坦的三角洲，肥沃的黑土地一直延伸到地平线的尽头。这就是万宝粮油的项目。在几个月之前的七月份，《国家地理》（*National Geographic*）在一篇关于农业综合企业在非洲兴起的文章中，开头便提到了万宝粮油的事情：

> 她没有看到那辆大型拖拉机开来了。它首先挖掉了她的香蕉树，然后是她的玉米，再然后是她的大豆、甘薯和木薯。一会儿的工夫，这块在莫桑比克赛赛市附近面积为一英亩的土地，这块多年以来养活弗罗拉·克里姆与她五个孩子的土地，就在纷飞的尘土中被一家中国企业并入了其正在建造的占地5万英亩的农场……“甚至没有人告诉我这件事情，”已经45岁的克

---

① Gaza Province Department of Agriculture and Hubei Province State Farms, “Accordo de Gemelagem Especifica para a Área da Agricultura entre A Direcção Provincial da Agriultura de Gaza e a Direcção Provincial de Administração das Farmas Estatais de Hubei（Hubei Lianfeng ozambique Co, LDA）Para Execução do Projecto de Produção Agrícola Alimentar No Regadio de Xai-Xai,” October 20, 2008; Sérgio Chichava, “Chinese Rice Farming in Xai-Xai: A Case of Mozambican Agency?” in *China and Mozambique: From Comrades to Capitalists*, ed. Sérgio Chichava and Chris Alden（Auckland Park, South Africa: Jacana Media, 2014）, pp. 129, 133 - 134.

> 里姆（Flora Chirime）的声音因为愤怒而越来越高，“突然就有这么一天，我发现拖拉机在我的地里挖掉了所有的东西。”①

当我们沿着这个大型项目边上已经改善了的公路行驶的时候，西格丽德和塞吉奥谈论起了为何弗罗拉·克里姆及其他农户遇到这种事情，以及莫桑比克的土地法、重新安置和补偿条款究竟在这类项目中发挥了什么样的作用。强行驱逐时的暴力行为已经恶化了项目与城镇之间的关系。

“法律有些模糊不清，”西格丽德说，“它说那些在一块土地上劳作了10年以上的人就能够合法地使用这块土地。”

“你说的也不全对，”塞吉奥说，“这里有个国有农场，后来破产了，于是人们便开始耕种这个土地。但这就像如果这条路不通了，于是有人在这里盖了一栋房子一样。如果政府到这里来重新修建这条路，他们不应期望就此获得赔偿。那些人知道这些土地是国家的。”

西格丽德马上反驳：“但这些国有农场是在20世纪80年代末破产的。人们已经在这里耕作了超过一代人的时间。”着眼望去，路的左边是大片空旷的田野，路的右边还没有被万宝粮油开发，远处满是面积很小的马查姆巴斯（machambas，意为当地农民的农
143 田），成群的牛在吃草。

“这使人们对中国人产生了不好的印象，让人感觉他们就是来破坏马查姆巴斯的，”西格丽德继续说，“他们应该与当地人商量着来。这对万宝粮油也是一种伤害。”

就像中国在非洲的所有其他投资者一样，万宝粮油也错误地认为它可以完全相信当地政府的保证，即这些土地现在已经是它的了，当地政府能够赶走这些土地上的农民，因为他们现在还只是一些侵入者，而非对土地具有无可争议的权利的当地公民。随着中国投资者的不断增加，这种想法有可能会继续恶化其与当地社区的关系。

---

① Joel K. Bourne, Jr. “The Next Breadbasket,” *National Geographic*, July 2014, p. 34.

友谊农场的总部位于离赛赛市中心不远的一条土路的尽头。当我问他是从哪里学得如此流利的英语的时候，总经理罗浩平大笑了起来。“在夏威夷，”他说，“我1986年曾前往夏威夷参加世界农民交流项目，当时我在毛伊岛上瓦塔纳贝先生的农场种植蔬菜。”当万宝粮油在2012年成为大股东的时候，它留下了罗浩民及湖北联丰其余的员工。“这里种植水稻的条件相当好，”他告诉我们说，“加扎省希望将这个项目做大，但湖北联丰没有那么多钱去投资。我们需要一个合作伙伴。”他还说，如果你想将项目做大并实现盈利，你就需要做到垂直一体化。你还需要控制整个产业链。“种植粮食会有风险，但买卖粮食一点风险都没有。加工和存储也可以挣钱，但必须形成一定的规模。”

万宝粮油是一家粮食加工企业。带领其进入这个项目的中间人，是国家开发银行湖北省分行驻莫桑比克工作组组长刘建新。2011年5月，刘建新给万宝粮油的董事长柴顺功发了一条短信，内容为：“莫桑比克农业资源丰富，国内政局稳定。湖北省农垦局已在加扎的友谊农场进行了3年的种植试验，取得了较好的试验成果。你过来看一看。”[①] 柴顺功看到短信半信半疑。在他的印象中，“非洲意味着饥饿、贫困、战争、项目投资风险大”。[②] 刘建新又发了一条短信：莫桑比克每年需进口45万吨大米。

2011年6月初，柴顺功踏上了飞往莫桑比克的飞机。下林波波河的沼泽地打动了他。一个月后，装着工程机械的集装箱开始运抵马普托港。当年11月，友谊农场最终耕种了全部的300公顷土地。尽管柴顺功热情高涨，但他也很谨慎。万宝粮油进行了市场调研，并根据莫桑比克政府的要求做了环境影响评估。[③] 它还考察了

① 闵葆华、韩洁、龚明文：《构建莫桑比克的国家粮仓——万宝粮油有限公司实施“走出去”战略纪实》，《襄阳日报》2012年12月18日，http://www.hj.cn/html/201212/18/1843657012.shtml。还可参见 Chao Wang and Andrew Moody, “Harvest Success Puts Rice on Table,” *China Daily*, March 7, 2014, p. 9。

② 闵葆华等：《构建莫桑比克的国家粮仓》。

③ 环境影响评估报告为中文，已经在马普托存档。资料来源为2014年11月18日笔者与西格丽德·艾克曼的个人交流。

144 安哥拉、马拉维、赞比亚和津巴布韦等其他一些国家。万宝粮油了解到南部非洲地区每年大米的缺口为200万吨，但赛赛似乎是唯一拥有灌溉系统且可灌溉大片肥沃土地的地区。2012年，万宝粮油正式接管友谊农场，并承诺在五年内开发2万公顷土地，引进现代化的碾米机，以及培训当地农民。

2011年11月17日，我们与阿曼多·乌斯瓦尼（Armando Ussivane）进行了会谈。乌斯瓦尼是在美国接受教育的，现任莫桑比克主管的林波波河灌溉系统的机构下林波波河管理委员会（Regadio do Baixo Limpopo）的主任。“这些都是国家的土地，”乌斯瓦尼说，“下林波波河管理委员会有权使用这些土地。我们与万宝粮油的协议包括基础设施和技术转移等方面的内容。他们保证将为我们当地的农民提供销售和加工大米的地方。如果没有买主，农民们就无法赊购农用物资。”①

万宝粮油同意在三年的时间内完成下林波波河地区2万公顷土地的开发工作。项目进展得很迅速。有一天晚上，我们在赛赛市的一家酒吧里遇到几个工会的领导人。喝了几杯威士忌后，他们开始抱怨万宝粮油的安全措施很差。“他们没给一个人上保险，”其中一个人说，“经常会发生事故，出了事后，他们才向受伤的工人支付30000梅蒂卡尔（约800美元）的赔偿。中国人与莫桑比克工人之间还经常爆发冲突。我们总得两头跑，去做他们的和事佬。”在项目建设的第一阶段，共有2000多名当地人在那里工作，但只有1200名左右享受正式的福利。万宝粮油还引进了500多名中国的建筑工人。

“最初的几年也是最困难的几年，”阿曼多·乌斯瓦尼说，“中国人必须平整土地和修建沟渠。只有在将土地都修整好了之后，才能让莫桑比克农民进来。”友谊农场仍然在提供培训服务。“技术并不是魔法，它完全可被学会。随着时间的推移，当地农民将能够在灌溉区种植20公顷的土地，他们或许还能购买拖拉机，并向其他农民提供收费服务。”

---

① 参见笔者2014年11月17日在莫桑比克赛赛市对阿曼多·乌斯瓦尼的采访。

与此同时，莫桑比克政府允许万宝粮油引进 4 个工作组（约 162 个人）作为订单种植者，直到有足够的莫桑比克人接受培训为止。万宝粮油与湖北省和黑龙江省的国有农场（湖北省有一个军垦农场）签署合同，请它们派遣工作组，合同期为一年，到期后可续签。[①] 中国专家的编制仍然属于他们在中国的公司，他们的家人也都待在国内。他们都住在简陋的一居室宿舍中，每周工作七天，并以固定的价格将他们生产的稻米出售给万宝粮油。由于产量较高，工作组的每个人都可以赚一大笔钱，但他们也要承担一些风险。 145

"种植水稻和玉米并不是我们公司在非洲最终的目标，"柴顺功在 2014 年告诉《中国日报》，"我们是一家私营企业，我们认为自己的优势在于粮食加工。一旦当地农民学会了新的技术，我们就将回到我们擅长的粮食加工领域。"他还补充说："我们相信从长期来看，莫桑比克将会解决粮食问题。"[②] 正如第四章指出的那样，万宝粮油在其网站上表示："从长远来看，该农场也将成为我国在海外的可持续粮油基地之一，巩固我国粮食安全。"[③] 万宝粮油还没有

① 湖北的两个工作组每组约有 25 名中国农业工人，每个工作组被分配了 650 公顷土地。黑龙江的两个工作组每组约有 56 名中国农业工人，这些农业工人更习惯于大规模的机械化农场，因此他们被分配了约 6000 公顷的土地。湖北的一个工作组来自军垦农场。如第三章所述，军垦农场最初由人民解放军在 20 世纪 50 年代建立，旨在组织复员军人建立自给自足的定居点，而这些农场所处的地点，通常为边境地区或未被开垦的地区。当前军垦农场工人的父母至少有一方可能曾是军人，但他们的孩子则完全是在这些社区中长大的。军垦农场现在已经不再由解放军管理，管理它们的是中垦集团在各省的分公司。它们都已经实行多元化经营，甚至开发了诸如旅游和"采摘"水果之类的项目。然而正如中国学者李淑波（音译）后来在 2014 年 12 月 22 日的电话采访中告诉我的，军垦农场的军人与拓荒者的"根"在他们的工作组中创造了一种特殊且令人自豪的自律性文化。这一部分的内容还参考了 Chuanhong Zhang, Gubo Qi, Yanlei Wang, and Xiaoyun Li, "What Dominates China-Africa agricultural Encounters—An Ethnographic Research on a Large-scale Chinese Rice Project in Mozambique"（Working Paper, China Agriculture University, Beijing, 2014, draft）。

② Wang and Moody, "Harvest Success Puts Rice on Table," p. 9.

③ "About Us," Wanbao Grains and Oils, http://en.wblyjt.com/comcontent_detail1/&FrontComContent_list01-134211484ContId=e5b9b9e7-f4b5-4279-ab90-94da50605e3a&comContentId=e5b9b9e7-f4b5-4279-ab90-94da50605e3a.html, retrieved June 3, 2015.

放弃大豆。

“你的运气要好”

万宝粮油几乎从一开始就遇到了一些挑战。当我们驱车前往赛赛的时候，塞吉奥曾指给我们看2000年的洪水留下的印记，那场洪水堪称莫桑比克100年来最为严重的自然灾害。2013年1月，连续几天的暴雨导致林波波河决堤。洪水漫过了整个农场，甚至灌入了赛赛市的街道。所有水稻秧苗都被淹死或被水冲走，农场几乎颗粒无收。洪水过后，万宝粮油修复了农田和灌溉系统的沟渠，为2013~2014年的农业季准备了7000公顷的土地。但有些地区在2014年又遭遇了洪水，不过农场当年的收成还不错。资金投入仍然很高，万宝粮油每月仅付给中国工人和当地工人的工资就有100多万美元。①

除此之外，尽管万宝粮油已经修建了几所学校并为当地社区捐赠了一些物资，但当地仍然有相当多的人反对这个大型项目。我们在一天傍晚拜访了当地的非政府组织加扎非政府组织论坛（Forúm das Organizaúões Não Governamentais de Gaza）。加扎非政府组织论坛曾谴责莫桑比克政府将下林波波河灌溉区的土地承包给中国企业，称这将导致至少1000个家庭的可能高达8万人口受到伤害。“这些人将没有地方可以放牛。有些人失去了他们的家园，乃至他们祖先的坟墓，”一位活动家告诉我，“政府一再坚持这是一个好项目，但我们看到只有少数一些人从中获益。”②

“在万宝粮油之前，没有人在那里种任何东西。”中国的一位官员在马普托告诉我说。但事实显然并非如此。当我们向下林波波河管理委员会提出这些问题的时候，阿曼多·乌斯瓦尼叹了口气，然后说：“我们知道在这些政府的农场在内战期间被破坏后，人们

---

① Wang and Moody, “Harvest Success Puts Rice on Table,” p. 9.

② 笔者2014年11月17日在莫桑比克赛赛市加扎非政府组织论坛对安纳斯塔乔·纳塔维尔（Anastacio Natavel）的采访。

开始用农场的土地放牛。但这不具有可持续性。我们需要更加集中地利用灌溉区的这些土地。” 146

塞吉奥曾记述了 2013 年年底发生的一件事情，当时约有 400 个当地农民拿着锄头前往农场抗议，并对在那里工作的一些中国人进行了威胁。[①] 由于加扎非政府组织论坛就受项目影响的家庭总数提供了一系列不同的数据，因此塞吉奥认为“加扎非政府组织论坛可能夸大了人数，以便引起人们对这一问题的关注”。[②] 当然，有些问题是确实存在的。

我们见到了好几个接受项目培训的莫桑比克农民，其中一个是家里的女主人，居住在市郊一条狭窄的土路尽头。在步行去她家的路上，我们看到紫色的芒果就像装饰品一样挂满了枝头。小路的尽头是芦苇做的篱笆，里面有两间圆形的茅屋（其中一间涂上了明亮的青绿色），还有一些动物围栏和混凝土建筑。两只火鸡和六只鸭子正在尘土里刨食谷物。我们的女主人正坐在屋外柠檬树下的凳子上给一碗野生的豌豆剥壳，柠檬树的枝杈上缠着电线，下面挂着一盏灯。

“在万宝粮油来到这里之前，”她说，“我在老灌溉区种地。我有大约 5 公顷的地，我种了玉米、甘薯和木薯。突然有一天，下林波波河管理委员会告诉我说其将与中国人在这里做一个新的项目。他们邀请我加入这个项目并接受培训。我知道我将失去那个农场，而且我不会获得任何补偿，于是我决定加入他们。”

在她讲话的时候，太阳已经落入了地平线。我们听到她的门外传来一阵嘈杂的声音，然后五头斑点牛小步跑进了院子，后面跟着的是一个穿着凯尔特队绿色 T 恤衫的清清爽爽的少年。

“许多人拒绝加入，因为他们是被强行赶走的。他们认为他们将被迫免费为中国人工作，就像早前的‘齐巴罗’（chibalo，意为强制

---

① 这一数据及离开农场的人数，均来自 Sérgio Chichava，“Chinese Rice Farming in Xai-Xai：A Case of Mozambican Agency?” in Chichava and Alden，*China and Mozambique*，p. 137。

② Sérgio Chichava，“Chinese Rice Farming in Xai-Xai：A Case of Mozambican Agency?” in Chichava and Alden，*China and Mozambique*，p. 137.

劳工）一样。他们不信任中国人。但现在他们看到那些加入的人前景已经很不错，于是他们便有些后悔了。”这个时候，一头黑色的猪尖叫着穿过院子，一个小男孩在后面拿着根棍子紧追不放。

在列举了他们所遇到的一些困难，如洪水和从政府的银行迟迟拿不到贷款之后，她最后说：“新的体制还是有一些机会，但你的运气要好，而且你必须要开动脑筋。”

万宝粮油的风险

沿着林波波河往北行驶两个小时，你就会到达绍奎市，那里有此前葡萄牙人建立的另外一个灌溉区。自 2004 年以来，英国的莫兹粮食公司（Mozfoods）一直在这里从事订单种植，让订单种植户种植
147 该公司著名的迪亚·罗萨牌（Tia Rosa）水稻。由于变幻无常的天气、高昂的运输成本和进口大米的竞争，直到 2012 年该公司都还没有实现盈利。[1] 莫桑比克只对当地水稻种植者提供了很少的保护。2010 年，由于面包价格上涨，为了平息城市居民的抗议，政府甚至取消了此前已经很低的进口大米的关税。与此同时，莫桑比克的货币相对于美元开始升值，这也使进口大米变得更加便宜。[2]

莫兹粮食公司为当地农民提供农用物资和服务，然后在收购的时候扣除成本。“问题在于我们基本上是在承担 100% 的风险，而且每年我们都会遇到各种各样的问题，比如雨下的过早或过晚，鸟类泛滥成灾等，我们真的需要冒很大的风险，”莫兹粮食公司的财务总监告诉记者，“这里的很多土地都有很大的农业潜力，但这需要资金和技术。”[3] 其他企业也指出了类似的风险。莫桑比克希望借助日本和巴西的资金与技术援助对 3500 万公顷的稀树草原进行商业开发，但到 2015 年年初，这个庞大的项目似

① Andrew England, “Mozambique Farming Project Launched,” *FT*, May 13, 2012.

② “Mozambique: Mozfoods Optimistic about Rice Production,” Mozambique News Agency, November 7, 2011, http://www.mozambiquehighcommission.org.uk/?s=10&grupa=1&id=447&new=ok.

③ England, “Mozambique Farming Project Launched.”

乎已经夭折。

尽管万宝粮油的投资规模相对较小，但在我们访问期间，其所面临的风险也开始日益显现。万宝粮油曾向国家开发银行申请了7900万美元的贷款，而且中非发展基金及其兄弟机构中国与葡语国家合作发展基金也作为权益投资者加入了这个项目。迄今为止，国家开发银行仅发放了2000万美元的贷款。在该项目连续遭到两场洪水冲击后，国家开发银行决定重新评估其风险性。在我们访问万宝粮油的时候，公司高层仍然在等待评估结果。

在赛赛市的最后一天，下林波波河管理委员会的一位官员开车载我们围着这个庞大的农场转了一圈。我们在一块高地上停了下来，万宝粮油正在那里修建新的总部。在建筑群的边上，也就是下了高坡便是肥沃的三角洲的地方，万宝粮油修建了两栋可俯瞰上万公顷农田的别墅。“这是为万宝粮油的老板修建的，他来了便住在这里。”那位官员告诉我们说。这两栋别墅后面矗立着两排大仓库，以及一个修建了一半的大棚，里面要放置一台大型碾米机，不过当时它还没有被运到那里。几十台大型建筑机械停在院子里。种植季马上就要开始，但人们几乎还没有行动。

回到马普托，中国大使馆的一位官员告诉我说，他相信该项目只是暂时遇到了困难，这种情况在大型农业投资中很常见。[1] 万宝粮油今年的种子只够种3000公顷的土地。“他们最初的计划是种植7000公顷，但他们只种了3000公顷——这还不错，”他看着窗外东方天边的云层微笑着说，“万宝粮油很幸运，今年雨季晚来了一个月，他们还有时间。” 148

赛赛市有人传言万宝粮油计划将大米运回中国，当我问他这件事的时候，他摇着头表示：“这怎么可能！即便你将整个下林波波河地区都包括进来，仍然无法生产足够的粮食来满足当地人的需求。要想解决非洲国家的粮食供应问题，我们还有很长的路要走。这是一项艰巨的任务。这也是我们会经常关注万宝粮油的农场的原

① 笔者2014年11月19日在马普托对中国经济商务参赞的采访。

因。这将为非洲国家的未来提供一个绝好的例子。让我们把注意力放到粮食上面。即便是在中国，我们的政府也仍然在关注基本的粮食安全，以及我们国内的粮食生产问题。非洲需要生产他们自己的粮食。”

“谨慎行事”

两名中国学者在2012年的一篇文中概述了导致中国在非洲的许多农业项目破产的那些风险，然后就此建议要“谨慎行事”。[①]到国外种地可以获得很高的利润，但同时也充满了挑战。《经济学人》在2013年对比了两个例子。[②] 堀田家族几十年前从日本移民巴西，在巴西肥沃且温暖的南方开垦了一个占地500公顷的农场。他们的小儿子沃尔特在1984年离开农场，加入了其他农场主开发巴西东北部热带草原处女地的行列。“那里一无所有，”他告诉记者，“没有公路，没有学校，没有医疗保健，没电没水，也没有电话。”然而他们用新技术在该地区贫瘠的酸性土壤上创造了一个粮食的奇迹。在30多年的时间里，他与他的哥哥们开垦了15万公顷的土地种植大豆、棉花和玉米。

另外一个例子是津巴布韦18个经验丰富的白人农场主在尼日利亚纳萨拉瓦州的邀请下，于2006年前往那里定居，但他们大多以失败告终。[③] 7年之后，他们当中只有一个家庭留了下来，居住在一个缺乏电力、自来水和柏油路的农场中。那里完全没有他们在津巴布韦时所享有的整套农业扶持体系。那里种子和化肥的质量很差，没有农业推广和研发机构，没有受过培训的工人，甚至都没有会计。当拖拉机坏了的时候，他们在当地买不到零部件，而且尼日

---

① 刘曰峰、刘曙光:《新时期中非农业合作进展及前景》,《世界农业》2011年第11期，http://e-nw.shac.gov.cn/wmfw/hwzc/hygl/201204/t20120410_1315842.htm。

② “Special Report: Brazil,” *Economist*, September 28, 2013, p.7.

③ “Nigeria's Zimbabwean Farmers: Nothing Like Chicken Feed,” *Economist*, April 13, 2013, p.50.

利亚没有经销管理局来监管和预告价格。“在尼日利亚，你必须万事靠自己。”他们如此说。中国的投资者的反应也与之相同。

本章提供了为数不多实际存在的大型农业投资中的最后一些案
例（或者像武汉凯迪那样可能会被落实的案例）。我们看到了它们
所面临的挑战与风险。许多人都宣称土地为他们所有，当地政府经
常无法如承诺的那样“丝毫无碍”地将土地交给投资者。订单农 149
户可能会将农作物违约销售给他们的竞争者。政变和政府变动也会
对那些与前政权关系过于紧密的投资者产生影响。

中国的分析人员一再表示，中国的海外农业投资仍然“处于起步阶段”。尤其需要指出的是，我们看到有越来越多的企业像万宝粮油那样进行农产品加工领域的投资，它们大多都计划在非洲开展订单农业种植。2013 年 12 月，在我们即将离开隆平高科的时候，周丹向我讲述了她最后一次前往利比里亚的经历：“我们需要克服包括疾病和事故在内的很多障碍。我必须带着我的所有行李，搭乘摩的去机场！因为不会塞车，摩的开得很快，我当时真的很害怕。我在中国从来没这么做过。我用了一个小时才到机场，一路上我紧紧抱着司机的腰。我当时浑身发抖。他不断告诉我说：‘不要害怕。’”

我问她：鉴于存在这么多的困难，你认为对于中国农业综合投资而言，非洲还具有潜力吗？“当然，”她使劲地点了点头，“当然有潜力。” 150

结　论

——教训、谣言与挑战

随着全球粮食价格在21世纪第一个十年急速上升，中国日益繁荣与缺乏可耕地的局面似乎注定会与非洲脆弱的农村居民需求产生冲突，因为后者自身的粮食安全也经常会遇到问题。许多人担心饥饿的中国已经在政府的支持下前往非洲抢占大量土地，种植粮食并运回中国养活中国人。本书认为，中国在非洲农村地区的所作所为与人们通常的看法大相径庭。中国人并没有到非洲大陆去建立一个新的帝国。

在我写作本书的时候，许多报道都宣称非洲“正在进步”。事实上，非洲各国的经济增长率与幸福指数都在不断提高。尽管索马里、苏丹和南苏丹、尼日利亚的部分地区，以及刚果（金）等仍战乱不断，但非洲大多数国家都处于和平之中。尽管会不时地遇到各种挫折，如西部非洲的埃博拉危机，但与过去相比，非洲当前的这代人身体要更加健康，受教育程度更高，且拥有更加开明与民主的政府。非洲大陆自豪地宣称其中产阶级在不断扩大，其正在进行电信革命，以及其正在经历世界上速度最快的城市化。但这些现代化的迹象并没有惠及非洲的粮食安全领域。粮食产量不断降低，人口增长率居高不下，再加上气候变化的影响，所有这些可能意味着到2050年，非洲最多将只能满足自身13%的粮食需求。[①] 主粮价格的快速上涨已经导致阿尔及利亚、喀麦隆和莫桑比克的城市发生严重的骚乱。提高本地的粮食供给无论在政治层面还是在人道主义层面都势在必行。正如联合国开发计划署非洲区域局前局长泰格奈沃克·盖图（Tegegnework Gettu）
151 在2013年指出的那样：“非洲必须停止乞讨粮食。”[②]

在地球的另一端，中国人也在密切关注粮食安全问题，而且对

---

① Richard Munang and Jesica Andrews, “Despite Climate Change, Africa Can Feed Africa,” special edition, *Africa Renewal*, 2014, p. 6.

② Tegegnework Gettu, “Preface,” *Africa Human Development Report* (New York: UNDP, 2013).

这一问题，中国国内仍然存在很大的争论。在莱斯特·布朗1995年出版了《谁将养活中国?》一书后，中国领导人为防止城市扩张导致耕地不断遭到侵蚀，专门划定了一条“红线”。他们为主粮设定了自给自足的目标：中国将自己养活自己。然而在过去20年间，中国人也在小心翼翼地使他们的粮食系统与国际市场接轨，并利用外资实现农业现代化。

中国的粮食安全正在由多条战线加以保证；它已经不再单纯地依赖数以百万计在稻田和麦地里辛苦劳作的中国农民。现在泰国的正大集团已经成为中国最大的动物饲料生产商。美国企业教会了中国农民如何成为麦当劳等快餐一体化供应链中的一员。国际粮油种子企业，如嘉吉公司、阿彻丹尼尔斯米德兰公司，等等，均在20世纪90年代进入中国，中国的国有企业不得不与它们进行竞争。在70多家在中国开展业务的国外高科技种子公司中，跨国巨头杜邦公司（DuPont）和孟山都公司（Monsanto）是其中的佼佼者。中国在2014年是美国农产品出口最大的目的地，共从美国进口了超过246亿美元的大豆、玉米及其他农产品。[①] 中国现在已经对自身的粮食安全充满信心，这突出地表现在其已经开始提供粮食援助。根据世界粮食计划署的统计，中国在2005年已经成为世界第三大粮食捐助者。[②]

与之相比，非洲的粮食安全问题似乎正在变得越来越严峻，约有2.27亿人长期长期受到饥饿的影响，非洲由此成为世界上唯一一个饥饿人口还在上涨的地区。[③] 非洲早就依靠全球市场和对外援

① “U.S. Agricultural Trade: Exports,” USDA Economic Research Service, March 3, 2015, http://www.ers.usda.gov/topics/international-markets-trade/us-agricultural-trade/ exports.aspx; “Ag and Food Statistics: Agricultural Trade,” USDA Economic Research Service, April 6, 2015, www.ers.usda.gov/data-products/ag-and-food-statistics-charting-the-essentials/agricultural-trade.aspx.

② World Food Programme, “China Emerges as World's Third Largest Food Aid Donor,” July 20, 2006, http://www.wfp.org/node/534.

③ FAO, “The State of Food Insecurity in the World: In Brief,” Rome, 2014, http://www.fao.org/3/a-i4037e.pdf. 该数据也包括北部非洲。

助来养活其人民，粮食安全问题已经耗费了其大量稀缺的外汇并占用了大量捐助资源。在此种情况之下，我们了解现在中国的农业已经发挥的作用，抑或可能会发挥的作用吗?

迷思与现实

在引言部分，我列举了四个关于中国对非农业介入流传甚广的观点：(1) 中国已经获取了面积巨大的农田；(2) 中国政府正在通过国有企业和主权财富基金来主导这项工作；(3) 中国人正在种植粮食并运回中国；(4) 中国人已经派遣（或准备派遣）大量中国工人到非洲
152 定居。本书前面的章节已探索了支持或反对这些观点的证据。

中国人已经在非洲获取了面积巨大的农田吗?

没有，或至少目前还没有。如果中国企业已经真正获得了据称它们自 2000 年以来所获得的那些土地，那么它们所“圈占”的土地就已经达到了约 600 万公顷，大致相当于非洲大陆全部耕地面积的 1%。[①] 然而正如我们所看到的那样，迄今为止中国农业综合企业在非洲仅获得了很少的土地（见附录表 1）。即便把 20 世纪 90 年代承包的所有土地，以及 GMG 环球在喀麦隆的种植园包括在内，到 2014 年年底，中国企业也只在非洲获得了约 24 万公顷的土地，大致相当于两个纽约市的面积。[②] 由于基础设施落后和政治不稳定等方面的限制，以及清醒地认识到可能无法如希望中的那样获得利润，中国企业在前往非洲考察一番之后，经常会转而前往其他地区，尤其是前往中国周边的一些国家和地区，如俄罗斯、中亚和东南亚。

---

① “非洲约有 8.74 亿公顷的土地适合农业种植。” FAO, “Extending the Area under Sustainable Land Management and Reliable Water Control Systems,” in *Comprehensive Africa Agriculture Development Programme* (Rome: FAO, 2002), http://www.fao.org/docrep/005/y6831e/y6831e-03.htm.

② 纽约五个行政区的面积为 1214 平方公里（12.14 万公顷）。

我怀疑人们之所以普遍认为中国在非洲“圈占”了大量土地，主要因为两个广为流传的故事：一是中兴国际在刚果（金）的油棕榈项目（见第四章），二是武汉凯迪在赞比亚的生物燃料项目（见第八章）。这两家企业尽管均有着走向全球的雄心，但在抵达非洲的时候都还是农业综合投资领域的新手。它们有些模糊但宏大的愿景正好契合了非洲各国政府、商业协会和投资机构的想法，因为后者当时正在向媒体鼓吹这些投资的潜在规模。然而当兴奋劲过去，这两家企业开始磋商正式协议的时候，它们所能够获得的土地规模便从最初报道的 480 万公顷下降为更加实际的 17.9 万公顷，而最后的结果是它们一公顷都没有得到，因为这两个项目都没有被付诸实践。[①]

尽管这些项目最终都停留在了宏伟构想的阶段，但最初报道的印象仍然在人们的脑海中经久不散。在写作结论的时候，我查阅了国际粮食政策研究所的网站，发现上面仍然保留着一张名为“外国投资者在发展中国家圈地”的交互式地图。这张地图上面标注了很多黑点，每个黑点所代表的是外国投资者所圈占的土地。点开赞比亚的黑点后你会看到如下信息：“中国要求 200 万公顷土地种植麻风树。”点开刚果（金）的黑点，则是：“中国（中兴国际）获得了 280 万公顷土地用于建立棕榈油种植园以开发生物燃料。”[②]这些巨型项目就像吸血鬼德库拉伯爵一样，会不断地死而复生。

关于中国对非农业投资的报告很少是在调查的基础上写作而成的，有些记者尽管前去调研，但所花的时间还不足以深入了解这些问题。例如，有位记者曾前往莫桑比克北部的楠普拉省调查中国移民的问题，当地的一位活动家告诉他说许多中国人“正在找地方 153

① L. German, G. Schoneveld, and E. Mwangi, “Contemporary Processes of Large-scale Land Acquisition by Investors: Case Studies from sub-Saharan Africa,” CIFOR Occasional Paper 68, Bogor, Indonesia, 2011; George Schoeneveld, “The Anatomy of Large-Scale Farmland Acquisitions in sub-Saharan Africa” (CIFOR Working Paper 85, 2011).

② Joachim von Braun and Ruth Meinzen-Dick, “‘Land Grabbing’ by Foreign Investors in Developing Countries: Risks and Opportunities,” IFPRI Policy Brief 13, 2009, http://www.ifpri.org/publication/land-grabbing-foreign-investors-developing-countries.

种植水稻"，中国人"正在几乎所有的县种地"。[①] 楠普拉省有 18 个县，因此这将意味着"几乎有 18 个"中国人的农场。如果这位活动家的意思是莫桑比克的 128 个县呢？不管怎样，他的话都被言之凿凿地报道了出来，就如同事实果真就是如此。

另外一个例子是西格丽德・艾克曼和菲利普・迪马特奥（Filipe Di Matteo）在 2014 年花费 4 个月的时间，为国际林业研究中心创建的一份新兴经济体在莫桑比克进行农业综合投资的清单。[②] 经他们确认，中国人只经营了 3 家农场，其中包括万宝粮油在赛赛市的农场。西格丽德和菲利普发现在楠普拉省也有一个中国人的农场，但这个农场已经停止运营。他们还访问了中非农业（China-Africa Agriculture），这是一个在马普托省占地 300 公顷的农场。其他研究人员还在伊尼扬巴内省发现了一个中等规模和混合种植的私营中资农场，并在索法拉省确认了两个即将启动的中国农业投资新项目。需要指出的是，有位台裔南非人正在索法拉省经营温辰廖水稻农场（音译）。[③] 他们还有可能忽略了一些中国人在通过官方渠道承包土地后建立的小型养鸡场或蔬菜农场。但西格丽德表示："我曾专门去寻找这些中国人，但他们都不在那里。"[④]

西格丽德指出，市民社会的活动人士也是从互联网上搜集信息，但那些信息可能并不准确。她对关于中国在莫桑比克投资的传言与关于巴西在那里投资的传言进行了对比。"每个人都会告诉你巴西人现在已经在莫桑比克北部获得大量土地，"她说，"但如果

---

① French, *China's Second Continent*, p. 172.

② Ekman and Matteo, "Differential Impacts of Emerging Economy Investors." 同时来源于西格丽德・艾克曼在 2015 年 6 月 16 日写给笔者的电子邮件。

③ Brautigam and Ekman, "Rumours and Realities," p. 7.

④ 2015 年 5 月 24 日西格丽德・艾克曼写给笔者的电子邮件。总而言之，截至 2014 年年底，在莫桑比克共有三个占地 500 公顷以上的中资农场正在运营。这三个农场分别为湖北—加扎友谊农场（20000 公顷）、郝胜利农场（2024 公顷）和联合农场（2000 公顷）。赞比西亚省还有两个农场，但由于各种原因已经停运。万宝粮油在绍奎市 6000 公顷的投资项目及其他一些农场都已经获得批准，但目前还没有启动。中非棉业也在莫桑比克开展了大规模的棉花订单种植项目。

你问他们：‘你能确切地告诉我他们都在哪里，他们都是谁吗？’几乎没有人能给你一个具体的例子。”[①]

中国人正在通过国有企业和基金来主导获取土地的行动？

事实并非如这个问题所表明的那样。另外一种看法与中国政府所发挥的作用有关，其认为中国政府拥有在非洲获取土地的“宏伟计划”，且已经建立了大型基金和投入了“巨额资金”来实现这一目标。[②] 熟悉相关情况的中国学者对这种观点嗤之以鼻。正如中国人民大学的农业经济学家朱信凯在2013年所抱怨的那样：“我国缺乏宏观层面的农业‘走出去’战略。”[③]

要想探讨中国政府在推动对非农业投资和到非洲获取土地中发挥的作用，我们需要回顾过去30年来其在政策支持方面发生的变 154
迁。中国企业最初前往非洲投资是在20世纪80年代，投资额在过去30多年间一直保持缓慢增长。到海外种田并非在2007年全球粮食价格上涨之后才被纳入中国政府的议事日程。自中国在2001年实施“走出去”政策后，农业就被纳入了政府激励和支持的范围。我们知道中国的两大政策性银行中国进出口银行和国家开发银行在2006年和2008年与中国农业部签署战略合作协议，共提供80多亿美元的信贷额度以支持中国的农林渔业公司拓展全球业务。[④]

我们可以将这些资金视为（就像人们通常所认为的那样）对到非洲与其他地方获取土地的强力支持。事实上，安徽农垦就是借助这些资金在津巴布韦开展农业投资的，万宝粮油为实施莫桑比克

---

① 2015年5月24日西格丽德·艾克曼写给笔者的电子邮件。同时参见 Ekman and Matteo, “Differential Impacts of Emerging Economy Investors”; Sigrid-Marianella Stensrud Ekman and Carmen Stella Macamo, “Brazilian Development Cooperation in Agriculture: A Scoping Study on ProSavana in Mozambique, with Implications for Forests”（CIFOR Working Paper 138, Bogor, Indonesia, 2014）。

② Rubinstein, “China's Eye on African Agriculture.”

③ 杨虹：《海归粮食：农业“走出去”呼唤国家战略》，《中国经济导报》2013年7月2日，http://www.ceh.com.cn/cjpd/2013/02/171247.shtml。

④ 农业部、中国进出口银行：《关于征集利用中国进出口银行贷款实施农业对外合作项目的通知》。

项目从国家开发银行处获得的贷款可能也来自这些信贷额度。然而如果仔细看一下，你就会发现这些资金并不是专为到海外获取土地而设立的：中国进出口银行的贷款业务甚至特意将购买土地从可接受的项目名单中剔除了出去。中国进出口银行的贷款业务支持的是如下农业综合经营活动：促进中国农业机械、高档食品和专利种子出口，获取海外建筑合同，帮助渔业公司升级它们的渔船，为获取国外专利和知识产权提供补贴以提升产业链，进行市场营销以创建全球品牌，等等。换句话说，这些资金是中国的这一积极进取的发展型政府为了助推其企业在世界各地开展农业综合经营，所采取的各项举措中的其中一项。迄今为止，中国进出口银行和国家开发银行似乎都在更加积极地为非洲各国政府提供项目资金，以便其自己投资新的国有农场（如在安哥拉）、农产品加工厂（如在莫桑比克）和制糖厂（如在埃塞俄比亚），而非为中资农场或农产品加工投资提供支持。

那么中非发展基金这个被（错误地）描述成为农业投资而设立的50亿美元的基金，其情况又是如何呢？[①] 正如我们所看到的那样，在前5年，中非发展基金仅向非洲的农业项目投资了5700万美元，这其中不仅包括农场，还包括一些农产品加工厂。[②] 2010年，中非发展基金与中农发集团共同建立了对非农业投资的工具，即额度为10亿元人民币（约1.61亿美元）的中非农业投资公司。德国也建立了一个目标非常相似的基金，即德国经济合作与发展部在2011年建立的额度为1.35亿美元的非洲农业与贸易投资基金（Africa Agriculture and Trade Investment Fund）。[③] 中非农业投资公司
155 也应该被视为与之相类似的机构，而非致力于“圈地”的工具。

---

① French, "The Next Empire."

② CDB, "$ 57mn Invested in Agriculture by China-Africa Development Fund," CDB website, May 31, 2012.

③ Deutsche Bank, "Innovative Public-Private Financing Structures to Improve Food Security in Africa: The Africa Agriculture and Trade Investment Fund (AATIF)," https://www.db.com/cr/en/concrete-Africa-Agriculture-Trade-and-Investment-Fund.htm.

中非农业投资公司的第一批投资是为中垦集团在坦桑尼亚的剑麻农场和在赞比亚的中垦农场筹集资金。然而正如中非农业投资公司的一位高层管理者告诉我的那样，他们寻找投资项目并不是很成功："投资环境，其中包括劳工、水和电等都给我们带来了挑战。非洲各国政府均允许外资进入农业领域，但我们很难找到投资机会。中国企业遇到了很多困难。这真的很糟糕。我们曾与巴西和欧洲的企业交流过，它们似乎也只有很少几家真正进行了投资。"①

从全球范围来看，中国的农业投资似乎已经停滞不前。在2006～2010年间，中国在世界各地海外农业投资（包括农林牧副渔各个方面）的年增长幅度超过了34%，但在随后的2011～2013年间，年投资额均为20亿美元左右，此前的增长态势基本陷于停滞。② 海外农业投资仍然还不到中国对外投资总额的2%，这也是中国专家一再强调中国仍然"处于起步阶段"的原因。毫无疑问，我们将会看到更多的中国人到非洲进行农业开发。但本书所列举的困难表明，我们不太可能会看到新的大型中资农场在非洲大陆迅速遍地开花。我这么说，并非因为中国企业对此缺乏兴趣，而是因为非洲大陆真的存在很多障碍。

"中国人希望在非洲种植粮食并运回中国"

事实并非如此，或至少现在中国人还没有这么做。中国人迄今为止所进行的投资或准备进行的投资主要采取了三种模式：中小规模的农场，主要为当地市场生产农产品（蔬菜、小麦、玉米、水稻、牛肉和家禽）；大型工业化农场，主要为出口而生产传统的工业性产品（橡胶、蔗糖、剑麻和棕榈油）；以及携手非洲农民开展订单种植（烟草和棉花）。其他正在着手的投资可能也会采取上述

① 笔者2013年12月对中非农业投资公司高管的采访。

② National Bureau of Statistics of China, *China Statistical Yearbook* (Beijing: China Statistical Press, various years).

三种模式。比如中国最大的棕榈油贸易商聚龙集团于2014年在加纳建立办事处,希望在西部非洲开展投资。聚龙集团的副总经理告诉《中国日报》的记者:"我们按照全球市场的需求进行销售。"鉴于非洲国家已经是棕榈油的重要进口者,他表示:"我们没有必要将棕榈油运回到中国去卖。"①

相关贸易数据也支持非洲并没有供养中国这一结论,至少从目前来看是这样。联合国商品贸易数据库关于农业贸易的最新数据显示,中国从非洲国家进口的农产品主要是原棉、天然橡胶、芝麻、
156 烟草和可可豆(见附录表2)。② 除橡胶之外,其他农产品大多是由非洲农民或其他国家的企业种植的。芝麻和可可的重要性正在上升,但2004~2014年的数据显示,中国没有从非洲进口大米或小麦,而玉米、大豆和木薯的进口量也非常小。③

有好几个非洲国家已经在出口粮食,而且非常希望中国成为它们粮食产品的市场国。比如,尼日利亚已在坚决地推动干木薯片的出口。尼日利亚此前主要将木薯片出口邻国尼日尔和美国,但其在2013年与中国签署协议,将向中国出口大量木薯片以作为动物饲料。④ 南非是世界第五大玉米出口国,其玉米主要出口墨西哥、肯尼亚和韩国。为了让亚洲国家购买其农产品,南非开展了所谓的"积极的营销活动",此后南非开始向中国出口玉米。⑤ 尽管南非的

---

① Joseph Catanzaro, Li Fangchao and Zhang Yuwei, "Chinese Project to Create 100,000 Jobs," *China Daily*, May 30, 2014.

② UN Comtrade Database, http://comtrade.un.org/data/, retrieved May 25, 2015.

③ UN Comtrade Database, http://comtrade.un.org/data/, retrieved May 25, 2015. 根据联合国商品贸易数据库的数据,在2004~2014年,南非和津巴布韦向中国出口的玉米数量分别为473吨和200公斤;尼日利亚和马达加斯加向中国出口的木薯分别为1443吨和3吨;南非在2004年还向中国出口了30公斤的大豆。

④ Crusoe Osagie, "Nigeria to Export $ 272m Worth of Cassava Chips to China," *This Day* (Nigeria) January 22, 2013, http://www.thisdaylive.com/articles/nigeria-to-export-272m-worth-of-cassava-chips-to-china/137119/.

⑤ Olivia Kumwenda, "South Africa's Maize Farmers Look East," *Mail & Guardian*, June 25, 2012, http://mg.co.za/article/2012-06-25-target-as-safrica-farmers-look-east. 还可参见 Nompumelelo Magwaza, "China Deal Amazing News for SA Farmers," *Independent* (South Africa), December 8, 2014, http://www.iol.co.za/business/ (转下页注)

农业比较发达，但它仍然只是一个微不足道的出口商。美国在2012年共向中国出口了540万吨玉米。美国农业部曾表示，在2010～2012年，美国出口的玉米占中国进口玉米的97%，而且随着中国对玉米需求的增大，美国“将继续成为其主要的供应者”。南非曾在2004年向中国出口了一些大豆，但没能继续保持下去。巴西在2014年向中国出口了3280万吨大豆。从可预见的未来看，中国可能仍将继续从美洲而不是非洲进口粮食。

这种情况会发生改变吗？有些到非洲投资或准备到非洲投资的中国企业曾公开表示，希望有一天它们在非洲的投资能够供应中国国内的市场。中国各省对从非洲进口粮食仍然兴趣不大，但它们的兴趣有可能会增加，尤其是如一位中国专家曾告诉我的那样，如果有些企业认为将投资与提高本省粮食安全结合起来会增加它们从省政府掌管的海外经济合作资金获得支持的机会，那么各省的兴趣会更大。

如上所述，相关贸易数据显示在过去10年间，有些非洲国家只向中国出口了非常少量的玉米、木薯和大豆：这个国家30公斤，那个国家200公斤。[①]这些出口产品可能是研究样本，抑或贸易样本。然而，要想让中国从非洲进口粮食，需要各省对此感兴趣，甚至还需要它们具有政治意愿。要想实现农业的可持续性现代化和生产富余的粮食来出口，关键在于非洲各国政府。如此一来，非洲大陆几乎所有的地方都要保证使其投资环境变得更加稳定和更具吸引力。在津巴布韦的农业部门因穆加贝激进的土地改革而崩溃之前，津巴 157

（接上页注⑤）news/china-deal-amazing-news-for-sa-farmers－1.1791956#。本段的其他资料引自FAOSTAT，Rome，Italy：FAO。关于美国在2012财年出口540万吨大米，可参见USDA Foreign Agricultural Services，Export Sales Query System，http://apps.fas.usda.gov/esrquery/esrq.aspx。美国农业部的引文来自Fred Gale，James Hansen，and Michael Jewison，“Prospects for China's Corn Yield Growth and Imports，”Economic Information Bulletin No. EIB－136，Economic Research Service，USDA，February 2015，p.22，http://www.ers.usda.gov/media/1389736/fds-14d-01.pdf。巴西的数据来自Wei Xu，“Brazilian Farm Exports to China expected to Still Rise，”*China Daily*，February 17，2014。

① 参见上一个注释。

布韦的商业农场主曾经出口了大量的玉米和小麦。[①] 他们向英国出口荷兰豆，向博茨瓦纳出口牛奶，向德国出口橙子，以及向西班牙出口小麦。津巴布韦在1989年共向印度尼西亚、马来西亚和中国出口了近30万吨的小麦。但在形势急转直下后，其成了主要的粮食进口国。

2013年12月，在长沙与隆平高科副总裁周丹共进午餐时，我问她："非洲将来有可能会成为中国的主要粮食供应地吗？"

"从技术层面而言这有可能，"她用筷子夹了一块摆在桌子中间的清蒸鱼，然后接着说，"但还有许多其他的因素。这需要非洲各国政府采取正确的政策。它们需要形成自己的国内市场。从外部来讲，我们只能分析技术层面的东西。那里很有潜力。它们可以满足本国的需求并对外出口。"

2010年7月，中国在利比里亚援建的农业技术示范中心举行了交接仪式，中国驻利比里亚大使周欲晓在仪式上做出了类似的评述。在指出利比里亚只利用了10%的耕地后，周欲晓表示："（利比里亚）雨水丰富，阳光充足，劳动力非常充裕。所有这些告诉我们，利比里亚拥巨大的农业潜力。我希望这个中心在挖掘潜力和使利比里亚在不远的将来实现粮食自给方面，发挥积极的作用。让我们期待有一天利比里亚会向中国出口粮食。"[②]

"北京计划将失去土地的农民送到非洲"

没有。中国并没有计划将大量农民输送到非洲。我们看到中国进出口银行行长李若谷2007年在重庆的讲话中指出，中国的城市化将使许多农村人失去土地。他似乎在鼓励重庆市政府成批量组织

① 所有数据均来自联合国粮农组织数据库使用的津巴布韦出口报告。

② Yuxiao Zhu, "Remarks at the Handover Ceremony of the China-aided Agricultural Technology Demonstration Center by H. E. Mr. Yuxiao Zhou, Chinese Ambassador," Embassy of the PRC in the Republic of Liberia, July 22, 2010, http://lr.chineseembassy.org/chn/dszc/jianghua/t719935.htm.

一些农民工到非洲开设农场。然而，尽管他支持这种观点，但政府并没有制定相关的计划来促进这种移民。事实上，由于没有重要的抵押品，成批量的中国农民根本就不可能从中国进出口银行获得海外投资的贷款。[①]

全国人大代表、农业科学家赵志海曾建议中国政府采取一项将一百万失业人员派遣到非洲以解决其粮食短缺问题的战略，虽然该提案并没有得到官方的认可，但在中国的网络上引起了激烈的讨论。[②] 有些人喜欢这个观点。“我们省有许多人到俄罗斯种菜，”吉林省的一位网民表示，“他们赚了很多钱。到非洲种地也可以赚钱。”另外一些人则对此不以为然。浙江省的一位网民写道：“最 158
好还是增加我们的粮食产量，然后出口到非洲赚取外汇。”上海市的一位网民评论：“这是2009年最搞笑的提案。”重庆市的一位网民则表示：“如果非洲不行，那么到月球上去呢?”山东的一位网民则干脆说：“我只想说两个字——狗屎。”

没有人知道已经有多少中国农民在非洲种地，但他们的人数不但经常变化，而且比许多人认为的要少。由于赞比亚土壤肥沃、政策友好，且中国人长期以来就在那里进行农业投资，因此那里的中国私营农场主可能人数最多。索朗·郭·查特拉德和朱倩文在做博士论文田野调查的时候，曾认真地研究了这一问题。她们在2014年年底的报告中表示，她们已经在赞比亚发现了近30个中国人的私营农场，这些农场几乎全部小于250公顷，有些甚至只有2公顷。[③] 索朗和朱倩文指出，这些农场的经营者并非失去土地的中国农民，他们有着不同的背景，他们把种地当成了一项商业投资。

开展大规模的高效农业种植需要技术专家。然而农业部组织的一个专家组通过研究中国农业“走出去”的进展，发现对于中国农业投资企业而言，其中的一大困难是缺乏愿意到海外工作的农业

① 笔者2014年11月19日在莫桑比克马普托对中国大使馆官员的采访。

② 赵彬:《人大代表：国家应支持百万农民到非洲创业》。

③ Chatelard and Chu, “Chinese Agricultural Engagements in Zambia.”

技术专家。[1] 非洲和东南亚地区的农业都不如中国发达，当地均缺乏农业专家。“企业不得不派遣中国专家前往非洲国家，”该报告指出，“但中国专家不愿意去。”

为中国专家申请工作许可证是也是一件困难的事情。湖北省农垦事业管理局原副局长在2007年告诉记者：“如果发展得好，还可以把农垦多余的劳动力转移到非洲。”[2] 万宝粮油在莫桑比克的投资项目为湖北国有农场的两个中国专家组和黑龙江国有农场的两个中国专家组（共162人）申请了临时专家许可证，以在赛赛市开展第一阶段的订单种植计划。中国其他的农业投资项目，如坦桑尼亚的剑麻农场，都只有十多个中国专家，因而必须依靠非洲的管理人员来管理数量庞大的非洲农业工人。事实证明，到非洲从事农业开发并不是输出中国劳动力的理想选择，而且这种局面不太可能发
159 生改变。

“万国收割机”

就中国在非洲真实的农业投资而言，与上述迷思相比，本项研究到底得出了哪些结论？对于未来而言，过去和现在又有着什么样的启示？首先，为当地消费者生产粮食的混合农场可能会继续存在下去。中垦集团在赞比亚开发或承包了好几个混合农场，这与赞比亚牛肉公司所经营的农场有些类似。然而，赞比亚牛肉公司的创建者弗朗西斯·格罗根和卡尔·欧文已经打造了一家垂直一体化的现代企业，拥有众多零售店和一个知名品牌，但中国人的农场仍然在自由市场与当地农场主争着叫卖没有商标的鸡肉。事实上，索朗·郭·查特拉德和朱倩文曾在报告中指出，卢萨卡的一家大型市场只允许中国农场主在凌晨2点到早上8点出售鸡肉，以便降低他们给

[1] 农业部农村经济研究中心：《中国企业对外农业投资研究报告》，2014年2月（草稿）。

[2] 吴娟：《中国人非洲创业》。

当地家禽场带来的竞争。[①] 就此而言，有趣的是第三章提到的泰国的正大集团已经进入非洲的家禽市场，已经在肯尼亚开办公司并正在坦桑尼亚和尼日利亚开拓市场。就像在中国那样，正大集团可能也会在非洲扮演催化者的角色，但中国的企业似乎还没有将这一角色提上日程。

更具争议性的是，安徽农垦现在在津巴布韦至少经营了 7 家混合农场种植大豆、玉米和小麦，而这些农场是津巴布韦政府在过去 10 多年间通过“快车道”土地改革从白人农场主那里夺走又被闲置的上千个农场中的一部分。安徽农垦与津巴布韦国防部、奇诺伊科技大学，或许还有那些提供土地的穆加贝政权的亲信共同组建了合资公司，安徽农垦所提供的是资金、机械、农用物资和管理。尽管将荒地进行复垦可以被视为一项积极的举措，但安徽农垦与一个有争议的政府关系过于密切还是面临很大的风险，因为一旦津巴布韦的政局发生变动，这些投资可能就会遭受损失。

除混合农场外，我们还看到中国人对第二种农业经营方式，即欧洲和美国企业长期以来在非洲开展的种植园农业，表现出了越来越多的兴趣。从当前来看，总部位于新加坡的 GMG 环球（控股公司为中国的国有企业中化集团）在非洲承包的土地（共有 106135 公顷），要比任何中国农业企业已经承包的都多。中国的另外一些企业已经就投资新的种植园进行了认真的谈判，如在塞拉利昂的橡胶与灌溉水稻项目（海南橡胶集团）和在加纳的油棕榈种植园（聚龙集团）。在本书即将付印之际，这些新的大型种植园仍然在 160
规划阶段，它们还没有获得一块土地。然而，当这些项目或其他与之类似的项目取得进展的时候，我们有可能会看到它们与村民和自给自足的农户产生进一步的冲突，因为这些人也需要肥沃的土地。中国企业普遍都还没有意识到企业责任并非只意味着无条件地接受当地政府的承诺，即交给它们的土地都是“国家的土地”，或者它们不会在土地问题上受到阻碍。让它们意识到这一点还需要时间，

---

① Chatelard and Chu, “Chinese Agricultural Engagements in Zambia.”

但这应该成为当务之急。在此之前，中国投资者还将继续面临抗议和当地人的抵抗。

然后，我们看到中国早期对外援助项目中典型的“建设—运营—移交”国有农场模式（再次）出现。中国在25个非洲国家援建的农业技术示范中心就较小规模地采用了这一模式。示范中心建成之后，承建方会（在中国政府的补贴下）运营三年的时间，然后将其转交给所在国的农业部。非洲各国政府也会直接雇用中国企业清理和平整未开垦的土地，使它们的国有种植园和农场工作者能够在这些土地上耕作。中国的一家企业在2003年从津巴布韦获得了清理努安特斯庄园的合同，该项目虽以失败告终，却开创了此类合作的先河，此后中国的工程公司还在安哥拉、乍得、几内亚和马里（携手利比亚）获得了类似的合同。乍得政府在2012年为中国企业举办了一场合同招标会，希望它们为乍得20000公顷的土地修建三个大型的灌溉系统，以便利用乍得湖、菲特里湖和萨拉马特河里的水资源。中国进出口银行将以乍得的石油为抵押向这些项目提供20亿美元的出口信贷额度。[①] 这些合同通常都不涉及向中国企业转让股份。然而有些政府比如乍得政府，曾希望与中国企业签署合同，让其修建、管理，甚或共同拥有新的国有糖联。中信集团也正在与安哥拉就一个新的大型项目进行谈判，该项目可能需要中信集团投入自己的资金。

最后，中国的农业投资正越来越多地采取外包种植或订单种植的模式。扩大这一模式是农业部《农业走出去研究》课题组所提出的一条主要建议，即各企业应尽量减少购买土地，转而以订单农业来实现技术、标准和技能的转让。[②] 万宝粮油在莫桑比克友谊农场的商业模式也包括订单种植，它采取了一种被称为“内包种植”的计划：在灌溉区内为独立的中国专家组和莫桑比克的个体农户分

① Geoffroy Touroumbaye, “La coopération avec la Chine est un modèle de transparence, selon les responsables tchadiens,” Xinhua, July 6, 2012.

② 焦建：《中国粮食安全报告》。

配一块区域，农场为农户提供农用物资并帮助其耕种土地，然后从他们那里购买农作物。天泽公司在莫桑比克没有一块土地，它只是携手津巴布韦农户进行订单种植。中非棉业正在非洲的7个国家开 161
展订单种植项目，它宣称只利用中国专家提供建议和培训，而其项目涉及的非洲农户已经有20多万户。[①] 总部位于毛里求斯的中资企业天利纺纱（毛里求斯）有限公司正在马达加斯加启动一个棉花订单种植项目。订单种植对双方而言都可能存在风险，然而正如在中国发生的那样，这可能是利用外国投资提高当地农户的收入和生产率，为银行系统欠缺的国家提供信贷，以及从自给性农业转向更具收入潜力的经济活动的一条捷径。

在“中国在非洲”开始登上新闻头条的十多年后，在许多西方人想象的中国在非洲的意图与中国真正的意图之间，仍然存在着巨大的鸿沟。比如，西方人似乎普遍就像《经济学人》的一篇评论那样，认为中国人正“秘密地”在海外获取土地。[②] 中国政府确实不是很透明，而且到海外获取土地被认为在政治上很敏感。然而，事实可能并非如西方人所想象的那样。《中国经济导报》的一位记者在2013年就中国的农业“走出去”战略采访了一些专家后，总结指出：“到底这些企业在海外买了多少地？在这些土地上经营什么？它们有什么样的经验与困惑？对于诸如此类的问题，并没有一个部门来全面协调与规范……甚至于连一个具有公信力的统计数据库都没有。”[③] 正如我们在第四章中所看到的那样，中国现在大规模的土地交易需要政府的最高层批准。未来中国肯定会追踪这类数据，但是否会公布这些数据就是另外一回事了。据我所知，美国也没有收集所有本国企业在海外农业投资的数据。然而中国政

① 这7个国家分别是马拉维、莫桑比克、赞比亚、津巴布韦、乍得、多哥和马里。“About,” China-Africa Cotton Development, http://www.ca-cotton.com/Indexe.asp?id=10, retrieved June 16, 2015.

② “Empire of the Pig,” *Economist*, December 20, 2014.

③ 杨虹：《海归粮食：农业“走出去”呼唤国家战略》。

府确实收集并公布了一些其他敏感信息，如农村地区的抗议事件，或每年派往各个国家的工人的数量。或许将来我们会看到更多中国在海外获取土地的信息。

许多人担心中国将在非洲成为新的殖民者，而土地问题无疑是对此火上浇油的一个核心问题。令人吃惊的是，这类对中国人在非洲农村地区之意图的担心有着很深的历史根源。[①] 19 世纪晚期，中国商人抵达南部非洲，定居在现为毛里求斯、马达加斯加、南非和津巴布韦等的欧洲殖民地。在这些殖民地的绝大部分地区，中国人都被禁止拥有土地，这也是他们只能开设小商店、裁缝店和洗衣店的其中一个原因。菲利普·斯诺（Philip Snow）在《星槎》（*The Star Raft*）一书中指出，当 6.35 万名中国契约劳工在 1904～1910 年被运往南非金矿做（临时）工作的时候，南非白人“害怕”中
162 国人将在他们的殖民地定居，“购买他们的土地，抢走他们的生意和工作”。[②] 这些担心在冷战期间被再次点燃。比如刚果（布）首任总统在 1966 年写道，非洲正在受到中国“共产主义殖民”的威胁，由于这种殖民“目标明确、条理分明和非常有效，用不了多久就会把整个非洲大陆变成一块面积巨大的稻田”。[③]

当然这种情况并没有发生，而且到现在也没有发生的迹象。没有证据支持所谓中国企业在非洲农村地区是新崛起帝国的桥头堡之类的观点。事实上，它们只是自 20 世纪 80 年代开始的新一波全球化的一分子。中国企业正在沿着其他国家的企业，如瑞士种业巨头先正达公司、美国拖拉机制造商约翰·迪尔公司和法国粮食出口商路易达孚公司等的足迹走出国门。这些跨国公司在非洲的崛起被一些人，其中包括美国政府视为给非洲带来了希望。奥巴马总统在

---

① Karen Harris, “Anti-Sinicism: Roots in Pre-industrial Colonial Southern Africa,” *African and Asian Studies*, 9 (2010): 213-231.

② Philip Snow, *The Star Raft: China's Encounter with Africa* (New York: Weidenfeld & Nicolson, 1988), p. 49.

③ Philip Snow, *The Star Raft: China's Encounter with Africa* (New York: Weidenfeld & Nicolson, 1988), p. 99.

2012年启动了一个新的项目，即将杜邦、百事和沃尔玛等私营企业纳入美国政府所推动的“保障未来粮食供给”（Feed the Future）计划之中，以此为世界粮食安全提供支持。[①] 谷物协会和粮食第一（Food First）等非政府组织对农业综合企业能够在粮食安全中发挥的作用充满了怀疑。中国企业刚刚开始学习如何在全球范围内开展经营活动，但它们所遵循的规则及它们在投资中应承担的企业社会责任，已经与19世纪发生的军事征服和政治主宰完全不同。没有中国人在非洲发挥了与英国商人和金融家赛西尔·罗兹（Cecil Rhodes）或比利时国王利奥波德（Leopold）相似的作用。

在开展此项研究的过程中，我见到许多富有思想的非洲人，他们认为中国对他们农村地区新产生的兴趣既是机遇也是风险。他们应该接受挑战，积极与中国和中国企业进行合作。有一天快中午的时候，我在赞比亚大学绿荫掩映的校园里见到了米克·穆瓦拉（Mick Mwala）博士，他是一位在美国接受教育的农学家，正在担任赞比亚大学农业科学院的院长。在我们会谈快要结束的时候，穆瓦拉博士告诉我说，中国在赞比亚援建的农业技术示范中心的选址并不是很好。“它离卢萨卡太近，离农民们太远。他们很快便建成了这个示范中心。它不会成为一个华而不实的摆设，赞比亚大学将会使用它，但如果他们不仅参与建设房屋，还参与创建思路的话，我们将会收获更多的东西。我们还有很多不知道的事情。他们购买了拖拉机，但将由谁来维修这些拖拉机？维修费用又由谁出？”[②]

他告诉我说，中国人就像旋风或洪水一样来到了赞比亚。“我曾问我自己：这场洪水到底是福还是祸？在赞比亚的西部省份，每年的雨季我们都会遭遇洪水。所有池塘都会被灌满水，洪水裹挟的泥土则会沉积下来。每当洪水过后，我们就能耕种了。这些都是好

① Feed the Future, “President Obama Announces New Alliance for Food Security & Nutrition to Fight Global Hunger,” May 22, 2012, http://feedthefuture.gov/article/president-obama-announces-new-alliance-food-security-nutrition-fight-global-hunger.

② 2013年6月3日，笔者对赞比亚大学农业科学院院长米克·穆瓦拉进行了采访。所有引文均来自这次采访。

的洪水。我相信这场中国人的洪水也会产生积极的效果，但我们必须抓住机会。”非洲农业的商业化已经无可避免，然而这块大陆上
163 的农民的命运仍然未知。中国的农业现代化可以为非洲各国领导人提供有用的观点，并就如何利用国外技术和人才为本国人民谋福利为其提供一定的经验与教训。但非洲人必须自己做出这些决定。是他们的大陆将继续由中国（以及巴西、美国和欧洲）养活，还是
164 有朝一日非洲将养活自己……以及养活中国呢？

附　录

表 1　中国对非农业投资，1987～2014 年

国家	农场名称	报道的地区	报道的中国投资者	报道年份	报道的最大面积（公顷）	实际获得的土地面积（公顷）	开始种植的年份（如果知道）	生产计划
安哥拉	黑石农场	马兰热省	中信建设	2011	12580	0	不适用	谷物
安哥拉	圣彭布农场	威热省	中信建设	2012	9433	0	不适用	水稻、牛
安哥拉	曼奎特农场	库内内省	中国电子进出口总公司	2014	45000	0	不适用	水稻
安哥拉	卡玛库帕农场	比耶省	中工国际	2012	4500	0	不适用	谷物、鱼
安哥拉	龙戈农场	奎托夸纳瓦莱市	中工国际	2012	1500	0	2014	水稻
安哥拉	昆巴农场	扎伊尔省	中工国际	2014	3000	0	不适用	谷物
安哥拉	卡玛依加拉农场	莫西科省	中国电子进出口总公司	2013	16000	0	不适用	谷物
贝宁	贝宁糖业股份有限公司	萨维市	中成集团	2003	6000	5200	1983	糖
贝宁	“生物能源项目”	不适用	中成集团	2010	4800	0	没有经营	糖
喀麦隆	喀麦隆南方橡胶有限公司	麦尤梅萨拉市	GMG 环球/中化集团	2010	45198	45198	2011	橡胶

续表

国家	农场名称	报道的地区	报道的中国投资者	报道年份	报道的最大面积（公顷）	实际获得的土地面积（公顷）	开始种植的年份（如果知道）	生产计划
喀麦隆	喀麦隆埃维有限公司	涅特市	GMG 环球/中化集团	2008	40992	40992	1991	橡胶
喀麦隆	喀麦隆埃维有限公司	克里比市	GMG 环球/中化集团	2008	18365	18365	不适用	橡胶
喀麦隆	“中国农场”	南加埃博科地区	陕西农垦/中喀英考农业开发有限公司	2006	10000	100	2006	谷物、水稻
科特迪瓦	热带橡胶集团	安格德栋	GMG 环球/中化集团	2008	1580	1580	1995	橡胶
刚果（金）	没有名字	赤道省	中兴农业/中兴能源	2007	3000000	200	没有经营	油棕榈
刚果（金）	恩塞莱农场	恩塞莱	中兴农业/中兴能源	2010	540	540	1967	混合
埃塞俄比亚	没有名字	甘贝拉州	湖南达丰源	2010	25000	0	没有经营	糖
加纳	不适用	不适用	江西裕盛农业发展有限公司	2013	500	500	不适用	大豆
几内亚	科巴农场	法拉纳省	中垦集团	1996	2400	2400	1979	混合
马达加斯加	梁光丰农场（音译）	不适用	不适用	2013	100000	不适用	不适用	蓖麻
马达加斯加	斯拉纳拉农场	木伦达瓦	索科马公司（中成集团）	1997	6506	6506	1984	糖
马达加斯加	纳马吉亚农场（西部糖业公司）	纳马吉亚市	索科马公司（中成集团）	2007	8900	8900	1935	糖、水稻

续表

国家	农场名称	报道的地区	报道的中国投资者	报道年份	报道的最大面积（公顷）	实际获得的土地面积（公顷）	开始种植的年份（如果知道）	生产计划
马达加斯加	安比卢贝糖联（西部糖业公司）	安比卢贝市	索科马公司（中成集团）	2007	14064	14064	1953	糖
马达加斯加	成胜马达公司	安巴通德拉扎卡市	湖南盈马资源投资有限公司	2013	7000	不适用	2013	木薯
马达加斯加	没有名字	不适用	湖南袁氏国际	2011	6000	1000	2013	水稻
马里	马里比亚	尼日尔河流域办公室	中地集团/国家杂交水稻中心	2008	100000	0	不适用	水稻
马里	新上卡拉糖联	尼日尔河流域办公室	中轻对外公司/马里政府	2009	20000	20000	2013	糖
马里	上卡拉糖联/斯里巴拉	尼日尔河流域办公室	中轻对外公司/马里政府	1996	3520	3520	1962	糖
马里	上卡拉糖联/东戈布贡	尼日尔河流域办公室	中轻对外公司/马里政府	1996	1654	1654	1970	糖
马里	姆贝瓦尼农场	尼日尔河流域办公室	中海外	1998	1000	1000	1998	水稻

续表

国家	农场名称	报道的地区	报道的中国投资者	报道年份	报道的最大面积（公顷）	实际获得的土地面积（公顷）	开始种植的年份（如果知道）	生产计划
马里	法拉科农场	锡加索市	石门农场	1995	500	0	1973	茶叶
毛里塔尼亚	姆颇利农场	罗索市	中垦集团	1999	638	0	1969	水稻
莫桑比克	友谊农场	赛赛市	湖北联丰/万宝粮油	2006	20000	20000	2007	水稻
莫桑比克	不适用	绍奎市	万宝粮油	2014	6000	6000	不适用	水稻
莫桑比克	不是中国人的	马兰加	卢安巴拉麻风树项目	2008	8789	0	不适用	不是中国的
莫桑比克	不适用	伊尼扬巴内市	郝胜利	2009	2024	2024	不适用	甜叶菊、混合
莫桑比克	双威农场	楠普拉省	日照双威公司	2010	500	500	不适用	油菜籽
莫桑比克	联合农场	索法拉省	湖北禾丰粮油集团	2012	2000	2000	2013	水稻、棉花
尼日利亚	绿色西非	凯比州	中地集团/隆平高科	2006	2025	2025	2008	水稻种子
尼日利亚	不适用	夸拉州	ZJS 国际有限公司	2008	5000	0	不适用	不是中国的
尼日利亚	不适用	翁多州	威莫斯农业有限公司	2014	25000	0	不适用	不是中国的
塞内加尔	不适用	达喀尔地区	大通集团	2008	60000	0	不适用	芝麻

续表

国家	农场名称	报道的地区	报道的中国投资者	报道年份	报道的最大面积（公顷）	实际获得的土地面积（公顷）	开始种植的年份（如果知道）	生产计划
塞拉利昂	不适用	通科利利地区	海南橡胶集团	2012	135000	0	不适用	橡胶、水稻
塞拉利昂	马格巴斯糖联	通科利利地区	中成集团	2003	8100	1845	1974	糖
苏丹	不适用	罗维	中兴能源	2009	10000	60	不适用	混合
苏丹	不存在	拉哈得项目	山东国际经济技术合作公司/山东省鲁棉集团有限公司	2012	6667	1667	2013	棉花
坦桑尼亚	鲁代瓦农场与基桑嘎塔农场	莫罗戈罗	中国农垦/中非农业投资公司	2000	6900	6900	20 世纪 30 年代	剑麻
多哥	阿尼耶糖联	阿尼耶省	中成集团	1987	1700	1700	1987	糖
乌干达	河北汉和农场	不适用	仇立军（汉和农业科技有限公司）	2010	41000	160	2010	蘑菇
乌干达	不适用	不适用	刘建军（保定）	2009	4000	0	不适用	混合
赞比亚	不适用	纳孔德市/伊索卡市	武汉凯迪	2009	2000000	0	不适用	生物燃料

续表

国家	农场名称	报道的地区	报道的中国投资者	报道年份	报道的最大面积（公顷）	实际获得的土地面积（公顷）	开始种植的年份（如果知道）	生产计划
赞比亚	中垦产业农场	奇桑巴市	中垦集团/中非农业投资公司	1993	4100	3573	1994	混合
赞比亚	中垦友谊农场	基特韦市	中垦集团	1999	2600	2600	1999	混合
赞比亚	中华农场	不适用	江苏农垦	1999	1400	1400	1999	混合
赞比亚	中赞友谊农场	卢萨卡地区	中垦集团	1990	667	667	1990	混合
赞比亚	华丰农场	恩多拉地区	华永集团	2009	612	612	不适用	混合
津巴布韦	努安特斯庄园	马斯温格省	中水电公司	2003	100000	0	2005	玉米
津巴布韦	皖津公司	奇诺伊市等	安徽农垦	2010	50000	10000	2011	小麦、大豆
津巴布韦	皖津天瑞	奇古图市	安徽天瑞	2014	5000	3228	2014	玉米
津巴布韦	灰猴子农场	不适用	湖北联丰	2012	685	685	2013	烟草

注：表格中的投资项目仅包括农业种植项目，不包括林业、畜牧业和水产项目。根据中国农业部提供的数据，截至2013年年底，中国在非洲的农业种植项目投资存量为5.4亿美元。参见农业部国际合作司、农业部对外经济合作中心《中国对外农业投资合作报告（2014年度）》，中国农业出版社，2014年。公司还开展了外包种植业务，外包涉及的农户均在他们自己的土地上耕作，这不属于土地租用。

资料来源：sais-cari. org。

表 2 非洲对中国的农业出口，2004 ~ 2013 年

种类	2004	2005	2006	2007	2008	2009	2010	2011	2012	2013
坚果						KEN（6）				ZWE（6）
										ZAF（5）
柑橘		ZAF***（7）					ZAF（6）	ZAF（34）	ZAF（23）	ZAF（52）
葡萄									ZAF（37）	ZAF（30）
茶叶								KEN（6）		
花生										SEN（5）
芝麻和		ETH（67）	MLI（7）	MOZ（10）	MLI（6）	NGA（7）	NGA（8）	NGA（19）	NER（5）	SOM（16）
蓖麻籽		TZA（14）	MOZ（5）	ETH（65）	MOZ（25）	UGA（8）	TGO（5）	TGO（12）	SDN（32）	NER（14）
			ETH（110）	TZA（10）	ETH（57）	MLI（11）	UGA（12）	UGA（15）	TGO（23）	SDN（115）
			TZA（9）		TZA（12）	MOZ（37）	MLI（22）	MLI（32）	UGA（11）	TGO（69）
						ETH（118）	MOZ（24）	MOZ（30）	MLI（48）	UGA（30）
						TZA（38）	ETH（223）	ETH（223）	MOZ（33）	MLI（29）
							TZA（48）	TZA（63）	ETH（253）	MOZ（47）
									TZA（85）	ETH（258）
										TZA（115）
药品							GHA（14）	GHA（8）		
化妆品										
杀虫剂										
等*										

续表

种类	2004	2005	2006	2007	2008	2009	2010	2011	2012	2013
花生油				SEN（10）		SEN（28）	SEN（31）	SEN（36）	SEN（19）	
蔗糖		ZAF（6）	ZAF（10）			ZAF（11）				
可可	GHA（16）	CIV（15） GHA（27）	CIV（13） GHA（24）	TGO（6） CIV（13） GHA（25）	CIV（30） GHA（71）	TGO（6） CIV（11） GHA（24）	TGO（9） CIV（13） GHA（37）	TGO（20） CIV（20） GHA（63）	TGO（5） CIV（10） GHA（38）	CMR（6） CIV（23） GHA（65）
大桃和油桃					ZAF（6）	ZAF（5）	ZAF（7）	ZAF（8）	ZAF（12）	ZAF（14）
葡萄酒						ZAF（5）	ZAF（9）	ZAF（20）	ZAF（22）	ZAF（22）
油渣饼萃取物废料/残渣**							ETH（5）			SDN（11） ETH（9）
烟草	ZWE（117）	ZWE（126）	ZWE（94）	ZWE（91）	ZWE（119）	ZWE（94）	ZWE（111）	ZWE（281）	ZWE（369）	ZWE（490）
动物皮			ZAF（13）	ZAF（34）	ZAF（39）	ZAF（61）	ZAF（115）	ZAF（97）	ZAF（82）	ZAF（131）
羊毛			ZAF（24）	ZAF（54）	ZAF（66）	ZAF（93）	ZAF（88）	ZAF（119）	ZAF（171）	LSO（8） ZAF（186）
纺织品	GHA（8） UGA（9） TCD（25）	UGA（12） MOZ（6） TCD（20）	GHA（5） NGA（6） UGA（7）	TCD（7） TGO（12） SEN（10）	TCD（8） ZWE（9） ZMB（10）	TZA（6） SEN（6） ZMB（7）	MWI（10） TGO（8） TZA（12）	ZAF（8） MWI（24） MOZ（15）	CAF（13） ZAF（14） NGA（7）	SDN（44） CAF（5） NGA（7）

续表

种类	2004	2005	2006	2007	2008	2009	2010	2011	2012	2013
	TGO（43）	TGO（26）	MOZ（10）	ZWE（13）	MLI（56）	MLI（24）	SEN（10）	TCD（12）	MWI（28）	MWI（14）
	TZA（8）	TZA（37）	TCD（30）	ZMB（8）	CMR（38）	CMR（41）	ZWE（14）	TGO（6）	MOZ（6）	MOZ（18）
	ZWE（18）	SEN（6）	TGO（15）	MLI（32）	CIV（18）	CIV（19）	ZMB（8）MLI	TZA（35）	TCD（24）	TGO（15）
	ZMB（22）	ZWE（16）	TZA（37）	CMR（57）	BFA（62）	BFA（15）	（44）CMR	SEN（11）	TGO（21）	TZA（44）
	MLI（107）	ZMB（31）	SEN（7）	CIV（15）	BEN（82）	BEN（69）	（64）CIV	ZWE（69）	TZA（32）	SEN（10）
	CMR（55）	MLI（79）	ZWE（14）	BFA（155）			（37）BFA	ZMB（46）	SEN（12）	ZWE（58）
	CIV（92）	CMR（43）	ZMB（39）	BEN（81）			（117）BEN	MLI106）	ZWE（63）	ZMB（37）
	BFA（123）	CIV（63）	MLI（107）				（55）	CMR（90）	ZMB（64）	MLI（106）
	BEN（109）	BFA（163）	CMR（89）					CIV（51）	MLI（260）	CMR（132）
		BEN（126）	CIV（40）					BFA（176）	CMR（173）	CIV（63）
			BFA（193）					BEN（65）	CIV（81）	BFA（187）
			BEN（82）						BFA（231）	BEN（84）
									BEN（141）	

* 比如加纳谷物的种子、肥柱花属蚱蜢的幼虫，或肥柱花属蚱蜢皮，所有这些都是制药原料。

** 可用作动物饲料的花生油、菜籽油或可可油榨取后的废料或残渣

*** 表中所使用的为联合国的三位字母代码：贝宁（BEN），布基纳法索（BFA），喀麦隆（CMR），中非共和国（CAF），乍得（TCD），科特迪瓦（CIV），埃塞俄比亚（ETH），加纳（GHA），肯尼亚（KEN），马拉维（MWI），莫桑比克（MOZ），尼日尔（NER），尼日利亚（NGA），塞内加尔（SEN），索马里（SOM），南非（ZAF）。

资料来源：United Nations Comtrade Database，2015，retrieved February 24，2015.

表 3　中国在非洲的农业技术示范中心，2006～2014 年

国家	中国企业或机构	所属省份
安哥拉	新疆北新集团	新疆
贝宁	中国农业发展集团总公司	央企
喀麦隆	陕西省农垦集团与陕西海外投资发展股份有限公司	陕西
中非共和国	山西国际经济合作公司	山西
刚果（布）	中国热带机械化科学研究院	海南
刚果（金）	中兴能源	央企
科特迪瓦	未定	未定
赤道几内亚	江西赣粮实业有限公司	江西
厄立特里亚	未定	未定
埃塞俄比亚	广西八桂农业科技有限公司	广西
利比里亚	袁隆平农业高科技股份有限公司	湖南
马达加斯加	湖南省农业科学院	湖南
马拉维	青岛瑞昌棉业有限公司	山东
马里	江苏紫荆花纺织科技公司	江苏
毛里塔尼亚	牡丹江市燕林庄园科技有限公司	黑龙江
莫桑比克	湖北联丰海外农业开发有限公司	湖北
卢旺达	福建农林大学	福建
南非	中国农业发展集团总公司	央企
苏丹	山东对外经济技术合作集团公司与山东省农业科学院	山东
坦桑尼亚	重庆市农科院中一种业有限公司	重庆
多哥	江西华昌基建有限公司	江西
乌干达	四川华侨凤凰集团	四川
赞比亚	吉林农业大学	吉林
津巴布韦	中国农业机械化科学研究院	央企

资料来源：唐晓阳《中国对非洲农业援助形式的演变及其效果》，《世界经济与政治》2013 年第 5 期，第 55～69 页；Deborah A. Bräutigam and Tang Xiaoyang, "China's Engagement in Africa Agriculture: 'Down to the Countryside,'" *China Quarterly*, September 2009, pp. 686－706。

索　引*

（索引页码为原著页码，也就是本书页边码）

* 斜体的页码表示相关内容在该页的图表中。

B

C

索 引

D

E

G

I

J

N

Q

R

U

V

W

图书在版编目(CIP)数据

非洲将养活中国吗？：破解中非农业合作的迷思 / (美) 黛博拉·布罗蒂加姆 (Deborah Brautigam) 著；孙晓萌，沈晓雷译. -- 北京：社会科学文献出版社，2017.4

(亚非译丛)

书名原文：Will Africa Feed China?

ISBN 978-7-5201-0319-0

Ⅰ.①非… Ⅱ.①黛… ②孙… ③沈… Ⅲ.①农业合作-国际合作-研究-中国、非洲 Ⅳ.①F32 ②F34

中国版本图书馆 CIP 数据核字(2017)第 021637 号

亚非译丛

非洲将养活中国吗？

——破解中非农业合作的迷思

著　　者 / [美] 黛博拉·布罗蒂加姆

译　　者 / 孙晓萌　沈晓雷

出 版 人 / 谢寿光

项目统筹 / 高明秀

责任编辑 / 王晓卿　廖涵缤

出　　版 / 社会科学文献出版社·当代世界出版分社(010) 59367004

地址：北京市北三环中路甲 29 号院华龙大厦　邮编：100029

网址：www.ssap.com.cn

发　　行 / 市场营销中心 (010) 59367081　59367018

印　　装 / 北京季蜂印刷有限公司

规　　格 / 开 本：787mm × 1092mm　1/16

印 张：18.25　字 数：259 千字

版　　次 / 2017 年 4 月第 1 版　2017 年 4 月第 1 次印刷

书　　号 / ISBN 978-7-5201-0319-0

著作权合同登记号 / 图字 01-2016-3980 号

定　　价 / 63.00 元